서울 혹은 신흥 도시의 길잡이

유희경 저

초판 1쇄 발행   2016년 4월 25일

글 유회경
펴낸곳 책밭
펴낸이 유광종
책임편집 남명임
디자인 남지현 정진영
출판등록 2011년 5월 17일 제300−2011−91호
주소 서울 중구 퇴계로 182 가락회관 6층
전화 070−7090−1177
팩스 02−2275−5327
이메일 go5326@naver.com
홈페이지 www.npplus.co.kr
ISBN 979−11−85720−25−8 03300
정가 15,000원

ⓒ유회경, 2016

SEOUL

※ 이 책은 삼성언론재단의 언론인 저술지원사업의 지원을 받아 제작되었습니다.

여는 글

해외에서 잠시 머물렀을 때 글로벌 메가시티 서울이 가진 숨겨진 매력을 알 수 있었다. 당시 미국 뉴욕의 교외 지역에 거주했었는데 그곳에서는 별도로 생수를 구입해 마실 수밖에 없었다. 수돗물에는 석회질이 많이 섞여 있어 사용한 그릇이나 컵이 흰 얼룩으로 늘 지저분했기 때문이다. 서울에서는 수도꼭지를 틀면 당연히 깨끗한 물이 나온다. 또한 버스·도시철도 환승 시스템도 편리하게 이용할 수 있다. 이런 시스템에 익숙하다 보니 다른 나라 도시들에서도 당연히 그럴 것이라고 여겼다. 하지만 그게 아니었다. 전 세계 도시들이 모두 저마다 독특한 문화와 특성을 지니고 있는 것은 맞지만—그러니까 비싼 돈 들여서 여행가는 것 아닌가— 시민들의 생활을 지원하는 도시 인프라 면에선 차이가 적지 않았다.

사람들은 흔히 선진국 도시들이 전반적으로 나은 도시 인프라를 보유하고 있고, 신흥국가 도시들이 심각한 도시 인프라 부족 사태로 어려움을 겪고 있다고 생각한다. 하지만 모두 그런 것은 아니다. 가령 서울의 대중교통 시스템은 편의성, 경제성 등 많은 점에서 감히 세계 최고라고 말할 수 있다. 또한 콜롬비아 보고타의 보행·자전거 위주 도로 인프라는 미국 뉴욕, 프랑스 파리 등의 도시에 귀감이 되고 있다.

한번은 개인적인 용무로 주민등록등본이 급히 필요했던 적이 있었다. 당시 정부의 한 웹사이트(민원 24)와 프린터만을 이용해 간단하게 문제를 해결할 수 있었다. 이런 나라가 어디 있는가. 우리나라 빼고는 없을 것이다. 그들은 정부 민원 업무를 온라인상에서 처리할 수 있다는 생각조차 못하고 있을 것이다.

2014년 봄, 현재 근무하고 있는 신문사 전국부에서 서울, 행정자치부, 국민안전처 등의 기사를 발굴해 쓰고 있다. 이를 통해 얻은 가장 큰 소득은 지방자치단체에 대한 이해가 넓어졌다는 것이다. 중앙정부와 지방자치단체 간 갈등의 결과와 그 속내를 알게 됐고 지방자치단체 중에서도 광역자치단체와 기초자치단체 간 역할 부담도 세심하게 이해하게 됐다. 이 책 『서울 혹은 신흥 도시의 길잡이』는 이러한 업무의 연장선상에서 생겨난 것이라고 할 수 있다. 전 지구적으로 진행되고 있는 도시화, 지속 가능한 개발의 중요성 부각과 도시의 상대적인 우월성, 신흥국가 도시들이 서울을 벤치마킹 대상 1순위로 올려놓는 최근의 현상 등을 고려할 때 서울, 좀 더 정확히 말해 서울형 모델은 인류의 지속 가능한 삶을 추구하는 과정에서 많은 도움이 될 것이다.

일상적인 취재 과정에서 서울형 모델이라는 개념을 접하고 놀라우면서도 한편으로는 뿌듯했다. 서울이라고 하면 아파트 숲으로 이뤄진 단조롭고 칙칙한 곳이라는 느낌이 강했는데 의외로 단단한 도시 인프라를 갖추고 있다는 사실을 새삼 알게 됐다. 또한 신흥국가 도시들이 서울을 배우기 위해 많이 노력하고 있으며 실제로 서울이 대중교통 시스템, 상수도 시스템, 전자정부 시스템 등의 분야에서 초기 단계이긴 하지만 가시적인 수출·진출 성과를 거두고 있다는 사실도 알게 됐다. 신흥국가를 중심으로 한 도시화가 전 지구적으로 전개되고 있는 상황에서 서울은 이들 신흥국가 도시들이 추구해야 할 전범이 된 것이다.

1장에선 전 세계적으로 도시화가 어떻게 이뤄지고 있는지, 서울형 모델은 무엇이고 어떻게 발전해왔는지 약술했다. 2장에선 서울의 해외 진출 현황을 다뤘다. 특히 민간과 연계한 해외 사업 수주에 그치지 않고 도시 간 교류를 통한 이해 증진과 공통 목적 달성도 함께 다뤘다. 특히 최근 서울의 위상이 올라가면서 도시 간 교류를 주도하는 모습을 많이 보이고 있는데 이와 관련된 내용도 자세히 기술했다.

3장부터 각론으로 들어갔다. 서울의 자랑, 대중교통 시스템부터 거론했다. 서울 대중교통 시스템 전반을 쉽게 이해할 수 있도록 포괄적으로 기술했다. 4장에선 수도 사업을 다뤘다. 객관적인 관점에서 세계 최고 수준이라고 평가받고 있는 서울 수도의 물맛을 느끼는 데 부족함이 없을 것이다. 5장은 환경 문제에 관한 내용으로 이뤄져 있다. 서울은 최근 수년간 도시 간 교류에서 괄목할 만한 성과를 거뒀는데 그중 대부분이 환경 분야다. 박원순 서울시장은 국제적으로 이름난 도시 네트워크의 수장 자리에 올랐으며 동북아시아 도시 간 대기 질 개선 자율 협약 분야에서도 서울은 주도적인 역할을 했다. 국경을 우습게 넘나드는 환경 문제 특성상 국제간 교류는 필수인데 서울은 이러한 사정을 빠르게 인식, 국제 교류를 주도하고 있는 것이다. 6장은 전자정부에 관한 장이다. 한국과 서울시는 국제 전자정부 평가에서 최근 수년간 1위 자리를 독차지하고 있다. 그야말로 정보통신기술(ICT) 행정 분야에선 타의 추종을 불허하고 있는 셈이다. 이 장에선 서울의 전자정부 시스템 특성과 수출 현황 등을 주로 다뤘다. 마침 집필 엇비슷한 시기에 세계일보에서 "서울 도시정책 수출 현장을 가다"라는 기획 시리즈를 지면에 실었다. 집필 과정에서 많은 참조가 됐다. 7장은 다소 복잡한 장이다. 서울의 도시 인프라가 갖고 있는 문제점에 대해 지적했다. 우리의 자랑 서울 대중교통 시스템도 예외가 될 순 없었다. 이와 함께 서울이 결여하고 있는 부분, 즉 앞으로 좀 더 갖춰 나가야 할 부분을 같이 지적했다. 자동차에 대한 규제와 보행권 강화, 빗물 순환 제고 등의 해결 방안을 제안했고 개발과 보존에 대한 입장도 간단히 드러냈다.

우리나라 수도인 서울은 당연히 우리나라 역사와 비슷한 발전의 궤적을 보여 왔다. 서울은 빼어나게 아름다운 도시는 아닐지라도 짧은 기간 동안 각종 도시 문제에 비교적 잘 대응해온 도시라는 것에 대해선 이론이 없다. 1,000만 명의 인구가 거주하고 1,500만 명의 인구가 생활하는 데 불편함을 거의 느끼지 못할 정도로 정교한 정책과 다양한 도시 인프라를 갖추고 있는 것이다. 물론 부족한 점도 많다. 정신없이 달려오느라 제대로 단장을 하지 못했다. 잠시 걸음을 멈추고 행복한 도시 생활을 위해 고민하는 시간도 적었다. 내가 느끼기엔 이제야 숨을 돌리고 시민이 진정 원하는 것을 숙고하며 찾기 위해 분주한 단계인 것 같다.

자, 주위를 돌아보자. 전 세계 신흥국가 도시들이 서울이 가지고 있었던 것과 똑같은 문제를 놓고 어찌할 바를 모르며 고민하고 있다. 자신이 겪고 있는 경로를 똑같이 걸어간 서울을 발견하고는 그 경험을 배우기 위해 머리를 조아리고 있다. 난 그런 점에서 서울이 자랑스럽다. 아주 예쁘지는 않지만 속이 꽉 찬 도시라서 좋다. 부족한 부분은 앞으로 잘 고치면 된다. 단기간 과감하게 변화를 추진하는 것은 한때 우리 전공이 아니었는가. 서울, 물론 고칠 게 많은 곳이지만 크게 자랑해도 괜찮을 듯싶다. 서울 시민과 서울 공무원 그리고 수많은 이해 관계자들이 머리를 맞대고 만들어온 괜찮은 결과물을 실체보다 폄훼할 필요는 없을 것이다.

2016년 봄 유회경

CONTENTS

제1장

전 지구적 도시화와 서울형 모델

01
서울형 모델이란

서울은 조선시대 이후 600년 이상 한국의 수도로서 우리나라 정치·경제·사회·문화의 중심지 역할을 해왔다. 현재도 한국 최대 도시이며 우리나라를 대표해 전 세계 유수의 도시들과 겨룰 수 있는 거의 유일한 국제도시라고 해도 과언은 아니다. 노무현 정권 당시 수도를 현 세종시로 옮기려는 움직임도 있었다. 수도권 과밀을 해소하는 한편 서울중심주의를 혁파하기 위한 의도였다. 하지만 반대는 극심했고 결국 헌법재판소의 결정으로 이러한 시도는 무산됐다. 서울의 집중화 경향이 얼마나 깊고 광범위한지 단적으로 드러나는 장면이다.

이러한 서울을 전 세계 많은 국가들이 배우고자 한다. 특히 최근 빠른 도시화 과정을 겪고 있는 신흥국가의 주요 도시들이 서울의 도시 인프라와 도시 정책을 배우고자 한다. 2010년 말 주민등록 인구를 기준으로, 서울의 인구는 약 1,058만 명이다. 지난 20세기에 급속하게 증가했던 서울 인구는 거의 100년 만에 안정단계에 들어서는 양상을 보이고 있다. 한국 인구 5분의 1이 서울에 거주하고 있는 셈이다. 하지만 서울의 전체 토지면적은 605.27㎢로 우리나라 국토의 0.6%에 불과하다. 인구밀도가 높을 수밖에 없다. 서울의 인구밀도는 점점 증가해왔는데 지난 1992년에는 1만 8,121명/㎢으로 인구밀도가 가장 높았다. 1990년대 후반 인구 성장이 정체되면서 2010년 현재 서울의 인구밀도는 1만 7,473명/㎢이다. 세계 대도시의 인구밀도(2005년 기준)와 비교해 보면 서울은 세계에서 가장 조밀한 도시가운데 하나임을 알 수 있다. 일본 도쿄의 1만 3,650명/㎢보다 높은수준이며 미국 뉴욕(1만 483명/㎢), 프랑스 파리(8,401명/㎢)와 비교해도 매우 높은 것이다.

한국전쟁으로 폐허가 된 서울이 현재와 같이 현대화된 모습을 갖추게 된 것은 1960년대 산업화 이후로 보는 견해가 많다. 줄잡아 50년 정도밖에 걸리지 않은 것이다. 미국 뉴욕이나 영국 런던, 그리고 프랑스 파리 등 세계 주요 대도시에 비하면 이른바 도시화 기간이상대적으로 매우 짧은 편이다. 그럼에도 불구하고 현재 서울의 상수도, 대중교통 등 도시 주요 인프라는 미국 뉴욕, 영국 런던 그리고 프랑스 파리 등 다른 나라 주요 도시와 비교해도 손색이 없다. 아니, 대중교통 시스템, 수도 공급 시스템 등 일부 인프라에선 오히려 앞선다는 평가까지 나오고 있다.

현재 거센 도시화 과정을 겪고 있는 신흥국가 도시들은 바로 이러한 점 때문에 서울을 가장 강력한 벤치마킹 대상으로 삼고 있다. 서울처럼 단기간에 압축적 성장을 거둔 도시는 없기 때문이다. 뉴욕이나 런던 같은 선진국 주요 도시들은 오랜 시간에 걸쳐 서서히 도시를 개발해왔기 때문에 오늘날과 같이 급격하게 진행되는 도시화에 대처한 경험이 부족하다. 하지만 서울은 과거 연평균 30만 명을 웃도는 도시유입 인구를 수용하며 불과 50년이라는 짧은 기간 동안

1,000만 명의 인구가 거주하는 글로벌 메가시티로 거듭났고 그 과정에서 발생하는 각종 도시 문제들에 유연하게 대처하면서 다양한 도시 관리 노하우를 축적했다. 현재 신흥국가 도시들이 직면한 것과 유사한 문제를 미리 푼 꼴이다. 신흥국가 도시 입장에선 서울이 매력적인 존재가 아닐 수 없다.

또 서울은 한정된 면적에서 고밀도 개발을 이룩한 경험을 갖고 있다. 대부분의 도시들은 증가하는 도시 유입 인구를 수용하기 위해 지속적으로 도시 면적을 확장해오고 있다. 현재 도시화 속도와 도시 면적 확장 추세를 비춰볼 때 폭발적으로 증가하는 도시 인구를 관리하기 위해선 중국 대륙의 2배 이상에 달하는 면적을 도시로 편입해야 한다는 지적이 있다. 반면 서울은 외곽 지역을 그린벨트로 묶어 한정된 지역 안에서 밀도 높게 도시를 발전시켜 왔다. 이처럼 토지 이용 효율을 최대한 높인 서울의 도시개발 모델은 무의미한 에너지 소모를 줄이고 무분별한 도시 팽창과 난개발에 따른 환경파괴 등을 최소화함으로써 지구온난화 문제 해결에도 기여할 여지가 많다. 서울은 어느새 친환경적인 도시, 지속 가능한 도시의 전범이 돼버린 것이다. 신흥국가 도시 입장에선 서울의 도시 인프라 구축과 도시 운영 방식을 전수받으면 당장의 도시 문제뿐 아니라 장기적인 기후 온난화 문제까지 수월하게 극복할 수 있게 된다. 서울은 우리가 아는 것보다 전 지구적인 도시화 시대에 알맞은 모델인 셈이다.

서울시도 이 점에 주목, 서울형 정책 모델 개발에 관심을 쏟고 있는 상태다. 해외 도시들의 도시 인프라 구축과 도시 운영 관련 도움 요청에 산발적으로 응했는데 횟수가 잦아지다 보니 조직 차원에서 체계적으로 대응할 필요를 느꼈기 때문이다. 도시 인프라 산업 특성상 민간기업 단독으로 해외 진출을 모색하기란 쉽지 않다. 상하수도, 교통, 도시개발 등 각 영역의 기업들과 컨소시엄 형태로 동반 진출해야 할 때가 많고 국가 또는 도시에서 해외 진출의 교두보 역할을 수행할 때도 적지 않다. 공적개발원조(ODA)와 일반적인 사업 수주가 엉켜 있을 경우도 많다. 더욱이 최근 들어 도시 간 교류를 통해 문제를 해결하는 방식이 주목받고 있다. 가령 대기 오염, 온실가스 과다 배출 등 환경 문제를 해결하기 위해선 여러 나라 또는 도시가 협력하지 않으면 문제를 해결할 수 없다. 따라서 리더십을 갖고 도시 협의체를 이끌거나 더 나아가 특정 분야 도시 협의체를 만들고 그 협의체에 속한 전 세계 각 도시에 영향력을 끼치는 것 역시 큰 틀에서 보면 도시 인프라 분야 수주를 통한 해외 진출과 도시 협의체 적극 참여는 크게 다르지 않다. 서울은 신흥국가 주요 도시들에 앞서 성공적으로 급격한 도시화 과정을 거쳐 신흥국가 도시들의 전범이 되고 있다. 서울시 역시 이런 점을 충분히 인식해 최근 들어 해외에서 통할 수 있는 서울형 모델을 만들어 좀 더 스마트한 해외 진출을 노리고 있는 것이다. 여기서 서울형 모델이란 서울이 해외 신흥국가 도시들의 벤치마킹 수요에 대응, 서울의 인프라 구축과 운영 노하우를 체계화한 것을 말한다. 실제로 몇몇 분야에서 의미 있는 성과를 내기도 했다. 앞으로 전 지구적 도시화 추세를 볼 때 서울형 모델을 바탕으로 한 서울의 해외 진출은 상상보다 더 큰 성과를 낼 가능성이 있다. 따라서 이와 같은 해외 진출을 보다 활성화하기 위해 서울시 또는 정부 차원의 다양한 지원과 노력이 필요한 시점이다.

02
서울은 어떻게 발전해 왔는가

　　　　　　　　　서울은 지난 50년 동안 급격한
사회·경제적 발전을 해왔다. 이를 간단히 살펴보자. 한국의 1960년
1인당 국민총소득(GNI)은 80달러에 불과했다. 그러나 이후 1인당 국
민총소득은 급격히 증가하였고 2013년에는 2만 6,179달러에 이르렀
다. 원화로 환산하면 2,866만 7,000원이다. 같은 기간 서울의 1인당
지역총소득은 3,738만 2,000원으로 전국 평균에 비해 훨씬 높은 수치
를 보였다. 외환위기 때인 1997년과 1998년을 제외하곤 지속적으로
성장했다고 서울시는 설명한다. 이처럼 단기간에 이뤄진 서울의 사
회·경제적 발전은 전 세계적으로도 희귀한 사례로 받아들여지고 있
다. 인구는 1960년대 초 245만 명에서 2010년 1,058만 명으로 약 331%
증가했다. 1960년대 두 번의 급격한 하락을 겪었지만 이후 꾸준히 성
장했다.

　서울은 양적인 도시 발전뿐 아니라 양적 성장에 따른 각종 도시화
문제를 해결하는데 힘쓴 결과, 질적 성장을 동시에 성취했다는 평가
를 받고 있다. 서울연구원에 따르면 서울의 도시 발전 단계는 '기반
기능 확충기'와 '도시 성장기', '지속 발전 가능 도시 개발기' 등 크

게 3단계로 나뉜다.

기반기능 확충기는 1960년대에서 1980년대에 이르는 시기를 말한다. 인구 급증에 따른 도시 인프라 시설을 조성하는 것이 중요했던 시기로 건축법, 도시계획법, 공원법, 국토건설종합계획법 등 도시개발 관련 주요 법령 제정과 계획 수립, 상하수도 확충, 도로와 하천 정비 사업 등이 이 시기에 이뤄졌다. 이 시기의 주요 도시개발 계획으로는 여의도 개발 계획, 강남 개발 계획 등이 있고, 주요 사업으로는 청계천 복개, 청계고가도로 기공, 양화대교·한남대교·천호대교 등 한강 주요다리 개통, 무허가건물 철거 계획, 지하철 1호선 개통, 구의 뚝섬 수원지 용량 확장, 노후 수도권 교체 사업 등이 있다.

도시 성장기는 1980년에서 2000년까지를 말한다. 기초 도시 인프라 시설을 확충한 이후 도심환경 개선 사업과 인구 인프라 시설 포화에 대비한 신도시 개발 등이 이뤄진 시기이다. 이 시기 주요 도시개발계획으로는 목동 신도시 개발 계획, 수도권 4대 신도시(분당·일산·평촌·과천) 계획 수립과 착공 등을 들 수 있다. 이와 함께 과천 신도시가 착공됐는가 하면 지하철 2·3·4호선 개통, 쓰레기 분리제 실시, 버스카드제 실시 등이 이 기간에 이뤄졌다. 광진구, 금천구, 강서구 등도 떨어져 나왔다.

2000년 이후부터 현재까지는 지속 발전 가능 도시 개발기로 분류된다. 이전까지의 서울 발전이 토목사업 중심의 인프라 시설 확충에 집중됐다고 하면 이 시기부터는 소프트웨어 쪽으로 개발 방향이 전환됐다. 정보통신기술(ICT) 발달, 시민의식 수준 향상, 소득 증가 등이 그 원인이라고 할 수 있다. 이 시기를 특징짓는 가장 주요한 사업은 1970년대 서울 개발의 상징이었던 청계천 일대 정비다. 청계고가

도로와 3·1고가도로를 철거하고 청계천을 복원하는 것을 주 내용으로 하는 청계천 일대 정비 사업은 이 사업을 추진했던 이명박 당시 서울시장을 일약 정치권 스타로 급부상시켜 이후 제17대 대통령에 당선되는 데 결정적인 기여를 했다.

　대중교통 통합카드 제도, 버스전용차로 등 현재의 대중교통시스템도 이 시기에 완성됐다. 서울연구원 전략연구센터는 2012년 10월, 도시 관리와 인프라 분야 전문가 7명을 대상으로 토지, 교통, 상하수도, 에너지, 쓰레기, 공중위생 등 6가지 분야에서 서울이 지닌 국제경쟁력을 평가했다. 그 결과 서울은 교통과 상하수도 분야에서 각각 3.6점과 3.5점(5점 만점)을 받아 경쟁 우위를 지닌 것으로 조사됐다. 교통 부문의 경우 대중교통 시스템(대중교통 통합카드, 실시간 버스안내 시스템, 버스노선 합리화)과 도시철도 보급·운영 분야에서 높은 점수를 받았다. 상수도 분야에선 상수도 보급과 수도 품질에서 높은 경쟁력을 가진 것으로 평가됐다. 당시 조사에선 누락됐지만 정보통신기술을 활용한 전자정부 분야에서도 세계 최고 수준의 경쟁력을 지니고 있는 것으로 평가됐다. 결국 대중교통 시스템, 상수도, 그리고 전자정부 시스템은 서울이 세계 다른 도시와 차별성을 가지는 주요 요소가 됐으며 해외 도시들도 이 분야 도시 인프라와 운영 노하우 전수에 막대한 관심을 기울이고 있다.

〈표 1-1〉 서울 우수정책 전문가 평가[1]

부문	부문별 평균 경쟁력 (5점 척도)	세부 분야	분야별 경쟁력
토지주택	2.9	녹색 공간(수변 포함) 보존	3.2
		건물에너지 효율화	2.6
교통	3.6	도시철도 보급 운영	3.7
		경전철 보급	2.7
		도보 자전거도로 확충	3.1
		버스노선 합리화 (전용 차선제 등)	3.8
		대중교통 통합카드	4.3
상하수도	3.5	상수도 보급과 품질	3.8
		물재생과 폐수 처리	3.5
에너지	2.5	신재생에너지 보급	2.5
쓰레기	3.2	쓰레기 수거	3.5
		쓰레기 재활용과 에너지화	2.9
공중위생	3.3	공중화장실 확충 운영	3.5
		공중쓰레기 수거	3.1

• • • •

1 「서울연구원 전략연구센터 내부보고서」, 2012.

03
서울 대중교통이 걸어온 길

우리나라 대중교통의 시초는 1899년 5월로 거슬러 올라간다. 당시 운행이 시작된 서대문~청량리 간 노면전차는 나룻배, 인력거 등의 전통적인 형태에서 벗어나 정해진 운임을 받고 일정 노선을 운행한 첫 철도라는 점에서 근현대 대중교통의 출발점으로 볼 수 있다.

이때부터 정해진 요금을 내고 일정한 노선을 운행하는 다양한 교통수단들이 등장하여 1920년에는 대구에서 최초로 시내버스가 운행됐다. 서울에서는 1928년부터 20인승 검정색 상자형 버스 10대가 서울역을 기점으로 남대문, 창덕궁, 을지로 구간을 운행하기 시작했다. 당시 버스요금은 7전이었다. 승객이 모두 탑승하면 버스 옆을 두드리며 '오라이'를 외치던 버스안내인도 이때 등장하여 1990년대가 돼서야 초중반 자취를 감췄다.

택시는 준 대중교통으로 분류되는 교통수단이다. 우리나라의 택시는 1919년 일본인 노무라 겐조(野村賢三)가 미국의 닷지(Dodge) 두 대를 가지고 경성택시회사를 차린 것을 계기로 처음 등장했다. 당시에는 '다꾸시'라는 일본식 이름으로 불렸는데, 이와 같은 경성

택시는 미국의 영업 방식을 본떠 종로, 명동, 을지로 등을 돌며 손님을 태웠다.

7년 뒤인 1926년에는 택시미터기가 도입되어 운임도 규격화됐다. 당시 기본요금은 2원으로 책정되었고, 이동 거리가 3.2㎞를 초과하면 800m마다 50전씩을 추가로 받았다. 이와 같은 택시는 한국전쟁 이후 미군 차량을 개조한 시발자동차가 나오면서 주된 교통수단 중 하나로 자리 잡았다.

대중교통은 1962년 1차 경제개발계획에 따라 산업화가 추진된 것을 계기로 급격하게 발전했다. 1968년 경인고속도로 개통 이후, 한진고속은 서울과 인천을 오가는 고속버스를 운행했으며 차차 도심과 도심, 또 도심 내부의 구역과 구역들이 거미줄처럼 연결되었다. 택시산업 역시 1962년 새나라자동차가 도입되며 본격적으로 발달했다. 한국 GM의 전신인 새나라자동차 측은 서울에 약 2,000여 대가 넘는 택시 운행용 새나라자동차를 공급하기도 했다.

1974년 8월, 국내 대중교통은 서울역과 청량리 구간을 운행하는 서울 지하철 1호선 개통을 기점으로 일대 전환기를 맞는다. 버스와 택시가 발달하며 노면전차는 도로에서 완전히 자취를 감췄고, 1984년에는 지하철 2호선이 개통했다. 세계 최초로 지하철을 도입한 영국에 비해 100년 늦은 출발이었지만, 우리나라, 특히 서울의 지하철은 이후 비약적으로 발전하였다.

2000년대 들어 국내 대중교통 정책은 단순히 노선과 운행 차량을 늘리는 것에서 벗어나, 소비자의 편의 향상을 위해 관련 제도를 개선하는 쪽으로 전환됐다. 2004년, 서울시는 대중교통 시스템을 대대적으로 개편했는데, 버스 준공영제와 대중교통 통합카드를 매개로 한 대중교통 환승요금 시스템 등이 주 내용이었다. 지하철과 시내버스 그리고 마을버스를 바꿔 탈 때마다 요금을 따로 내야 했던 운임제도에서 벗어나, 거리에 따라 요금이 결정되는 통합요금제 시스템으로 전환되면서 대중교통 이용객들의 부담도 크게 줄어들었다. 이에 따라 서울의 지하철과 전철, 시내버스, 마을버스는 환승 시 기본요금(기본거리 30㎞)에 5㎞마다 100원의 추가요금이 부과되는 방식으로 운영되고 있다.

04
서울 상하수도의 발전 경로

서울의 상수도 시설은 미국인 콜브란과 보스트윅이 고종 황제로부터 상수도 시설 경영에 관한 허가를 받아 1908년 9월 1일 뚝도 수원지에 정수시설을 건설해 공급한 것이 최초다. 당시 하루 생산능력은 1만 2,500톤, 급수 인구는 12만 5,000명이었다. 우리나라 최초로 근대적 정수 시스템을 도입했지만 한국전쟁 등의 영향으로 상수도 보급은 더디게 진행될 수밖에 없었다.

1950년, 한국전쟁 발발로 인해 서울 정수장들의 30~90%가 파괴되었다. 하지만 상수도 복구 자금모집을 위한 특별법 제정 등의 대책을 통해 1955년에 전쟁 발발 이전 수준으로 복구됐다. 1954년부터 정부와 유엔(UN) 원조에 의한 상수도 시설의 수리와 복구가 이어졌으며 순수 국내 기술진에 의해 설계된 구의정수장 2공장이 준공되면서 시설 확장 사업은 본궤도에 올랐다. 1954년 1인당 연간 급수량은 59ℓ였는데 1960년에는 163ℓ로 약 3배 증가했다. 1960년대 들어 도시 근대화와 함께 서울의 인구가 급팽창했다. 배수관망의 대폭적인 설비 증설도 필요한 상황이었다. 서울은 1961년부터 1979년까지 상수도 시설 용량의 확대를 위한 정수장 신설, 시설 확장, 설비 개량,

정수장 인수 등 대대적인 사업을 추진했다. 1972년부터 1981년까지 10년 상수도 시설 확장 계획을 수립하고 이러한 계획을 완수하는 데 힘썼다. 이 시기는 기존 정수장의 시설 확장과 설비 개량을 통해 기하급수적으로 늘어나는 수돗물 수요를 충족시키는 데 주력한 시기였다.

1980년대 서울의 수돗물 보급률이 90% 선을 넘어섰고 1인당 하루 급수량이 400ℓ를 넘어섰다. 또한 이 시기에는 기술자립의 단계로 접어들어 고지대 주민들의 급수난 해소를 위한 가압장을 건설하는 한편 노후관 개량 사업을 본격화해 수돗물의 누수율을 낮추고자 했다. 또 자동제어 시스템을 도입하고 원격 감시제어 체제를 구축해 최적의 수질관리를 시도하기 시작했다. 수도기술연구소를 설립하고 수질기준을 강화하는 등 수돗물의 질을 높이기 위한 작업도 병행됐다.

서울 상수도에 '아리수'라는 브랜드명을 붙이기도 했다. 2015년까지 모든 아리수정수센터에 고도정수처리시설을 도입할 계획이다. 현재 서울의 수돗물 하루 생산량은 319만㎥이며 급수인구는 1,039만 명이다. 상수도 보급률은 100%에 이르고 있다.

서울 상수도가 20세기 이후 도입됐던 것과는 대조적으로 서울 하수도의 역사는 1934년 한양을 도읍지로 정한 조선조에서 시작됐다고 볼 수 있다. 하지만 조선시대 한양의 하수도는 도성의 중심을 흐르는 청계천 관리가 전부였다. 조선시대 태종 11년(1411년) 개거도감이 설치돼 인공하천인 청계천이 만들어졌다. 1760년에는 영조가 직접 현재의 청계천 준설작업에 참관했다는 기록도 보인다. 근대적 의미의 하수도는 1910년대 말에 시작돼 1940년대 초에 완성된 서울 하수관거라고 할 수 있다. 합류식 하수배제 방식의 서울 하수관거

총연장은 약 225㎞였다. 하지만 한국전쟁으로 인해 서울의 하수도 시설은 대부분 파괴됐고, 1960년대 이후 서울 하수관거에 대한 정비가 도시 근대화와 더불어 본격적으로 시행됐다.

인구의 도시집중과 생활수준 향상으로 생활하수가 수질오염의 가장 큰 원인이 됨에 따라 하수도 시설의 주목적이 종전 생활하수와 우수의 배제에서 생활하수 처리로 바뀌었다.

1976년 청계천 하수처리장(현 중랑물재생센터 제1공장 15만t/일)의 건설은 현대적 개념의 하수처리 신호탄이었다. 점차 환경에 대한 관심이 커지면서 1983년부터 1999년까지 중랑, 난지, 탄천, 서남 물재생센터가 건설됐다. 현재 1일 581만t의 하수를 처리할 수 있는 시설을 갖췄다.

05
빠르게 진행되고 있는 글로벌 도시화

도시화란 인구가 도시 지역으로 집중되는 과정으로, 도시적 생활양식으로의 변화를 말한다.

도시화는 대개 수평적이든 수직적이든 도시 지역의 물리적 성장을 초래한다. 유엔(UN)은 지난 2008년 전 세계 인구의 절반 이상이 도시 지역에 거주한다고 추정한 바 있다. 또 2050년까지 신흥국가 인구의 64%와 선진국 인구의 86%가 도시 지역에 거주할 것이라고 예측하고 있다.

이러한 도시화는 우리 시대의 두드러진 현상이라고 할 수 있다. 물론 문명 초창기부터 도시는 있었다. 도시의 초창기 형태를 지니고 있는 것으로 간주되고 있는 이스라엘 예리코나 터키 차탈회육 유적의 역사는 거의 1만 년 전으로 거슬러 올라간다. 하지만 도시화가 본격적으로 시작된 것은 산업혁명 이후로 보는 게 타당할 듯싶다. 그 이전 도시의 경우 마을 중심부에 위치한 시장 등의 상업 지역에서 상업적 교환이 집중적으로 이뤄지고 소규모 형태의 제조 활동이 존재했다. 하지만 이들 도시들은 주변의 막대한 농지와 이곳에서 농사를 짓는 많은 주민을 포괄했다..

산업혁명은 이러한 도시 형태를 송두리째 바꿔 놓았다. 산업혁명 이후 영국 등 유럽지역에선 도시화가 빠르게 진행됐다. 영국의 경우 도시 인구가 1801년 전체 인구의 17%에서 1891년 72%로 급격히 늘었다. 산업 발달에 바탕을 둔 도시화는 유럽과 북미 지역에서도 되풀이됐다. 그리고 1950년대 이후 도시화 현상은 신흥국가에서도 맹위를 떨치기 시작했다. 예를 들어 미국 시카고에선 19세기 말에 도시화가 진행됐고 일본 도쿄는 20세기 중반 급격히 도시화 물결을 탔다. 인도 뭄바이에선 21세기 들어 농촌-도시 이주현상이 현저히 증가하기도 했다. 시차를 두고 유사한 패턴이 반복되고 있는 것이다. 그러면 농촌지역 거주자들은 왜 도시로 몰려드는 것일까.

고(故) 피터 홀 런던대학교(UCL) 바틀렛 건축·계획학부 교수 등은 『미래의 도시』에서 신흥국가 도시화 현상의 원인에 대해 이렇게 정리한다.

---

1. 기계화에 따른 농업 생산성 증가로 적은 수의 농부가 많은 수의 도시 거주자들에게 식량을 공급할 수 있게 됨. 이로 인해서 농촌의 인구 과잉이 초래됨.
2. 경작할 수 있는 토지가 부족해지고 과잉 경작으로 인해 지력이 저하됨.
3. 농촌 지역의 자원(가령 기술적 생산 요소, 신용대출 접근성 등)과 기타 사회적 서비스 부족으로 인한 불만 증가.
4. 농촌 지역 자연 재해와 환경 파괴.
5. 아프리카, 라틴아메리카, 아시아 일부의 사회 불안과 내전 증가. 그러나 농촌에서의 이러한 요인들은 도시에서의 인구 증가 요인들과 동시에 나타남.
6. 도시 지역의 양호한 보건 위생과 이에 따른 사망률 감소.
7. 주로 유아 사망률 감소에 기인하는 도시 지역의 높은 출생률과 평균 기대수명 증가.

도시에서는 비록 미래가 불안정하고 보수가 낮을지라도 취업의 기회가 주어진다. 또한 일반적으로 젊은이들이 꺼려하는 전통적 관

행과 관습에서 벗어날 수 있는 기회가 제공된다. 인구의 유출과 유입은 지역 간, 그리고 도시와 농촌 간 지역 불균형을 심화하고 확산시킨다. 이에 따라 유엔 제2차 인간정주위원회(HABITAT)에선 급속한 도시화(대도시로의 도시 인구 집중), 도시의 확산(확대된 주변 지역으로의 도시 확산), 고도 도시화(메가시티의 급속한 성장) 등이 세계적 동향으로 지적되기도 했다. 대부분 신흥국가에서 이러한 도시화의 힘은 한두 개의 중심도시로 집중되는 경향을 보이고 있다. 일부 국가에선 수도로의 이주가 전체 인구 이동의 80% 이상을 차지하기도 한다. 그러나 도시의 성장은 점차 이주보다 도시 내부의 자연 증가에 의해 이뤄지게 된다. 급속한 인구 성장은 주로 많은 아이들이 갑자기 늘어나기 때문에 발생하는데 이는 도시에 두 가지의 부정적인 결과를 가져온다.

첫째는 인구수가 늘어날수록 1인당 도시 인프라 시설을 증가시켜야 하는 것이다. 늘어나는 인구만큼 그에 적절한 수의 일자리와 주택, 학교를 공급해야 하기 때문에 도시 역량이 빈곤할 경우 심각한 제약이 따를 수 있다. 두 번째는 빠르게 증가하는 젊은 세대의 생존에 관한 문제다. 기성세대와 정책 결정자들이 생존 경쟁에 쫓기고 관련 문제에 매달리다 보니 젊은 세대의 생존과 삶의 질을 등한시하면서 문제가 발생하는 것이다.

같은 책에서 피터 홀은 이미 800만 명 이상의 15세 이하 어린이들이 에이즈로 부모 중 한 쪽이나 두 쪽 모두를 잃었으며, 2010년 사하라 이남 아프리카 지역에선 약 4,000만 명의 15세 이하 어린이들이 에이즈로 부모 중 한 쪽이나 두 쪽 모두를 잃었을 것이라고 짐작했다. 이럴 경우 양육 부담은 조부모와 다른 친척들에게 전가되기 일

쑤이며, 당연히 거리로 내몰리는 아이들 수도 줄어들지 않을 것이라고 내다봤다.

현재도 전체 도시화율에선 선진국이 신흥국가를 앞서지만, 도시 그룹을 인구 75만 명 이상으로 한정할 경우에는 신흥국가와 선진국이 대등한 수준을 보이고 있다.

〈표 1-2〉 지역 그룹별 도시 수[2]

	국가	도시
중국	1	143
인도	1	58
아시아	14	52
중동	15	58
아프리카	30	46
중남미	20	65
구소련(CIS)	13	35
선진국	29	176

(※ 75만 명 이상이 사는 지역을 도시로 정의)

유엔 세계 도시화 전망을 보면 20세기 세계 인구의 급격한 도시화 정도를 파악할 수 있다. 이 자료에 따르면 전 세계 도시 거주 인구는 1990년 13%(2억 2,000만 명)에서 1950년 29%(7억 320만 명)로 급격히 증가한다. 이어 2005년 다시 49%(32억 명)로 증가를 보이고, 2030년까지 60%(49억 명)로 늘어날 것으로 예측된다. 현재 신흥국가 중심의 글로벌 도시화 추세는 과거 선진국 중심의 도시화에 비해 규

• • • •

2 〈World Urbanization Report〉, 2011.

모면에서 훨씬 강렬하고 인상적이다. 미국의 컨설팅회사 매킨지는 "도시화에 기인한 중국 경제의 환골탈태는 도시화를 경험한 최초의 국가인 영국에 비해 100배나 큰 규모로 10배 빠르게 이뤄지고 있다"고 지적하고 있다. 필립 코틀러 노스웨스턴대 켈로그경영대학원 석좌교수는 『시장의 미래』에서 "우리는 지금 인류 역사상 최초로 도시가 지배하는 세상에서 살고 있다. 세계 인구의 50% 이상이 도시에 거주하고 있으며 세계 총생산의 80%가 도시로부터 나온다. 2007년 매킨지가 선정한 세계 600대 글로벌 도시 중 380개 도시가 세계 총생산의 50%를 담당하고 있으며 2025년에는 600개 대도시의 생산량이 세계 총생산의 67%를 차지하게 될 것이다. 더욱이 2025년에는 주전 선수가 바뀔 것이다. 136개의 신흥국가 도시들이 600대 글로벌 도시 목록에 새롭게 추가될 가능성이 높다"고 말했다.

유엔은 이러한 현상에 대해 '도시 밀레니엄' 혹은 '티핑 포인트의 도래'라는 단어를 붙이기도 했다. 특히 신흥국가들은 과거 선진국들이 경험하지 못한 빠른 속도의 도시화와 밀집화를 경험하고 있다. 현재 약 27억 명 수준인 신흥국 도시 인구는 2050년에는 약 51억 명으로 2배 가까이 확대되며 전 세계 도시화를 이끌 것으로 예상되고 있다.

06

도시 인프라가 턱없이 부족한 신흥국가 도시들

현재 신흥국의 인프라 수준은 선진국의 절반 이하로 추정되고 있다. 신흥국 인프라 보급률은 선진국의 약 31%에 불과해 확충이 시급한 상황이며 이는 도시에도 유사하게 나타나고 있다. 가장 큰 차이가 나타나는 부분은 운송 인프라다. 반면 의외로 상하수도와 통신 분야에선 신흥국이 선진국 수준에 근접하는 것으로 나타났다.

〈표 1-3〉 선진국과 신흥국의 평균 인프라 보급 비교[3]

구분	전력	철도	도로	인터넷	상수도	하수도	주택
	만 MWh	만 km	만 km	1,000명	1,000명	1,000명	1,000채
선진국(A)	37.4	2.10	58.7	11,846	33,132	33,471	17,704
신흥국(B)	11.6	0.75	13.5	8,929	27,120	20,899	30,887
B/A	0.31	0.35	0.23	0.75	0.82	0.62	1.74

· · · ·

[3] 〈유로미터 인터내셔널〉. 라도삼 外, 「해외도시 연구 및 전략적 교류방안 수립」, 서울연구원세계도시연구센터, 2013에서 재발췌.

그러면 신흥국가의 대표 격인 중국의 인프라를 세계 최고 선진국인 미국에 비교해보자.

중국의 경우 총 인프라 보급률은 선진국 평균을 상회하지만 서비스 질적 제고가 시급한 것으로 평가되고 있다. 전력 생산과 도로 길이는 미국과 유사한 수준이며 통신과 상하수도 인프라는 가히 세계 최고 수준이라고 할 수 있다. 하지만 전반적인 인프라 질적 수준을 비교해보면 중국은 7점 만점에 4.3점을 받아 5.8점을 받은 미국에 비해 크게 떨어지는 것으로 조사됐다.

〈표 1-4〉 중국 대 미국 인프라 질적 수준 비교[4]

구분	도로	철도	항만	항공
중국	4.4	4.6	4.4	4.4
미국	5.7	4.8	5.6	5.8

국가 전체 인프라와 마찬가지로 신흥국가의 도시 인프라 역시 선진국의 그것에 비해 크게 떨어진다. 지역별로 봐도 아프리카, 아시아 지역 국가 인프라가 다른 지역에 비해 가장 열악한 것으로 분류되고 있는데 이는 아시아, 아프리카 신흥국가 도시들에도 해당된다. 이들은 최근 비약적인 성장을 하고 있지만 기초 인프라가 턱없이 부족한 상태다. 급격하게 유입되거나 유입 이후 자연 증가하는 인구와 경제 규모 확대 속도를 도시가 따라가지 못하고 있기 때문인 것으로 분석되고 있다.

• • • •

[4] 앞의 책과 동일.

현재 신흥국가 도시들은 도시 인프라 투자를 본격적으로 시작한 상황이다. 대도시 인구 집중에 따른 만성 인프라 부족을 해소하고 도시 내부 균형 발전을 목적으로 도시 인프라 투자를 본격화한 것이다. 특히 전체 도시 인구의 3분의 1을 차지하고 있는 슬럼(Slum) 인구가 도시와 국가 발전에 큰 걸림돌이 되고 있는데 도시로선 대대적인 도시 인프라 확충과 균형 개발을 통해 이 문제를 해소하고자 노력하고 있다. 하지만 워낙 많은 인구가 유입되거나 자연 증가로 인해 늘다보니 신흥국가 대부분의 대도시들이 상수도, 위생 설비, 교통 등 적정 인프라를 구축하는 데 젖 먹던 힘까지 다하고 있는 상황이다.

이에 따라 신흥 도시를 중심으로 기반 인프라 구축과 운영이 유망 사업으로 부상하고 있다. 서울연구원에 따르면 신흥국의 도시화는 관련 인프라 수요를 확대시키며 2030년까지 약 40조 달러의 거대한 시장을 형성할 것으로 예상되고 있다.

아시아개발은행(ADB)도 2009년 「끊임없는 아시아(Seamless Asia)」 보고서를 통해 중동을 제외한 아시아 전역에서 2010~2020년 10년 동안 8조 2,000억 달러에 달하는 수요가 발생할 것이라고 추정했다. 물론 아시아 인프라 시장의 수요는 떠오르는 강자인 중국과 인도에 집중돼 있다. 전체 8조 2,000억 달러 중에서 두 나라가 차지하는 비율은 중국이 53.1%, 인도가 26.4%에 달한다. 중국을 제외한 동남아시아가 13.5%이며 중앙아시아, 인도를 제외한 남아시아 등이 그 뒤를 잇는다.

분야별로는 에너지 인프라 수요가 전체의 48.7%를 차지한다. 중국은 저유가를 바탕으로 내륙지역에 중소형 규모의 화력발전소를 건설하는 데 열을 올리고 있고 인도 역시 동쪽 해안지역을 따라 건설하고 있는 8,000㎞ 길이의 산업 벨트에 8,500㎿급 발전소들을 건립하려는 계획을 추진 중이다. 또 교통(35.2%), 통신(12.7%), 물 위생시설(3.4%) 등의 분야별 수요가 전력과 에너지 시장의 뒤를 잇고 있다.

서울연구원 관계자는 "그동안 통신과 교통 인프라에 투자가 집중됐다면 향후 40년간은 도시민의 삶에 직접적인 영향을 주는 전력과 물 분야가 유망할 것으로 예상된다"며 "현재 각국 정부와 글로벌 기업들은 치열한 수주 경쟁을 벌이고 있는 상태"라고 말했다.

중국, 일본 등은 공적개발원조(ODA) 자금을 총동원해 아프리카 도시 인프라 시장에 투자하고 있으며 미국 GE, 독일 지멘스 등 도시 인프라 관련 글로벌 기업들은 특화된 기술력을 앞세워 수주 경쟁에 나서고 있는 것이다.

〈표 1-5〉 세계 인프라 시장 동향[5]   단위: 1억 달러

연도	2010~2010 (연평균)	2011~2020 (연평균)	2021~2030 (연평균)	2011~2030 (누적)
도로, 철도	2,690	2,990	3,500	64,900
통신	6,540	6,460	1,710	81,700
전력	2,700	3,830	5,130	89,570
물	5,760	7,720	10,370	180,900
합계	17,690	21,000	20,710	417,070

••••

[5]   2006 경제협력개발기구(OECD) 보고서. 라도삼 外, 「해외도시 연구 및 전략적 교류방안 수립」, 서울연구원세계도시연구센터, 2013에서 재발췌.

중국의 아시아인프라투자은행(AIIB) 설립과 이에 대한 영국 등 선진국들의 경쟁적인 참여는 해당 국가들이 인프라 시장에 대해 얼마나 주목하고 있는지 엿볼 수 있는 좋은 사례다.

시진핑(習近平) 국가주석은 지난 2013년 9월 카자흐스탄 나자르바예프대학 연설에서 인프라 개발의 밑그림이라고 할 수 있는 '일대일로(一帶一路) 프로젝트' 계획을 처음 밝혔다. 중국 내륙에서 출발한 육상·해상 실크로드를 각각 중앙아시아와 동남아시아를 거쳐 유럽까지 연결하겠다는 야심찬 계획이었다. 중국은 이 프로젝트를 실현하기 위한 금융 플랫폼으로 2014년 10월 아시아인프라투자은행(AIIB) 설립을 공식 선언했다. 현재 미국과 일본이 대주주로 있는 아시아개발은행(ADB)이 역내 빈곤 퇴치와 인프라 개발을 주도하고 있지만 수요에 비해 지원 실적은 크게 미치지 못하고 있어 아시아인프라투자은행(AIIB) 출범에 대한 기대감은 높은 편이다. 영국을 선두로 프랑스, 독일, 이탈리아 등 서방 선진국이 아시아인프라투자은행(AIIB)에 참여키로 했으며, 한국도 참여했다. 아시아인프라투자은행(AIIB)이 프로젝트를 선별해 발주하면 참여 국가들은 일반적으로 출자 지분율만큼 수주하게 되는데 이는 프로젝트를 수주하기 위한 사전 포석인 셈이다. 그러다 보니 아시아인프라투자은행(AIIB)과 미국, 일본 등이 대주주로 있는 아시아개발은행(ADB)의 관계는 미묘해질 수밖에 없다. 한국, 영국 등이 아시아인프라투자은행(AIIB)에 경쟁적으로 참여하자 미국이 불편한 기색을 감추지 못한 것도 이러한 배경 때문이다.

한편 아베 신조(安倍晋三) 수상은 일본의 경제 회복 정책인 아베노믹스를 통해 "일본 정부는 동남아시아 지역 국가 인프라 수요가 교통과 도시 개발에 집중돼 있다는 점을 근거로 2014년 해외교통 도시개발사업 지원기구(JOIN)를 출범시키며, 2020년까지 해외 인프라 수주 실적을 연간 10조 엔에서 30조 엔으로 확대하겠다"는 구상을 밝힌 바 있다. 신흥국가의 인프라 수요 정도가 얼마나 큰지, 또 그곳에서 사업 성공 기회를 찾기 위한 각국과 글로벌 기업의 고심이 얼마나 깊은지를 단적으로 보여주는 사례다.

07
인프라는 왜 중요한가

인프라는 교육과 함께 경제성장의 핵심 동력 역할을 한다고 인식되고 있다. 물론 인프라는 경제성장에 큰 도움을 준다. 하지만 그와 더불어 주민의 삶의 질을 높이고 불평등을 감소시키는 역할도 한다. 인프라란 특정 목적을 달성하기 위해 필요한 사회기반시설을 의미한다. 인프라는 자본집약적이고 장기간 건설 시간이 소요되며 초기 고정 비용이 많이 들어간다는 특징이 있다. 많은 개발 관련 자료들은 도로, 항만, 통신, 주택, 수자원, 에너지 등과 같은 사회경제 인프라들이 산업 경쟁력을 높여주고 기업 투자를 촉진시켜 경제발전을 이루는 데 핵심적 역할을 한다는 사실을 보여주고 있다. 이러한 이유 때문에 각국 정부가 대부분의 인프라 사업을 주도해 실시한다. 하지만 최근에는 인프라 초기 비용이 지나치게 높아짐에 따라 민간 투자나 정부·민간 합작투자 방식으로 인프라 사업을 추진하는 경우도 나타나고 있다. 문제는 과연 인프라가 경제 발전에 어느 정도 기여를 하는지다. 삼성경제연구소가 분석한 자료에 따르면 한국이 본격적으로 경제성장을 시작한 시기인 1973년부터 1985년까지의 기간에 인프라 투자가 높을수록 국가 생산성이 증가했다. 하지만 유의할 점은 인프라에 대한 투자가 반드시 동일 비율적으로 생산성 증가를 가져왔던 것은 아니며 국가별로 그 증가폭이 달랐다는 점이다.

〈표 1-6〉 인프라 투자와 국가별 생산성 (1973~1985년 평균)[6]

국가	인프라 투자 / 국내총생산(GDP) (%)	생산성 증가 (%)
일본	5.1	3.1
독일	2.5	2.4
프랑스	2.0	2.3
이탈리아	3.9	1.8
영국	1.9	1.8
캐나다	1.5	1.4
미국	0.3	0.6

국제통화기금(IMF)의 앤드류 워너 이코노미스트는 최근 분석 자료에서 인프라가 경제성장을 가져온다는 일관되고 실증적인 증거는 없다고 주장하며 그 사례로 한국과 대만의 경우 낮은 인프라 수준에서도 높은 경제성장을 이룩했고 이에 반해 볼리비아, 멕시코, 필리핀 등은 높은 인프라 수준에도 불구하고 낮은 경제성장을 보였다고 분석했다.

또 인도네시아의 인프라 투자 추이를 보면 이 나라는 1993년부터 2006년까지 도로와 교통 인프라에 대한 투자를 집중했고 2006년 이후부터는 통신 인프라에 대한 투자에 역량을 집중한 것으로 나타났

····
6   이언오·홍순영, 「인프라 확충을 위한 재원조달 및 민간 참여방안」, 삼성경제연구소, 1993.

다. 같은 기간 중 물·가스·전기 인프라에 대한 투자는 거의 증가하지 않았다. 따라서 인도네시아의 물 부족 문제가 심화됐을 것으로 추측할 수 있는데 실제로 인도네시아는 최근 10년간 심각한 물 부족 문제를 겪고 있는 상태다.

이러한 논의들을 검토해봤을 때 ▲인프라와 경제성장은 깊은 상관관계를 갖고 있다. ▲인프라가 경제성장의 가장 중요한 결정 요인이라는 실증적 근거는 확고하지 않다. ▲인프라에 대한 투자가 반드시 동일 비율적으로 경제성장을 보장하지는 않는다. ▲경제성장 단계에 따라 핵심 인프라 종류가 다를 수 있다. ▲인프라가 경제성장에 크게 기여하는 경우는 시장이 필요로 하는 인프라일 때이다. ▲인프라가 제조업 생산 시설 및 생산 시스템과 잘 결합됐을 때 생산성이 더욱 향상되고 경제성장에 더 크게 기여한다. 등의 결론을 도출할 수 있다.

인프라 개념의 외연 확장도 눈여겨볼만하다. 원래 인프라는 각종 경제, 사회, 문화, 정치 아래에 위치한 하부 구조물을 가리키는 용어였지만 오늘날에는 법, 제도, 행정, 금융, 교육, 의료 등 각종 서비스들을 모두 통틀어 가리키는 용어로 그 의미가 확장되었다. 새로운 도시를 만들거나 기업이 입지를 정할 때 '인프라가 갖춰져 있어야 들어갈 수 있다'고 말한다면 해당 인프라에는 도로, 항만, 공항, 교통뿐 아니라 법, 제도, 행정 등 모든 제반 환경들이 포함돼 있는 것이다. 오늘날 인프라 용어를 다시 정의할 필요가 있다는 주장이 제기되는 것은 이러한 이유 때문이다.

그런 관점에서 볼 때 한국 정부와 서울시는 도시 인프라 분야 최신 조류라고 할 수 있는 스마트시티에 관심을 기울일 필요가 있다.

스마트시티 개념을 간단히 요약하면 최첨단 정보통신기술(ICT)을 기반으로 도시의 각종 인프라를 통합적으로 제어하는 지능형 서비스의 제공을 말한다. 스마트시티와 전자정부의 친연성을 감안할 때 전자정부에서 세계 최고 수준의 경쟁력을 지닌 한국 정부와 서울시로선 선도적으로 서비스를 구현하고 이를 바탕으로 해외 진출을 추진해 단기간에 좋은 성과를 낼 수 있는 영역인 셈이다.

08
대표적인 신흥국가 도시 자카르타

인도네시아 수도 자카르타는 아세안(ASEAN, 동남아시아국가연합)의 상징과도 같은 곳이다. 아세안 사무국 본부가 위치해 있고 이용객 순위 세계 10위의 수카르노-하타 국제공항이 자리 잡고 있다. 그러나 아세안을 대표하는 이 도시 역시 인프라 부족에 시달리고 있다. 약 1,000만 명을 자랑하는 도시 인구는 2013년 한 해에만 6%가 늘어날 정도로 빠르게 성장하고 있다. 자동차와 오토바이 수도 매년 9~11%씩 늘어간다. 그에 비해 도로는 연간 불과 1% 늘어나는 데 그치고 있는 실정이다. 자카르타 주 정부는 연간 교통 체증으로 낭비되는 예산이 약 30억 달러에 달하는 것으로 추정하고 있다. 여기에 인구 증가로 도시 확장을 계속하면서 우기 때 마다 홍수 피해와 기존 인프라가 수몰되는 문제가 더욱 커져 갔다. 현지에는 수실로 밤방 유도유노 전 인도네시아 대통령이 이런 도시 문제 때문에 국가의 수도를 다른 곳으로 옮길 생각도 했었다는 보도도 있었다. 2011년 세계경제포럼(WEF)이 발표한 국가경쟁력지수 인프라 부문에서 인도네시아는 139개국 중 82위를 차지하는 불명예를 안았다. 아세안의 상징인 자카르타의 현실은 다른 아세안 국가들과 그들 도시들의 사정을 대변하는 듯하다.

그러나 최근 들어 자카르타는 다소 변화하는 모습을 보이고 있다. 그동안 말만 무성하던 도시고속철도(MRT)를 건설하겠다고 밝히면서 최근 2개의 일본 기업 컨소시엄을 사업자로 선정했다. 모노레일 건설 계획도 가시화되고 있다. 교통난 해결을 위해 도로 확충이 진행중이고 자카르타 항만의 위치도 바꾸면서 확장을 꾀하고 있다.

이러한 교통 인프라 확충은 외곽 부동산 가격 급등으로 연결됐다. 현지 부동산 전문 포털 사이트 '라무디'에 따르면 자카르타 외곽순환고속도로 인근 땅값은 2014년 한 해 동안 30% 가량이 치솟았다. 인도네시아는 2014년 세계경제포럼(WEF) 인프라 경쟁력 평가 결과에서 61위를 차지했다. 2011년에 비해 21단계 뛰어오른 것이다.

조코 위도도 인도네시아 대통령이 지난 2015년 한국 언론과의 인터뷰에서 "인프라 건설이 제1경제 목표"라고 밝힐 정도로 인도네시아 정부와 자카르타 주 정부의 인프라 확충 의지는 충만하다. 여기에 국제사회의 지원이 가미되면서 시너지 효과를 내고 있는 것으로 풀이된다.

09
아프리카의 관문, 탄자니아 다르에스살람

　　　　　　　　　　　　아프리카 대륙 동쪽 중부에 위치
한 다르에스살람은 인도양에 면해있는 동아프리카에서 가장 큰 항
구도시로서 탄자니아 동쪽 해안의 전략적 요충지다. 지형학적 입지
특성 때문에 내륙국인 르완다, 부룬디, 콩고, 잠비아, 우간다, 말라위
등으로 통하는 관문도시이자 탄자니아의 전 수도이기도 하다. 탄자
니아는 지난 1972년 내륙 지방 개발을 위해 도도마로 행정수도를 옮
겼으나 대통령 집무실을 비롯한 행정부처와 사법부 등 주요 기능은
여전히 다르에스살람에 남아있다. 아랍어로 '평화로운 안식처'라는
뜻을 지닌 다르에스살람은 서울보다 두 배 넓은 면적을 자랑한다.
현재 탄자니아 총 인구수의 약 8%에 해당하는 300만 명의 인구가 살
고 있다.

　농촌에서 도시로의 인구 이동은 다르에스살람의 도시화를 가속
시키는 주요 원인이었다. 이러한 이유 때문에 다르에스살람 주변부
는 빈민 주거지 스프롤 현상이 심각한 실정이다. 다르에스살람 인
구 대부분은 주택, 물, 보안 등 공공 서비스가 제공되지 않는 비공식
토지, 다시 말해 불법주택에 살고 있다. 민간 부동산개발회사와 지

방정부는 도시의 빈민 거주자들을 위한 저가 주택을 계획하거나 공급하려는 노력을 기울이지 않고 있다. 도시계획은 중앙에만 집중돼 있고 빈민 거주자의 기초 수요를 파악하는 데 완전히 실패한 것이다. 또 인구 증가로 인한 심각한 교통 정체와 차량 배기가스로 인한 대기 오염, 불법 벌목으로 인한 열대우림 파괴 등이 점점 심화되고 있는 실정이다. 다르에스살람 시의회는 지난 2000년 키논도니(Kinondoni), 이라라(Ilala), 테메케(Temeke) 등의 세 기초자치단체에 모든 정책과 입법의 이행권한을 이양하고 자문 방식으로 계획과 행정을 지원했다. 이러한 권한 이양은 결과적으로 실패했다. 오히려 업무 공간의 부족, 빈약한 교통시설, 불충분한 물과 위생시설, 혼잡 등 각종 도시 문제가 더욱 가중됐을 뿐이다.

다르에스살람시는 도시의 인구 증가, 빈곤 상승과 함께 발생하는 각종 도시 문제를 해결할 제도적 능력과 재정자원을 갖고 있지 못한 것으로 보인다. 다르에스살람 시의회 역시 제 기능을 하지 못하고 있는 상태다. 중앙정부와 지방정부 간 협력 결여 역시 거버넌스 개혁이 필요한 이유다. 동아프리카의 대표적인 항구도시인 다르에스살람도 현재 아프리카 도시들이 안고 있는 문제를 고스란히 공유하고 있는 셈이다.

제2장
서울의 국제 교류

01
서울의 자매·우호 도시

　　　　　　　　서울시는 2015년 5월을 기준으로
전 세계 23개 도시와 자매도시 관계를 맺고 있다. 또 27개 도시와 우
호도시 관계를 유지하고 있다. 자매도시와 우호도시는 시민의 문화
교류나 친선을 목적으로 하는 도시 관계 개념으로 서울시는 지방자
치법 시행령 37조에 따라 교류협력을 하고 있다.

　자매도시와 우호도시는 크게 다르지 않다. 다만 자매도시 체결 절
차가 우호도시에 비해 다소 까다로운 편이다. 자매도시 체결은 ▲
자매결연 대상도시 선정 ▲해당 지역의 각종 기본 자료를 바탕으로
자매결연과 교류 적정성 검토 ▲주민 의견 수렴 등 충분한 사전검
토 ▲지방의회 사전보고와 지방의회 의결 ▲결연 체결 등의 절차를
거쳐야 한다.

　서울이 가장 먼저 자매결연을 체결한 도시는 대만의 타이베이(臺
北)다. 1968년 3월 23일 자매도시가 됐다. 터키 앙카라, 미국 호놀룰
루, 미국 샌프란시스코, 브라질 상파울루 등이 지난 1970년대 서울
과 자매결연을 체결한 도시들이다. 자매도시와 우호도시의 대륙별
분포를 보면 대부분 아시아와 유럽 대륙에 분포돼 있고 아시아의

경우 중국에 치우친 경향이 있다. 2000년대 이전 체결한 도시들은 대부분 서구 선진국 도시나 수도 중심이었다. 최근 들어서는 신흥국가 도시와의 교류를 강화하고 있는 추세다.

〈표 2-1〉 서울 자매·우호 도시 현황[7]

나라명	도시명	결연일
자매도시		
대만	타이베이	1968년 3월
터키	앙카라	1971년 8월
미국	호놀룰루	1973년 10월
미국	샌프란시스코	1976년 5월
브라질	상파울로	1977년 4월
콜롬비아	보고타	1982년 6월
인도네시아	자카르타	1984년 7월
일본	도쿄	1988년 9월
러시아	모스크바	1991년 7월
호주	뉴사우스웨일즈	1991년 11월
프랑스	파리	1991년 11월
멕시코	멕시코시티	1992년 10월
중국	베이징	1993년 10월
몽골	울란바토르	1995년 10월
베트남	하노이	1996년 5월
폴란드	바르샤바	1996년 6월
이집트	카이로	1997년 4월
이탈리아	로마	2000년 3월

• • • •

[7]   서울특별시청 홈페이지(http://www.seoul.go.kr/).

나라명	도시명	결연일
카자흐스탄	아스타나	2004년 11월
미국	워싱턴 D.C.	2006년 3월
그리스	아테네	2006년 5월
태국	방콕	2006년 6월
우즈베키스탄	타슈켄트	2010년 7월
우호도시		
캐나다	오타와	1997년 10월
독일	베를린	1997년 4월
네덜란드	암스테르담	1999년 3월
헝가리	부다페스트	2005년 7월
터키	이스탄불	2005년 8월
미국	LA	2006년 10월
이탈리아	밀라노	2007년 2월
벨로루시	민스크	2008년 7월
중국	산둥성	2008년 7월
중국	장쑤성	2008년 7월
중국	광둥성	2008년 7월
중국	저장성	2009년 4월
중국	톈진	2009년 4월
에디오피아	아디스아바바	2010년 9월
일본	홋카이도	2010년 10월
모잠비크	마푸토	2011년 6월
루마니아	부큐레슈티	2012년 5월
아르헨티나	부에노스아이레스	2012년 6월
스페인	바르셀로나	2012년 11월
브라질	브라질연방특구	2014년 2월
덴마크	오덴세	2014년 8월
덴마크	코펜하겐	2014년 8월

나라명	도시명	결연일
미국	휴스턴	2014년 10월
중국	상하이	2014년 11월
중국	쓰촨성	2014년 11월
캐나다	몬트리올	2015년 4월
남아공	츠와네	2015년 4월

　서울은 초창기에 문화, 행정, 경제, 사회 등으로 자매도시 교류 분야를 한정했다. 그러나 1981년 서울-자카르타 간 자매결연 협정 이후 관광, 과학, 체육, 교육, 환경 등으로 교류 분야를 확대했다.

　우호도시 협정은 지난 1997년 민선 1기 조순 서울시장 때부터 시작됐으며 시장의 해외 순방 시 방문국 및 주변국 도시들과 집중적으로 체결됐다. 오세훈 시장 임기 당시에는 11개 도시와 우호도시 체결을 맺었는데, 특히 중국 도시들과 집중적으로 우호도시 협정을 체결했다. 주목할 만한 것은 이명박 시장 이후부터 다른 도시에서 서울의 대중교통 시스템, 상하수도 시스템 등에 대한 시찰을 시작했다는 점이다. 서울 해외 진출의 단초가 된 셈이다. 서울연구원의 2008~2012년 서울 자매·우호 도시 교류 활동 분석에 따르면 서울의 자매·우호 도시 교류 활동은 특히 문화관광, 환경, 시정 등의 분야에서 활발히 전개됐으며 방문 형식의 교류가 주를 이루었다.

02
서울 가입 국제 네트워크 활동 현황

서울은 1987년 세계대도시협의회(Metropolis) 가입을 시작으로 2012년 현재 총 11개의 국제 네트워크에 가입돼 있다. 물론 시기상으로 봤을 때는 아시아태평양관광협회(PATA), 미주여행업협회(ASTA) 등에 먼저 가입했지만 실질적인 국제 네트워크 매개 교류는 세계대도시협의회 가입을 계기로 시작됐다고 볼 수 있기 때문이다. 분야별로 보면 4개는 도시 문제 해결을 위한 네트워크이며 3개는 관광 분야 네트워크다. 환경 분야 2개, 교통과 정보통신기술(ICT) 분야 각 1개씩이다.

서울의 국제 네트워크 가입 및 활동 목적은 국제 영향력 증대와 세계 도시와의 정보 교환을 통한 시정 혁신이다. 실제로 2000년대 중반까지는 참석에만 의의를 두는 등 소극적인 활동을 벌여왔다면, 2000년 후반부터는 달라졌다. 2010년에는 세계도시전자정부협의체(WeGO)를 창설한 데 이어, 2013년에는 인간정주관리를 위한 지방정부망(CITYNET)과 이클레이(ICLEI, 자치단체국제환경협의회) 사무국, 세계대도시간협의체(METROPOLIS) 세계연수원을 줄줄이 유치하는 성과를 보였다.

특히 세계도시전자정부협의체(WeGO)가 미국 럿거스대학의 세계도시 전자정부 평가에서 좋은 성적을 거둔 것이 결정적인 계기가 됐다. 전 세계적으로 '전자정부=한국=서울'이라는 인정을 받고 있기 때문에 서울이 세계도시전자정부협의체(WeGO) 설립을 주도했을 때 일사천리로 작업이 진행됐다. 현재 세계도시전자정부협의체(WeGO)는 2014년 중국 청두(成都)에서 열린 제3차 총회에서, 세계은행의 지원을 받아 만든 '도시형 전자정부 자가진단 툴킷'을 제시했다. '도시형 전자정부 자가진단 툴킷'은 도시의 전자정부 성숙도를 비용 부담 없이 짧은 기간 안에 진단할 수 있는 일종의 소프트웨어다. 2015년 8월 말 현재 전 세계 93개 도시가 회원으로 가입돼 있다. 8개 의장단 도시, 20개 운영위원회 도시와 사무국으로 구성돼 있다. 세계도시전자정부협의체(WeGO)의 주요 의사결정기구로는 1년 주기의 운영위원회와 2년 주기의 총회가 있다. 서울은 제3회 총회에서 의장 도시로 재선출됐다. 박원순 시장 역시 의장도시 좌장 자격으로 청두(成都) 총회에 참여했었다.

한편 박원순 시장은 2015년 4월 9일 서울에서 열린 이클레이(ICLEI) 회장으로도 선출돼 현재 활동 중이다. 임기는 3년이다. 박원순 시장은 회장 자격으로 이클레이(ICLEI) 이사회, 세계집행위원회의 등을 주재하고 유엔 총회나 유엔 기후변화협약 당사국 총회 등에 참여하게 된다.

서울시에 따르면 이클레이는 박원순 시장이 2012년부터 이클레이 산하 기후변화세계시장협의회(WMCCC) 의장으로 활동하며 보여준 다양한 친환경적 노력과 그에 대한 깊은 이해 등을 높이 평가해 그를 회장으로 선출했다고 한다. 박원순 시장은 첫 아시아 지역

도시 시장 출신 이클레이 회장이기도 하다.

〈표 2-2〉 서울 가입 국제 네트워크 현황[8]

네트워크 명	본부 소재	규모 (회원도시 및 단체)	가입 연도	설립 목적	비고
아시아태평양관광협회 (PATA)	샌프란시스코	약 2,400명	1970	아시아태평양지역 관광산업 발전과 부가가치 창출	준회원
미주여행업협회 (ASTA)	워싱턴 D.C.	약 2만 명	1973	회원의 권익보호, 복리 증진, 여행자의 안전도모	준회원
세계도시협의회 (METROPOLIS)	파리	160개 도시·단체	1987	세계 대도시 경제발전, 환경보전, 삶의 질 향상 등 공통 문제를 해결 하고 대도시 상호 간 교류촉진을 통한 도시 발전 도모	이사도시, 아시아 부회장
인간정주관리를 위한 지방정부망 (CITYNET)	요코하마	119개 도시·단체	1989	아시아태평양 지역 내의 개별도시, 자치단체연합, 시민단체를 연계한 다자 간 네트워크 형성	이사도시
세계지방 자치단체연합 (UCLG)	바르셀로나	약 1,000개 도시·단체	1998	지방자치단체 대민 서비스 질적 향상, 주거 환경 향상 도모 등 국제적으로 자치 단체 간 정보와 기술 교환 장려하며 지방자치 진흥	이사도시 집행위원
이클레이 (자치단체국제 환경협의회·ICLEI)	토론토	1,078개 도시·단체	1999	지역 활동을 통한 지구환경보호, 지 속 가능 발전의 가시적 성과, 환경보 전 관련 자치단체 권한과 역량 강화	정회원, 집행위원
아시아대도시네트워크 (ANMC21)	도쿄	11개 도시	2001	아시아 대도시 간 협력 시스템 구축 을 통해 대도시 공동번영 도모	정회원
세계대중교통협회 (UITP)	브뤼셀	약 2,900명	2005	대중교통에 관한 연구와 회원 간 정보 기술 교류를 통해 보다 개선된 대중교통 서비스 제공	정회원
C40 기후리더십 그룹	런던	40개 회원 도시, 19개 기타 초청 도시	2006	신재생에너지와 에너지 효율화 기술 개발과 운영 경험 상호 공유와 이를 통한 기후변화 관련 산업 발전 도모	정회원
세계관광도시연합 (WTCF)	베이징	62개 도시	2012	관광활성화를 통한 도시 발전	정회원
세계도시전자정부 협의체(WeGO)	서울	93개 도시	2010	세계도시 상호 간 전자정부 교류협력 촉진	창립도시, 의장도시

• • • •

8 　2012년 서울시 내부 자료 인용. 세계도시전자정부협의체(WeGO) 자료는 2015년 8월 말 현재 기준.

한편 서울, 베이징, 도쿄 등 한·중·일 3개국 수도가 동북아시아 국가 협력 증진을 위해 지난 1994년 만든 베세토 벨트(BESETO belt)는 베이징과 도쿄가 감정 대립을 하면서 1999년 사라졌다. 1999년 당시, 일본 우익세력인 이시하라 신타로(石原愼太郎)가 도지사로 당선된 이후 도쿄도는 중국과의 협력관계를 끊겠다고 밝히면서 베세토 벨트는 자연스럽게 와해됐다. 그 이전까지는 문화와 스포츠를 중심으로 동북아시아의 세 도시 간에 지속적인 교류가 있었다. 대신 이시하라 신타로 도지사는 동아시아 지역 대도시 간 협력체계를 구축한다는 명목하에 아시아대도시네트워크(ANMC21)를 설립했다. 단 서로 감정이 좋지 않았던 중국 도시들은 네트워크에 가입시키지 않았다.

03
최근 활발해지고 있는 도시 외교

외교란 국가가 국제무대에서 교섭을 통해 맺는 일체의 대외관계를 의미한다. 흔히 외교는 국가의 전유물로 인식돼 있고 현재까지도 국가가 주도하고 있지만 21세기 들어 도시·시민단체·다국적 기업 등의 외교 활동 참여폭이 점점 커지고 있는 상태다.

외교가 국가 고유권한으로 인정된 것은 1948년 베스트팔렌 조약에서 유래됐다. 이후 1815년에 열린 빈 회의를 거쳐 제2차 세계대전까지 국가를 중심으로 외교가 전개돼 왔다. 하지만 역사적으로 볼 때 도시 외교는 국가 외교보다 더 먼저 발달해 왔다. 실제로 고대 그리스 시대 아테네와 마케도니아는 서로 대사를 임명해 교환했다. 또 르네상스 시대 이탈리아의 베니스와 밀라노는 해외에 대사관을 두고 조직적인 외교 시스템을 구축하기도 했다.

20세기, 좀 더 정확히 말해 제2차 세계대전 이후에는 세계도시협력을 통해 지역문제를 해결하는 사례들이 증가하면서 도시 외교가 다시 주목받기 시작했다. 예를 들어 제2차 세계대전 당시 서로를 향해 총부리를 겨누던 프랑스와 독일의 도시들은 서로 간의 깊은 불신을 불식시키기 위해 협력 프로그램을 운영하기 시작했고 유럽 지역 다른 나라 도시들도 이와 유사한 프로그램을 조직했다. 이러한 도시 간 교류는 전쟁을 겪은 수천 명의 사람들에게 화해와 협력을 이룰 수 있는 기반을 제공했다.

1980년대 이후 도시 외교는 보다 더 활성화됐다. 유럽지역의 도시들은 1980년대 핵무기 경쟁을 반대하는 항의 운동에 참여하는 한편 여러 도시들이 자발적으로 '철의 장막'을 넘어 공산체제를 반대하는 동구권 시민단체들에 원조를 제공했다. 공산권 붕괴 이후 러시아를 비롯한 동구권에서 민주주의를 위해 투쟁했던 지도자들은 서구 유럽 도시들의 지원이 자신들에게 큰 힘이 됐다고 증언하기도 했다. 또 1982년 제2차 세계대전 당시 원자폭탄 피해를 입었던 일본 히로시마의 아라키 다케시 시장은 유엔 본회의장에서 '핵무기 근절도시 연대' 프로젝트를 제의했다. 그의 제안은 상당한 설득력이 있었다. 다른 곳도 아닌 원폭 피해를 입은 도시의 수장이었기에, 아라키 시장의 제안은 큰 울림을 주었던 것이다. 전 세계 많은 도시들이 국경을 초월한 반핵운동을 전개했다. 일본 히로시마와 나가사키 역대 시장들이 주축이 된 '평화시장회의(Mayors for Peace)'가 설립되기도 했다.

21세기 들어 도시 외교는 이전에 비해 괄목할 만한 성장을 거뒀다. 현재 진행되고 있는 도시 외교 범위 안에는 국제 교류, 국제 협력, 국제 통상 등이 모두 포함된다. 가장 기초적인 형태라고 할 수 있는 도시 간 국제 교류(자매결연, 공무원 해외연수, 행정교류, 문화교류 등)보다 훨씬 포괄적이다. 따라서 도시 외교란 초국가적인 목적을 위해 도시가 국제무대에서 벌이는 다양한 활동이라고 간단히 요약할 수 있다. 학계에선 이를 도시 외교, 로컬 외교, 지방자치 외교 등 다양한 이름으로 부르고 있다. 아직은 초기단계에 해당하여 용어가 정착되지 않았기 때문이다.

벤자민 R. 바버 럿거스대 명예교수는 "한때 국민국가는 자율적 민족과 국가 자유, 독립을 이룩하기에 완벽한 정치적 해결 방안이었으나 상호의존적 상황에는 전혀 맞지 않는다. 오늘날 전 지구화가 진행되고 있는 세계에서 언제나 인류 서식지의 첫 번째 고려 대상이었던 도시가 다시 민주주의의 최고 희망이 됐다"고 말했다.

도시 외교는 국제 교류, 도시 간 연대 등 크게 두 가지로 구분할 수 있다. 먼저 도시 간 국제 교류로 행정의 선진화를 이루면서 국제 경쟁력을 강화하는 것이다. 이는 지역 주민의 삶의 질 향상으로 연결될 수도 있다. 이에 따라 서울 등 국내 지방자치단체들은 이를 국제 교류의 주목적으로 삼고 있다. 다른 하나는 도시 간 연대다. 지속 가능한 세계 발전과 삶의 질 향상에 필요한 인종 철폐, 도시 빈곤 해소, 세계 평화 실현 등과 같은 공동 목표를 달성하기 위해 도시 간 연대를 강화하는 것이다. 가령 남아프리카공화국의 아파르트헤이트 정책에 반대하는 많은 서유럽과 미국 도시들이, 지난 1980년대 후반에 남아프리카공화국의 흑인 분리 거주지인 '타운십'들과 자매결연을 맺은 것은 도시 간 연대의 대표사례라고 할 수 있다.

도시 외교를 통해 도시는 상호 간 문화적 유대를 강화할 수 있고 이를 바탕으로 자신의 독특한 정체성도 확립할 수 있다. 특정 도시가 소속되어 있는 국가의 이미지와 차별화된 이미지를 갖고 싶어 할 경우 도시 외교를 통해 자신의 뚜렷한 개성과 정체성을 만들 수 있다는 의미다. 이는 장기적으로 해외 투자 유치 등 경제적 이득으로 연결되기도 한다.

　도시 외교는 국가 중심의 외교와 대립한다고 보기보다는 상호보완적인 관계를 구축한다고 보는 게 타당하다. 국가 외교와 도시 외교는 공동발전을 목표로 서로를 지원하고 보완하기 때문이다. 이러한 분업화된 형태의 외교는 국가와 도시가 각각 다른 책임과 전문성을 갖고 활동할 수 있도록 만들고, 이는 지방자치제도의 목표인 다층 거버넌스 개념에도 부합하게 된다. 국가 외교는 국가 차원에서 정치적인 문제 해결에 치중하는 한편, 도시 외교는 시민들과 밀착된 형태로 국가와 시민 사이의 안전한 관계를 지원한다. 가령 다른 국가의 도시 시민들과 대화와 이해를 증진시키기 위해서는 도시 외교가 국가 외교에 비해 상대적으로 효과적이다. 이에 따라 최근에는 스스로 국제 정책을 수립해 외교 활동을 활발히 전개하는 도시들이 다수 생겨나고 있는 상황이다.

04
뉴욕은 어떻게 국제 교류를 하나

뉴욕은 미국 최대의 도시이자 전 세계 정치·경제·사회·문화의 중심지다. 또, 5개의 기초 자치단체로 구성돼있으며 미국 내 다른 도시와 달리 도시 헌장에 따라 준 독립적인 자치권을 갖고 있다. 시장은 행정권을 행사하고 있으며 의회는 입법권을 갖고 있는 식이다. 또한 뉴욕은 매년 600억 달러에 달하는 예산을 바탕으로 독립적인 국제 교류 전략을 취하고 있는데, 경제적 목적의 교류와 일반 교류를 분리하고 있다.

뉴욕의 경제 관련 분야는 뉴욕 경제발전공사 소속 뉴욕앤컴퍼니가, 자매도시 관리는 뉴욕시장 직속 비영리 기관인 뉴욕시 글로벌 파트너스가 맡고 있다. 뉴욕앤컴퍼니는 뉴욕의 경제 발전을 위해 해외 자본과 관광객 유치 활동에 초점을 맞추고 있으며 주요 국제 활동으로는 매년 해외 통상 사절단 파견, 해외 무역전시회 참여와 지원, 뉴욕 국제 홍보 등이 있다. 효과적인 해외 자본과 관광객 유치를 위해 북미, 유럽, 아시아 지역에 총 18개의 연락 사무소를 두는 등의 노력을 하고 있다. 그런가 하면 뉴욕시 글로벌 파트너스는 도시 발전과 관리에 관한 정책 교류에 초점을 두고 있다. 이곳은 뉴욕에 있는 다양한 기업, 개인, 기관 등의 후원을 통해 운영되고 있는데, 뉴욕시는 지난 2006년 기존 자매·우호도시 프로그램의 관리처를 글로벌 파트너스로 변경하면서 유럽 중심 교류에서 전 세계 주요 도시와 교류하는 쪽으로 전략을 수정했다. 또 미국 내 다른 도시들과 협약을 체결하는 변화를 보이기도 했다.

지난 2012년 뉴욕시 글로벌 파트너스의 주요 후원자로는 퍼싱 스퀘어 캐피털 매니지먼트, 델타항공, 제너럴 일렉트릭(GE), 모건 스탠리, 갤러앤컴퍼니 등의 기업들과, 악사 재단, 알버트 쿤스탄덜가(家) 재단 등의 재단, 뉴욕시, 뉴욕 경제발전공사, 컬럼비아 대학 등이 있다. 뉴욕시 글로벌 파트너스의 가장 혁신적인 프로그램은 '혁신 정책 교류'다. 뉴욕시를 포함한 뉴욕 파트너 도시들의 우수사례를 수집·정리한 뒤 최고성과보고서(Best Practice Report)를 내는 것이다. 뉴욕시 글로벌 파트너스는 ▲도시의 참여 여부 ▲정책의 중요성 ▲이용 가능성 ▲성과 측정 가능 여부 등의 네 가지 기준을 통해 최고의 성과를 낸 정책을 가려낸다. 뉴욕시 글로벌 파트너스 홈페이지를 보면 네덜란드 암스테르담의 '노점상 부패 척결 정책', 아일랜드 더블린의 '공용 자전거를 이용한 이동권 향상' 정책 등이 최고성과(Best Practice) 정책으로 평가돼 있다. 그 외에도 '음식 내 나트륨 줄이기' 등 뉴욕의 정책 52개가 함께 올라있다.

한편 뉴욕시 유엔(UN) 국제협력위원회는 관내 국제기구와 영사관을 관리한다. 유엔이 위치한 도시이기 때문에 불가피하게 처리해야 할 각종 국제 업무를 이 기구에서 전담하는 것이다. 뉴욕시를 대신해 외국 정부, 유엔, 그리고 미국 국무성의 상대자로서 관련 업무를 처리하고 있다.

05
런던과 도쿄의 국제 교류

2010년 기준으로 영국 런던의 인구는 750만 명이며 도시 면적은 1,579km²이다. 런던광역시는 1999년 통과된 광역 런던자치단체법에 의해 런던시(1개의 특별구)와 32개 자치구 등 총 33개의 자치구로 이뤄져 있다.

런던광역시는 중국 베이징, 독일 베를린, 콜롬비아 보고타, 러시아 모스크바, 칠레 산티아고, 미국 뉴욕, 말레이시아 쿠알라룸푸르, 프랑스 파리, 이탈리아 로마, 이란 테헤란, 일본 도쿄 등 전 세계 11개 주요 도시와 자매도시 협약을 체결했다. 런던시는 알제리 알제, 독일 함부르크, 인도 뭄바이 등 3개 도시와 자매결연을 체결한 상태다.

또 런던시는 지난 2010부터 2012년까지 3년 동안 글로벌 기업과 투자를 유치하는데 역량을 집중했으며 이와 관련해 ▲일자리 창출 ▲투자기업 지원 ▲런던 내 명소 건설 ▲저탄소 시대를 위한 투자 ▲2012년 올림픽과 장애인 올림픽의 경제적 효과 극대화 ▲효과적인 런던 홍보 등 6가지 핵심 주제를 선정하기도 했다. 반면 런던광역시 내 기초자치구 중 일부는 인도주의 교류에 역점을 두는 등 역할 분담을 하고 있다.

런던시는 효과적인 국제 교류 수행을 위해 비영리 민관협동기관인 '런던앤파트너스'를 운영하고 있다. 런던앤파트너스는 런던시와 영국 내 기업들이 연합해 지난 2011년 4월 설립한 비영리 기관으로 해외에 런던의 우수성을 알리는 데 주력, 런던 경제의 활성화를 구현한다는 궁극적인 목표를 갖고 있다. 미국 뉴욕처럼 운영비 일부를 민간 기부로 충당하고 있다.

한편 일본 도쿄도는 1999년 '도'와 '시'가 합쳐진 광역 자치단체로 23개의 특별구 외에 26개 시(市), 7정(町), 8촌(村) 등으로 나눠져 있다. 하지만 도쿄시라고 하면 주로 23개의 특별구를 가리킨다. 도쿄는 1970년대 주로 유럽과 미국을 중심으로 자매결연을 추진했다. 하지만 이러한 지역적 편중은 아시아와 신흥국가를 경시한다는 비판을 초래하기도 했다. 일본의 중앙정부 내각부는 1986년 각 지방자치단체에 도시 간 국제 교류 촉진 관련 재정 지원을 하는 부서를 설립했다. 이를 계기로 도쿄 등 지방자치단체의 국제 교류가 활기를 띠게 됐다.

도쿄는 1960년 뉴욕과 처음으로 자매도시 결연을 맺은 뒤 11개 도시 또는 주정부와 자매·우호 도시 관계를 유지하고 있다. 지난 2006년에는 영국 런던과 정책 진흥을 위한 파트너십 계약을 체결하기도 했다. 도쿄는 아시아대도시네트워크(ANMC 21) 설립을 주도했다. 아시아 지역 국가 또는 대도시 간 국제적 네트워크를 구축하고 아시아 지역 번영과 개발을 위해 위기관리, 환경개선 등의 분야에서 협력을 강화한다는 취지에서 만들었다. 회원 도시는 일본 도쿄를 비롯해 한국 서울, 태국 방콕, 인도 델리, 베트남 하노이, 인도네시아 자카르타, 말레이시아 쿠알라룸푸르, 필리핀 마닐라, 싱가폴, 대만

타이베이, 미얀마 양곤 등 11개이며, 이들 도시는 매년 한 번씩 총회를 갖는다.

도쿄는 기후변화 대응, 지속 가능한 도시환경 구현 등 환경 분야에서 과감한 정책을 사용, 전 세계적인 주목을 받았다. 신흥국가 도시들은 폐기물 처리, 수질오염, 대기오염 등 환경 문제를 해결하기 위해 선진기술과 전문성을 필요로 하는데 이에 대한 정책을 도쿄로부터 전수받고자 하는 것이다. 도쿄 역시 이 도시들과 적극적으로 협력하고 있다. 또 도쿄는 C40, 이클레이, 국제배출권거래제파트너십(ICAP) 등의 국제 환경 네트워크에도 가입해 적극적으로 활동하고 있는 중이다.

06
세계 도시들의 관심을 끌고 있는 서울 정책

짧은 기간 괄목할 만한 발전을 이룬 서울 정책에 대한 해외 도시들의 관심은 매우 높은 편이다. 특히 2000년대 이후 그 관심도가 크게 증가했는데, 해외 도시 공무원들의 연수 프로그램 참여 증가 추세를 통해 이를 단적으로 알 수 있다.

현재 서울은 ▲해외 도시 공무원 초청 연수 프로그램 ▲서울시립대학교의 도시행정석사 학위프로그램 등 두 가지 방식의 프로그램을 운영 중이다. 또 2001년부터 서울 홍보와 도시 상호 간 우호 협력 증진을 도모하기 위해 해외 자매·우호 도시의 공무원을 초청하고 있다. 초청 연수생들은 서울의 주요 시정과 시설을 견학하고 초청 도시의 우수 시정사례를 소개받는다. 서울의 자매·우호 도시 공무원 연수는 2011년 말을 기준으로 총 11회 개최되었으며 36개 도시, 110명 공무원이 참여했다. 기존 자매·우호 도시 공무원 초청 연수와는 별도로 중국 등 아시아 지역 국가 도시 공무원을 대상으로 연수를 진행하기도 한다. 이러한 연수는 2012년 말까지 총 6회 개최되었으며 12개 도시, 69명의 공무원이 참여했다.

또한 서울 인재개발원은 2007년부터 해외 도시 공무원 연수를 실시하고 있다. 신흥국가 도시 공무원 인적 자원 개발에 기여하고 도시 간 실질적인 교류협력 기반을 구축하는 한편 서울의 우수 정책을 알리는 등 다양한 목적 하에 이 사업을 하고 있다고 서울은 설명한다. 교육은 강의식 교육이 중심이며 필요할 경우 현장실습이 병행된다. 2008년부터 2012년까지 총 31개 과정에서 793명이 교육을 이수했다. 분야별로는 전자정부 시스템이 가장 인기 있었고 교통, 환경 등이 그 뒤를 이었다.

서울시립대 중심의 해외 도시 공무원 초청 연수 프로그램은 좀 더 장기적이고 실질적으로 이루어진다. 이 프로그램이 시작된 것도 2008년부터다. 교육대상은 신흥국가 31개국 37개 도시 공무원이며, 대상 도시는 서울 자매·우호 도시와 외교부 선정 중점협력 국가의 도시들이다.

〈표 2-3〉 신흥국가 공무원 대상 도시행정석사학위 과정 교육 대상 도시[9]

구분	서울 자매·우호 도시 18개국 24개 도시	중점협력 대상국 13개국 13개 도시	31개국 37개 도시
아시아	– 대만 타이베이 – 베트남 하노이 – 인도네시아 자카르타 – 몽골 울란바토르 – 중국 베이징, 톈진, 장쑤성, 산둥성, 광둥성, 저장성 – 태국 방콕	– 라오스 비엔티안 – 캄보디아 프놈펜 – 필리핀 마닐라 – 방글라데시 다카 – 스리랑카 콜롬보 – 파키스탄 이슬라마바드	12개국 17개 도시
중남미	– 브라질 상파울로 – 콜롬비아 보고타 – 멕시코 멕시코시티	– 과테말라 과테말라시티 – 파라과이 이순시온 – 페루 리마	6개국 6개 도시

· · · ·

9   2012 서울시 업무 매뉴얼. 라도삼 外, 「해외도시 연구 및 전략적 교류방안 수립」, 서울연구원 세계도시연구센터, 2013에서 재발췌.

구분	서울 자매·우호 도시 18개국 24개 도시	중점협력 대상국 13개국 13개 도시	31개국 37개 도시
유럽	– 터키 앙카라·이스탄불 – 폴란드 바르샤바 – 헝가리 부다페스트 – 우즈베키스탄 타쉬켄트 – 카자흐스탄 아스타나 – 벨로루시 민스크		7개국 8개 도시
중동		– 이라크 바그다드	1개국 1개 도시
아프리카	– 이집트 카이로 – 에티오피아 아디스아바바	– 세네갈 다카르 – 나이지리아 아부자 – 탄자니아 다르에스살람	5개국 5개 도시

　　교육 기간은 약 25개월이며 이 중에 서울에 체류하는 기간은 13개월이다. 2013년 8월까지 총 4기 20개국 25개 도시 73명의 학생이 과정에 참여했으며 34명에게는 석사학위가 수여됐다. 교육을 담당하는 강사는 서울시립대 교직원이 중심이 되어 서울시와 서울시 산하 기관 실무진, 서울연구원 연구진 등이 담당한다.

해외 진출의 유형(원조형과 수주형)

도시 해외 진출의 유형은 크게 공적개발원조(ODA) 중심의 원조형과 수주형으로 나눌 수 있다. 원조형 사업은 해당 도시에 필요한 경험과 정책을 유·무상으로 제공해 도시 문제 해결과 발전을 유도하는 것을 말한다. 이 사업은 민간 이익보다는 공익을 우선시하므로 도시가 사업을 주도하고 민간이 참여하는 형태로 사업을 진행하는 게 맞다. 사업 유형은 자체 원조사업, 국내외 기관 개발원조 입찰 참여 사업 등 크게 2가지로 나뉜다. 자체 원조사업이란 도시가 예산을 가지고 주도적으로 사업을 진행하는 것을 의미하는데, 도시가 직접 수행을 하지 않는 경우라도 계획수립, 기초조사, 자금조달, 사업수행 등 전 과정에 대한 책임을 져야 한다. 국내외 기관 개발원조 입찰 참여 사업은 도시 예산을 사용하지 않고 코이카 등 다른 기관의 공적개발원조(ODA) 사업에 참여하는 것을 의미한다. 중앙정부가 주체가 되고 코이카, 대외경제협력기금 등의 자금이 사용되는 신흥국가 도시 공적개발원조(ODA) 사업에 기술 지원 형태로 참여할 수 있다. 또는 세계은행·아시아개발은행(ADB) 등과 같은 다자간개발은행, 유엔 관련 기구 등의 기술지원 또는 차관자금에 의해 발주되는 용역을 수주하는 사업도 여기에 속한다고 할 수 있다.

프랑스 파리는 파리 수도권 도시 정비 및 도시계획 연구원을 통한 해외도시 개발사업 참여를 통해 해외 영향력을 확대하고 있다. 서울시와 서울시 산하 정책 연구기관인 서울연구원으로선 좋은 벤치마킹 대상이다. 이 연구원은 '노하우 공유' 프로그램을 통해 파리의 도시계획과 도시 관리 기술을 체계적으로 전수하는 데 주력하고 있다. 유상과 무상을 혼합으로 진행하고 있으며 국내외 정부 및 유엔 관련 기구와 연합해 수행 중이다. 현재 54개국 78개 도시에서 연구사업을 진행 중인데 특히 과거 자국의 식민지 국가였던 서부 아프리카 지역 국가 도시들에 집중하고 있다.

한편 서울연구원의 다낭 프로젝트는 이에는 미치지 못하지만 일종의 가능성을 보여준 사례라는 점에서 주목할 만하다. 베트남 정부는 지난 2002년 '2030 다낭 도시기본계획'을 수립, 대대적인 다낭 개발에 착수했다. 하노이, 호치민 등 전통적인 대도시와 다른 형태의 신도시를 건설하겠다는 의도에서다. 하지만 쉽지 않았다. 저렴한 임금을 기반으로 하여 제조업 산업단지가 돼버린 기존 하노이, 호치민의 전철을 그대로 밟아가고 있었기 때문이다. 베트남 정부는 이를 제어할 만한 조치가 필요하다고 판단하여 서울시에 도움을 요청했다. 특히 서울 마포구의 상암 디지털미디어시티(DMC)에 주목해 이를 다낭에 이식하고 싶다는 의사를 드러냈다. 서울연구원은 지난 2013년 다낭, 기존 다낭 개발연구 경험이 있는 성균관대 녹색도시연구센터, 국제기구인 유엔 해비타트 등과 양해각서(MOU)를 체결했다. 다낭과 서울 간 도시협력을 위한 '서울팀'도 만들었다. 2014년

한 해에만 공동 워크숍, 발표회 등 여섯 차례의 만남을 가졌고 수시로 의견을 조율했다.

서울연구원 등은 광역 개발의 중요성을 강조했다. 다낭 주변에 위치한 후에와 호이안 등은 유네스코 세계문화유산에 등재될 정도로 문화가 발달한 도시로 이에 대한 자부심이 강하여 각각의 목표를 갖고 개발을 추진하고 있었다. 이 업무를 맡은 김인희 서울연구원 연구원은 "우리나라도 지방자치제 도입 전까지는 중앙정부 주도로 광역개발이 수월했지만 지방자치제가 도입되면서 도시 간 협력이 어려워지고 경쟁하는 구조가 될 수밖에 없었다"며 "이런 점을 후에와 호이안에 알리고 다낭 중심의 광역 개발에 참여해줄 것을 설득했다"고 말했다. 서울연구원 등은 광역 개발을 위해 올해에는 다낭·후에·호이안 간 활발한 연결을 유도하는 교통망 연구에 본격 착수했다. 2015년 6월 19일 베트남을 방문한 서울연구원 관계자들은 각 도시 버스터미널을 시찰하며 교통망을 점검했다. 그리고 현재 82%를 차지하는 오토바이 수송분담률은 2030년까지 25%로 낮추고 현재 1%에 불과한 버스 수송분담률을 50% 수준으로 높이는 방안을 다낭에 제안했다.

수주형 사업은 비(非)공적개발원조(ODA)형 사업을 말한다. 사업은 민간이 주도하여 수주부터 공사까지 진행하며 도시는 민간의 해외사업 수주에 대한 도우미 역할에 머문다. 이 역시 투자형 사업, 일반 수출형 사업 등 크게 두 가지 유형으로 나눠진다.

그렇다면 해외 진출을 통해 도시는 무엇을 얻을 수 있을까. 1차 목적은 민간기업의 해외 진출 지원을 통한 지역경제 활성화와 고용 창출이다. 거기에 수익 창출까지 할 수 있다면 금상첨화다. 서울연구원은 "도시는 도시 인프라와 관련된 민간기업들이 수출하기 용이한 환경을 조성할 수 있도록 노력해야 한다"고 지적한다. 민간 기업의 수출 확대를 원하는 도시는 민간기업의 수출 대상 도시에 도시 인프라 운영 기술과 노하우를 과감히 전수해야 한다. 또 국내외 공공기관과의 협력을 통해 민간기업에 관련 정보를 지속적으로 제공하는 한편 민간기업에는 자매·우호 도시의 인프라, 사업 정보 등을 제공해야 한다. 민간기업이 해외 입찰에 참여할 경우 사업 참여 실적과 추천서를 제공하고, 민간기업의 요청시 컨소시엄 구성에도 적극적으로 응해야 한다.

투자형은 도시 자체 예산 또는 일반은행으로부터 조달받은 자금을 통해 진출 희망 도시에 사업을 진행하는 방식으로 설비 또는 시설에 투자 이후 장기간 운영을 통해 이익을 창출하는 방식이다. 공공과 민간이 공동으로 투자하고 운영하는 사업으로 민간 부분의 참여 정도에 따라 ▲리스계약 ▲민간투자사업 ▲양허계약 ▲완전 민영화 등 네 가지가 있다. 리스계약은 투자형 사업 중 가장 소극적인 사업으로 기존 건설된 설비의 운영과 유지보수를 민간이 전담하는 것을 말한다. 민간투자사업은 민간이 공공 부문에 참여하는 사업 유형 중 가장 보편적인 방법으로 설비와 운영에 관한 모든 자금을 민간이 투자하고 투자금 환수 시까지 민간이 운영해 이익을 만드는 구조다. 단 요금에 관한 모든 사항은 공공이 갖고 있다. 양허계약의 경우 투자 형태와 운영은 민간투자사업과 유사하나 공공은 요금 가이드라인만 제시하고 민간이 모든 사항을 결정하는 구조다. 완전민영화란 말 그대로 공공시설 운영에 관한 모든 권리를 민간에게 이양하는 형태를 말한다. 이 중에서 민간투자사업이 가장 보편화된 투자형 사업이며 사업 환경과 경제적 목적에 따라 보다 다양한 방식으로 분화되고 있는 추세다. 한편 일반 수출형은 인프라 건설과 관련 노하우를 판매한 뒤 그에 상응하는 대가를 받는 방식이다. 시설 운영은 하지 않는다.

08
서울정책컨설팅단 구성

서울시는 해외 진출의 일환으로 2014년 서울정책컨설팅단을 만들었다. 이는 서울 도시 발전 정책에 노하우를 갖고 있는 공무원, 교수, 연구진들을 직접 해외 도시에 파견해 해당 도시의 도시화 문제 해결을 위한 정책 컨설팅, 서울시 정책 소개 등의 활동을 하도록 하는 것을 말한다. 2015년 10월 현재 도시계획 14명, 교통 16명, 환경 11명, 주택 5명, 전자정부 1명 등 47명으로 구성돼 있다.

사업 구성을 보면 다음과 같다. 해외 도시로부터 서울시에 협력 요청이 오면 먼저 이에 대한 수행가능 여부를 전달한다. 만일 수행이 가능할 것 같으면 서울정책컨설팅단에서 전문가를 파견하고 사업을 협의한다. 서울시는 서울정책컨설팅단에 자금과 행정적 지원을 한다. 서울시의 도시 인프라와 도시 운영 노하우의 맞춤형 컨설팅을 해주는 동시에 도시 인프라 관련 국내 민간기업들의 해외 진출의 물꼬를 트는 역할을 하는 것이다. 서울정책컨설팅단은 2014년 9월 세계은행과 '서울 우수 정책 공유의 날'을 진행했다. 서울시 정책의 우수성을 알리고 서울시와 세계은행 간 정책 공유 방안을 논의했다. 교통 분야 고준호 서울연구원 세계도시연구센터 센터장, 주택 분야 장영희 SH공사 SH도시연구소 소장, 강명구 서울시립대 도시계획학 교수 등이 파견됐다. 이들은 서울시와 세계은행의 우수정책 교류협력 양해각서(MOU)를 체결하고 특히 강명구 교수는 이후 3개월간 세계은행에서 서울시 우수 정책 지식공유를 위한 어반 스페셜리스트로 활동하기도 했다. 2014년 10월 인도 하이데라바드에서 열린 제11차 메트로폴리스에도 고준호 서울연구원 세계도시연구센터 센터장 등 서울정책컨설팅단이 파견됐다. 글로벌 도시 간 협의체인 메트로폴리스가 서울연구원에 서울시 우수 정책 공유 세션 진행을 요청했기 때문이다. 역시 서울시 정책의 우수성을 홍보하는 한편 서남아시아와 동남아시아 지역에 서울시 우수 정책의 해외 진출 기반을 마련하는 게 파견 목적이었다.

2014년 11월에는 알제리에 대한 교통 시스템 관련 자문도 수행했다. 알제리 측 요청에 의한 것이었다. 수도 알제의 교통체계 개선을 위한 지능형 교통 시스템 구축과 마스터플랜 수립지원을 위한 현장조사를 진행했다. 알제는 향후 지능형 교통 시스템 도입 시 서울형 시스템을 도입할 계획이라는 의사를 전해왔다. 또 2014년 12월에는 메트로폴리스 이집트 연수분원에 도시설계 분야 민현석 서울연구원 도시공간연구실 연구위원을 파견해 북아프리카 지역 공무원들에게 서울시 도시계획을 설명하기도 했다.

09
서울형 모델의 해외 진출 걸림돌 적지 않다

서울의 해외 진출이 본격적으로 추진된 것은 새로운 천년이 시작된 이후였다. 전 세계적으로 도시 간 교류가 활발해진 상태에서 서울의 발전상이 세계에 알려지게 되고 해외 도시들의 관심이 높아지면서 공적개발원조(ODA) 위주의 소규모 해외 진출이 간헐적으로 이뤄지기 시작했다. 이후 대중교통 시스템, 상수도 공급 시스템 등을 중심으로 해외 진출 규모가 비약적으로 커졌다. 서울은 이러한 해외 도시들의 수요에 능동적으로 대처하기 위해 내부 조직을 정비하거나 전략을 짜는 등의 모습을 보였다. 신흥국가 도시들의 고민에 대한 솔루션을 제공해 해당 도시와 우의를 돈독히 다지는 한편 더 나아가 급팽창할 것으로 예상되는 신흥국가 도시 인프라 시장을 선점하고자 했다. 그러나 농촌에서의 이러한 요인들은 도시에서의 인구 증가 요인들과 동시에 나타난다. 세계도시전자정부협의체(WeGo), 이클레이(ICLEI), 동북아기후변화 대응네트워크 등 도시 간 네트워크에도 적극적으로 참여해 단시간 내 영향력을 많이 키웠다.

신흥국가 도시 입장에선 미국 뉴욕, 프랑스 파리, 영국 런던 등 선진국 주요 도시들이 선망의 대상이자 매력적인 도시인 것은 분명하지만 '그림의 떡' 같은 느낌이 강하기 때문에 접근이 어렵다. 수백 년 동안 각종 시행착오를 거쳐 발전해 온데다 도시 간 유사성이 적어 이들의 도시 인프라 시스템을 당장 적용하기에는 어려움이 따르기 때문이다. 반면 서울은 상대적으로 벤치마킹하기 좋은 도시다. 1,000만 명의 과밀한 인구를 수용하면서 최근에 나타난 각종 도시 문제를 비교적 요령 좋게 극복해낸 도시이기 때문이다. 더욱이 서울은 최근 들어 다양한 형태의 해외 진출을 시도하고 있는 상태다. 서울정책컨설팅단 구성은 해외 진출에 대한 의지의 표현이라고 할 수 있다.

그러나 서울의 해외 진출 난점 역시 적지 않다. 물론 최근 해외진출을 주요 시정 분야 중 하나로 지정하고 이에 대한 부족한 점을 빠르게 고쳐 나가고 있긴 하다. 하지만 이 역시 시간이 걸리는 일이다. 해외 진출 추진 과정에서 드러난 문제점을 간단히 짚어보자.

우선 서울이 가지고 있는 내적 문제는 부서별로 차별화된 접근 전략이 부재하다는 점이다. 모든 부서들의 전략과 사업 목표가 천편일률적으로 동일하다. 서울시 내부적으로 해외 진출의 중요성이 강조되면서 모든 부서가 국내 기업의 해외 진출 지원, 서울 기술의 우수성 홍보, 취업 지원 등 동일한 목표를 갖고 접근하고 있다. 재원과 네트워크, 관련 경험이 부족한 상황이라면 부서별 독립적인 전략의 수립이 필요한 것으로 지적되고 있다.

부서마다 개별적으로 해외 진출을 시도하다 보니 시너지 효과의 발생이 어렵다는 지적도 있다. 서울연구원은 이와 관련, 부서별 진출 전략은 서울시 대외 경쟁력 약화의 가장 큰 요인이라고 지적하고 있다. 단적인 예를 살펴보자. 대중교통 시스템과 도시철도는 서로 인접해 있는 분야다. 요금을 자동으로 징수하는 시스템은 도시철도를 구축할 때 꼭 필요하다. 따라서 해외 진출 시 이들을 잘 엮으면 개별적으로 진출할 때보다 훨씬 큰 경쟁력을 확보할 수 있을 것이다. 그러나 지금까지는 이러한 협업이 잘 이뤄지지 않았다. 좀 더 미세하게 보면 도시철도 안에서도 마찬가지다. 현재 서울은 서울메트로, 서울도시철도공사 등 도시철도 관련 공기업을 보유하고 있다. 그런데 이 두 공기업은 해외 사업을 각각 개별적으로 진행하고 있는 것이다. 서울메트로와 서울도시철도공사가 합쳐질 경우 이러한 문제는 다소 해소될 수도 있는데도 말이다.

해외 진출 기반도 약한 편이다. 해외 진출과 관련해 국내외 다른 기관과 정보를 교환하거나, 포괄적 협약을 맺는 등의 기초 기반이 현재로서는 거의 없다고 해도 과언은 아니다. 본격적인 해외 진출을 위해선 코이카(KOICA), 코트라(KOTRA), 대외경제협력기금(EDCF) 등 국내 대외협력기관의 관계 형성이 중요한데 이 중 코이카를 제외하곤 구체적인 협력 체계를 구축하지 못한 상황이다. 물론 서울 주도의 세계도시전자정부협의체(WeGo)에서 세계은행과의 협력 하에 진단 툴킷을 개발하는 등의 성과를 내기도 했지만, 국내외 기관과의 협력 관계를 좀 더 끈끈하게 다져놓을 필요가 있다는 지적이 나오고 있는 실정이다.

기술 부재 문제도 짚고 넘어가야 한다. 해외 진출 사업의 핵심이 되는 기술은 설계와 시공 분야라고 할 수 있다. 그러나 이와 관련된 대부분의 기술은 민간이 보유하고 있다. 원천적으로 서울의 단독 해외 진출이 불가능하다는 의미다. 또 지적 재산권 관련 문제가 발생했을 경우에 대처가 쉽지 않다는 문제점도 있다. 이에 따라 민간과의 협력을 통해 기술 부재 문제를 해결할 필요가 있다.

외적인 문제도 적지 않다. 우선 진입장벽이 높다는 문제점을 들수 있다. 현재 시장가치나 시장 성장 가능성이 높은 지역에는 이미 기존 사업자가 존재한다. 기존 사업자들은 과거 식민지 경험으로 해당 지역에 관한 인적 네트워크와 사업 관련 정보를 독점하고 있다. 또 공공 사업자의 장기간 계약으로 인해 신규 주자의 진입이 어려운 경우가 대부분이다.

서울이 해외 진출로 염두에 두고 있는 곳은 주로 신흥국가 주요 도시들이다. 그런데 이들 국가 중 상당수가 정치·사회적 문제점을 지니고 있다는 것도 큰 문제 중 하나다. 가령 국경 분쟁, 종교 갈등, 군부 쿠데타, 인종 분쟁 등 다양한 리스크가 해외 진출의 발목을 잡고 있는 것이다. 더욱이 이들 도시 대부분은 재정적 문제를 안고 있다. 기술 도입 욕구가 있더라도 비용을 감당할 능력이 부족할 것이다. 다양한 형태의 공적개발원조를 원용한 해외 진출을 추진해야 하는 것은 이러한 이유에서다.

제3장
서울의 자랑 대중교통 시스템

01
비상한 관심을 끌고 있는 서울의 대중교통 시스템

　　　　　　　　　　서울의 대중교통 시스템은 전 세
계적으로 자랑해도 좋을 만큼 크게 발전한 시스템이다. 다른 나라
도시들이 가장 부러워하고 배우고 싶어 하는 서울의 도시 인프라 역
시 통합 교통카드를 매개로 한 도시철도 시내버스 환승 시스템이다.
　인구가 1,000만 명이 넘는 도시를 가리키는 메가시티인 서울의 하
루 평균 교통수단 통행인구는, 지난 2012년을 기준으로 3,215만에
달한다. 이 중 지하철, 버스 등 대중교통수단의 통행수단분담률은
2012년을 기준으로 65.6%다. 2000년 이후 대중교통 통행수단분담률
은 점점 증가하고 있다. 지난 2002년에는 60.6%에 불과했지만 이후
매년 꾸준히 증가해 2012년에는 65.6%를 기록한 것이다. 이중 지하
철과 버스의 비중은 2012년 기준으로 각각 전체의 38.2%와 27.4%를
차지한다. 승용차(23.1%)와 택시(6.9%)에 비해 크게 높은 수치이다.
이와 같은 서울의 대중교통 통행수단분담률은 다른 나라 주요 도시
에 비해 매우 높은 편이다. 2008년의 서울 대중교통 통행수단분담
률은 62.8%였는데, 같은 시기 다른 나라 주요 도시를 살펴보면 미국
뉴욕은 32%, 영국 런던은 29%, 프랑스 파리는 21% 등에 불과했던

것이다.

그렇다면 서울의 대중교통 이용 비율이 유독 높은 이유는 무엇일까. 그 주요 원인중 하나는 사용의 편의성이다. 서울에서는 티머니 (T-Money) 대중교통 교통카드 한 장만 갖고 있으면 비교적 저렴한 요금으로 지하철과 버스를 갈아탈 수 있다. 전 세계 일정 규모의 도시 가운데 하나의 교통카드 시스템으로 지하철과 버스 모두를 이용할 수 있는 곳은 서울이 유일하다고 해도 과언이 아니다.

현재의 대중교통 교통카드 시스템이 도입된 것은 지난 2004년, 이명박 서울시장 재임 시절이다. 서울은 이러한 대중교통 교통카드 시스템을 도입하기 위한 정지작업으로 시내버스 준공영제를 도입했으며 현재까지 이 제도를 유지하고 있다. 지하철은 주로 서울이 지분을 보유한 지방 공기업(서울메트로, 한국도시철도공사)을 통해 운영되고 있다. 서울은 이러한 시내버스 준공영제와 지방 공기업을 활용한 지하철 운행 등을 바탕으로 대중교통 통합카드 시스템을 구축할 수 있었다. 서울의 규모와 대중교통에 대한 높은 의존도를 감안하면 이러한 대중교통 통합카드 시스템 도입과 유연한 운영은 해외 도시들의 관심을 끌기에 충분했다. 대중교통 통합카드 결제 시스템 운영회사인 한국스마트카드는 이 시스템을 2008년 뉴질랜드의 주요 도시인 웰링턴과 오클랜드에 처음으로 수출하였고 이후 더 넓은 해외 시장 공략에 공을 들이고 있다.

02
서울의 지하철

         서울 지하철은 서울과 일부 교외에서 운행되는 도시 철도 체계를 말한다. 2012년 현재 총 거리는 시내 국철 구간을 포함해 총 327.2㎞로 지하철의 본고장인 영국 런던의 지하철을 비롯해 미국 뉴욕, 러시아 모스크바, 중국 베이징·상하이, 일본 도쿄, 독일 베를린, 프랑스 파리 등의 지하철 규모와 맞먹는 수준이다.

  서울 지하철에는 현재 9개의 노선이 있다. 서울메트로가 1~4호선 지하철을, 서울 도시철도공사가 5~8호선 지하철을 운영하고 있다. 둘 다 서울시 산하의 공기업이다. 9호선은 서울 지하철 가운데 처음으로 수익형 민간투자사업 방식으로 건설된 노선이다. 서울시는 지난 2013년 10월 변경실시협약(9호선 사업 재구조화)를 체결했다. 민간 사업자 주주 전면교체, 운임결정권 서울특별시 이전, 최소운영수입보장 폐지, 사업수익률 조정, 관리운영비 절감, 시민펀드 도입 등이 주 내용이다. 9호선 운영회사인 '서울메트로 9호선'은 지난 2012년 4월 일방적으로 요금 인상을 결정하여 발표했는데 서울시는 계약 위반을 문제 삼아 이를 철회시키는 한편 기존 투자자들을 신규

투자자로 바꾸는 이른바 재구조화 방안을 추진하였다. 이 과정에서 서울메트로 9호선의 대주주들이 서울시에 요금 인상 신고 반려 관련 행정소송을 제기하기도 했다. 서울시는 이 행정소송에서 승소했고 재구조화 작업을 완료했다. 그 결과 현대로템 등 건설투자자 7개 사와 호주 맥쿼리 등 재무투자자 6개 등 기존 주주들이 모두 빠져나가고, 2개의 자산 운용사와 교보생명·한화생명 등 재무투자자 11개 사가 새롭게 참여하게 됐다. 지난 2011년 10월 개통된 신분당선은 강남역과 경기 성남시의 정자역을 잇는 광역철도 노선으로 9호선과 마찬가지로 민간투자사업 중 하나인 수익형 민자사업(BTO) 방식으로 건설됐다. BTO 방식이란 인프라를 건조한 시공사가 일정 기간 이를 운영해 투자비를 회수한 뒤 발주처에 넘겨주는 것을 말한다.

서울 지하철은 건설 시기에 따라 1기 지하철(1~4호선), 2기 지하철(5~8호선), 3기 지하철(9~12호선) 등으로 구분된다. 지난 1990년대 초 3기 지하철 구축을 계획했으나 외환위기로 인해 9, 10, 11, 12호선 중 10, 11, 12호선 계획이 폐기되고 9호선만 민자 방식으로 일부 구간(개화역~신논현역) 건설돼 운영되고 있고 추가 구간은 2016년 4월 완전 개통될 예정이다. 서울 지하철 일부 노선은 서울 이외의 지역에도 구간이 있으며 수도권 전철과의 직결 운행을 통해 경기도의 위성도시들과 연결되어 있다.

서울연구원에 따르면 지난 2012년 기준 평일 지하철 운행 횟수는 4,486회다. 이러한 지하철 평일 운행 횟수는 2003년부터 2010년까지 감소하는 추세를 보였다. 특히 2008년부터 수치가 크게 줄었는데 이는 서울메트로 등의 수요 감소와 에너지 절감 정책에 따라 열차 운행 간격을 늘렸기 때문이다. 그러나 2011년 신분당선 개통으로 인해 운행 횟수 절대량은 다시 증가하고 있는 추세다.

서울 지하철의 순 승차와 환승 승차를 모두 합산한 총 수송인원, 그리고 일평균 수송인원은 모두 매년 꾸준히 증가하고 있다. 총 수송인원은 지난 2006년 22억 6,941만 명에서 2011년 25억 1,865만 5,000명으로 늘었다. 연평균 2.1% 증가한 셈이다. 2011년 기준 일평균 지하철 수송인원은 689만 9,000명이다. 서울연구원에 따르면 서울 지하철의 평균 혼잡도는 2011년 기준 164%이며, 노선별로는 서울 지하철 노선 중 수송비율이 가장 높은 2호선의 혼잡도가 196%(2011년 기준)로 가장 높았다. 서울연구원은 승차인과 좌석수가 일치할 경우의 혼잡도를 34% 기준으로 잡고 2년마다 그 수치의 변화를 산정하는데, 2001년부터 증가 추세를 보이다가 2007년 들어서 다시 감소하는 모습을 보였다.

지난 1974년 최초의 지하철 요금은 30원이었다. 현재 지하철 요금은 2015년 6월 인상돼 기본구간 당 1,250원(성인·교통카드 결제 기준)이고, 현금으로 낼 경우에는 1,350원이다. 약 40년 동안 약 42배 상승한 셈이다. 서울 지하철의 운임제도 변천을 살펴보면 요금조정에 대한 주기가 임의적이었으며 요금 인상액에 대한 특정한 기준도 없었다. 현재 서울 지하철 운임은 광역철도와 도시철도 전 구간을 일원화한 거리비례제를 채택하고 있다. 버스와의 환승 시에는 통합거리비례제를 적용하고 있다.

한편 서울은 지난 2013년 7월 총연장 85.41㎞, 사업비 8조원 규모의 경전철 계획안을 발표했다. 경전철이란 일반적인 철도에 비해 중량이 가벼운 궤도 계통의 교통수단을 통칭하는데 특성상 철도와 도로의 중간자적 위치를 가리킬 때가 많다. 2007년 발표됐던 10개년 도시철도 기본계획을 일부 수정해 9개 노선을 확정지었다. 서울시는 서울 도시기반시설본부에서 관리하는 지하철 노선 중 기존 노선의 연장을 제외하고는 모두 경전철로 지을 계획이며, 경전철은 민자 투자 유치를 통해 건설할 예정이다.

03
서울의 시내버스

지하철과 함께 서울 대중교통의 양대 축 중 하나인 서울 시내버스는 지난 2004년 체계의 큰 틀이 확정돼 현재에 이르고 있다.

규모는 지난 2014년 6월을 기준으로 7,485대(예비 차량 530대 포함)가 운행되고 있으며 노선은 현재 순환버스 4개, 간선버스 122개, 지선버스 214개, 광역버스 11개 등 총 360개로 구성돼 있다. 순환버스는 지역 내를 순환 운행하는 버스이다. 마을버스와 유사하지만 요금 차이가 있다. 간선버스는 서울의 주요 교통 결절점을 운행하는 버스를 말한다. 지선버스는 각 주거 지역과 교통 결절점 혹은 지하철을 연계하고, 광역버스는 수도권과 서울의 도심, 부심을 연결시키는 역할을 한다.

2013년 기준으로 하루 평균 시내버스 이용객은 454만 8,000명이다. 지난 2007년(458만 3,000명) 이후 다소 줄어들었다. 서울 대중교통 체계의 실핏줄 역할을 하는 마을버스의 경우 모두 1,484대 운행되고 있다. 시내버스 이용객이 점차 감소하고 있는 것에 반해 마을버스 이용객은 조금씩 늘고 있는 추세다. 지난 2013년 일평균 120만 명으로 전년 대비 3만 5000명 늘었다. 요금 체계는 다소 복잡하다. 성인·교통카드 결제 기준 간선버스와 지선버스는 1,200원이며 광역버스는 2,300원이다. 순환버스는 1,100원이며 마을버스는 이보다 200원 적은 900원이다. 현금으로 요금을 낼 경우 100원씩 더 내야 한다.

대부분의 서울 시내버스는 천연가스(CNG) 차량이다. 환경부가 지난 1999년부터 시내버스 저공해 사업의 하나로 천연가스 버스 보급을 추진했는데 2014년 6월 현재 전체 7,485대 중 7,460대가 천연가스 버스인 것으로 나타났다. 나머지는 전기버스 9대, 경유 버스 16대다.

저상버스 도입도 활발한 편이다. 저상버스는 교통약자의 이동권 보장을 위해 도입됐는데 2014년 6월 기준으로 2,320대의 저상버스가 운행되고 있다. 서울시는 오는 2015년까지 전체 운행 시내버스의 50%를 저상버스로 채울 계획이다.

또한 서울시는 지난 2003년 시내버스의 원활한 운행을 위해 버스전용차로제를 도입해 운영하고 있기도 하다. 버스전용차로제란 교통운영체계관리의 한 기법으로 버스에 통행 우위를 보장함으로써 상호 간 마찰 방지와 버스 이용성을 높이는 것이다. 버스전용차로는 가로변 쪽 차로를 버스 전용으로 제공하는 '가로변버스전용차로'와 기존 도로의 중앙차로를 버스 전용으로 제공하는 '중앙버스전용차로'로 나눌 수 있다. 특히 버스전용차로는 도로 바깥쪽의 마지막 차로에 있는 버스전용차로를 도로 가운데 차로로 옮기고 버스 정류장을 도로 중앙에 설치하는 것으로 정류장 설치 시 비용이 많이 들고 일반 차로의 용량이 감소하는 단점이 있지만 통행 효과가 확실하고 일반 차량과의 마찰이 방지된다는 장점이 있다.

서울연구원에 따르면 2012년 서울 가로변버스전용차로와 중앙버스전용차로는 각각 40개 구간 88.3㎞와, 13개 구간 122.1㎞로 중앙버스전용차로 구간 길이가 가로변버스전용차로 구간 길이보다 더 긴 것으로 나타났다.

서울시는 버스 준공영제를 채택하고 있다. 버스 준공영제란 민간 운수업체가 서비스를 공급하는 형태는 그대로 유지하되, 노선입찰제, 수입금 공동 관리제와 지방자치단체 재정지원 등을 통해 버스 운영 체계의 공익성을 강화한 제도다. 서울시는 버스에서 나온 모든 수입을 일괄적으로 수집한 다음 각 버스 회사에 분배금 형식으로 지급하면서 버스 운행에 대한 의사를 결정하고 책임진다. 버스 회사들에 안정적인 재정을 확보해주면서 적자 노선에 대한 감차 방지, 회사 경영 조건 개선, 직원 처우 개선 등을 통해 버스 서비스의 향상 효과를 거둘 수 있다. 서울시는 지난 2004년 7월 1일부터 버스 준공영제를 도입해 시내버스 노선 개편, 버스 전용차로와 공영차고지 조성 확대, 간선급행버스 도입, 경영 서비스 평가지표의 도입, 표준 원가제도 개선 등을 추진한 바 있다.

준공영제 도입으로 시내버스에 대한 시민 만족도가 향상됐고 이용 승객 증가 등 버스 이용이 활성화됐으며 버스 기사에 대한 처우가 개선됐다. 하지만 준공영제로 인한 구조적인 문제도 발생했다. 버스 회사는 노선권과 운송비용 보전, 적정 사업 이윤이 제도적으로 보장돼 있어 구태여 비용을 절감할 이유를 찾지 않아도 됐기 때문에, 자발적인 자구노력이 실종돼버린 것이다. 준공영제 도입 당시 버스 회사 사장들과 노조의 동의를 받아야 하는 상황이었기 때문에 다소 느슨하게 협약을 할 수밖에 없었는데 이게 두고두고 화근이 됐다.

이에 관해 윤준병 전 서울시 도시교통본부장은 "준공영제를 시행하기 전에 자본잠식업체를 보다 철저하게 퇴출시켜야 했다. 1999년 고건 시장 재임 당시부터 시작됐던 자본잠식업체의 퇴출이 준공영제를 계기로 중단돼버렸다. 영세업체와 자본잠식업체가 잔존하는 상황에서 준공영제를 시행하는 것은 재정 지원의 단위 규모 자체를 높게 만들어 '밑 빠진 독에 물 붓는' 격의 재정지원을 강요하는 요소가 될 수밖에 없었다"며 "필요한 적정 대수 이상의 버스에 대해선 감차할 수 있는 제도도 만들어야 했다. 버스 수요 감소나 노선 조정 등을 통해 버스 운행 대수가 감소하게 되면 잉여 차량을 예비차로 전환하게 된다. 이러한 예비차 중, 사고 발생 시 투입하기 위해 실제 필요한 수준 이상의 버스에 대해서도 일률적으로 대당 5,000만원의 유지 관리 비용을 지원하도록 협약에 규정했다. 이러한 협약 때문에 재정지원의 감소를 우려하는 버스업체 사장들이 감차에 대한 협의 자체를 기피하면 합의가 불가능했고 서울이 이를 강제적으로 감차할 수 있는 법적 근거도 없어서 잉여 차량임에도 불구하고 이에 대한 재정 지원을 줄일 법적 수단이 없는 실정이었다"고 말한다.

이후 서울은 2013년 11월 기사 채용 관리 투명화, 정비직 고용 최소 기준 마련, 퇴직금 통합 적립, 예비 차량 관리 체계 개선, 협정서 개정 등을 주요 내용으로 하는 '시내버스 준공영제 보완 대책'을 발표했다. 이 대책은 그간 꾸준히 지적돼 왔던 기사 채용 비리, 정비직 인건비 융통, 감차에 대한 버스업계의 소극적 태도 등을 개선한다는 의미를 담고 있다. 또 2004년 체결된 버스 준공영제의 근거 규정인 '준공영제 협약서'의 개정도 포함시켰다.

04
심야버스(올빼미 버스) 도입

　　　　　　　　　　택시 승차거부는 서울 교통 분야
의 오랜 골칫거리 중 하나다. 서울시가 2014년 서울의회 교통위원회
에 제출한 자료에 따르면 2014년 상반기동안 접수된 교통 불편 민원
은 총 1만 9,616건이며 이 중 전체의 69.9%에 해당하는 1만 3,717건
이 택시 관련 민원이었다. 승차거부는 4,470건으로 전체의 32.6%를
차지했고 불친절, 부당요금 등이 뒤를 이었다. 특히 승차거부는 저
녁 회식이 잦은 연말이 되면 해마다 극성을 부렸는데, 관련 신고 내
용을 분석해 보니 홍대입구, 강남역 부근, 종로 거리 등에서의 승차
거부가 전체의 절반 이상을 차지했고 신고가 들어온 시간대는 오후
10시에서 다음 날 새벽 2시 사이가 가장 많았다. 이러한 분석 결과
를 바탕으로 서울 측은 빈발지역 승차 거부 집중단속, 빈발지역 경
유 버스 연장 운행, 오후 9시부터 오전 9시까지만 운행하는 심야전
용 개인택시 1,500대 공급 등의 조치를 취하기도 했다.

　서울은 이 과정에서 버스 연장 운행의 정책적 효과가 가장 크다는
사실을 발견하고 본격적인 심야버스 운행을 추진하게 된다. 2012년
4월 심야 시간대 버스 연장 운행에서 나타난 대중교통 통합카드 이

용 데이터를 분석해 심야 유동인구가 많은 홍대입구, 강남역 부근, 종로 거리를 경유하는 강서~중랑(N26), 은평~송파(N37)의 2개 심야 전용 시내버스 노선을 우선적으로 확정했다. 운행 시간은 버스 도시 철도가 끊기는 시간부터 첫차가 다니는 새벽까지의 대중교통 공백을 채우기 위해 자정부터 오전 5시까지로 정했다. 운행 차량은 노선 별로 총 6대씩 운영하되 양쪽 종점 차고지에서 각각 3대씩 35~40분의 배차 간격으로 0시에 동시에 출발하여 새벽 4시 55분경 각 차고지에 도착한 뒤 운행이 종료되도록 설계했다. 시내버스 정류장에 설치된 안내단말기(BIT), 교통정보센터 모바일 애플리케이션(앱), 서울 대중교통 애플리케이션 등을 통해 심야 전용 시내버스의 도착 시간 정보를 확인할 수 있도록 하고 안전 운행을 위해 과속방지 장

〈사진 3-1〉 서울시가 도입한 심야버스(올빼미 버스) 시스템

치가 장착된 차량을 투입하고 심야버스 운행 전업 기사를 별도 채용했다.

시민들의 반응은 폭발적이었다. 3개월의 시범운행 기간 동안 누적 이용 인원수는 22만 명, 1일 평균 이용 인원수는 2,100명에 달했으며 시민 대다수가 노선 확대를 원했다. 여기에 고무된 서울시는 심야 유동인구가 많은 지역을 대상으로 교통카드 이용 데이터와 30억 건의 통화량 빅데이터를 활용해 도심의 방사형 네트워크를 구축할 수 있도록 7개 노선을 신설했다. 시민 공모를 통해 '올빼미 버스'라는 브랜드명도 확정했다. 이에 따라 2013년 9월 12일부터 기존 시범노선 2개에 7개 노선을 합쳐 총 9개의 심야버스 노선을 가동시켰다. 현재는 노선 조정을 통해 심야버스 총 8개 노선이 운행되고 있다. 시범운행 당시 가격은 1,050원이었지만 정식 운영 이후에는 1,850원(성인·교통카드 결제 기준)으로 확정했다. 현재는 2,150원으로 인상된 상태다.

하지만 심야버스 운행 정책이 모두의 환영을 받지는 않았다. 심야버스가 택시의 대체재 역할을 한다는 이유로 택시업계의 반발이 적지 않았기 때문이다. 여전히 골칫거리인 택시 승차거부 민원을 해결하기 위해서는 심야버스를 더욱 확대해야 한다는 목소리가 적지 않지만, 이와 같은 택시업계의 입장을 고려해 당분간 현 수준대로 운영한다는 계획이다.

05
택시

택시의 수요는 승용차 보급 확대와 대중교통 이용 증가로 인해 점점 줄어들고 있는 추세다. 서울연구원의 서울 1일 교통수단별 통행현황에 따르면, 지난 1996년의 하루 택시 통행 횟수는 290만 1,000회로 전체의 10.4%를 차지했다. 하지만 이 같은 통행량과 분담률은 2002년에는 219만 5,000회(7.4%), 2006년 196만 회(6.3%) 등 갈수록 감소하고 있는 추세를 보이고 있다. 다만 지난 2010년의 통행횟수는 223만 6,000회(7.2%)로 이전 조사에 비해 약간 늘었다.

서울시 전체 택시 면허대수는 2012년 기준으로 법인택시 2만 284대, 개인택시 4만 9,424대 등 총 7만 2,248대다. 서울 중형택시 기본요금(2km 이내)은 3,000원이며 모범택시 기본요금(3km 이내)은 5,000원이다. 택시 기본요금은 2009년부터 최근 4년 동안 2,400원으로 변화가 없다가 2013년 10월 12일 3,000원으로 인상됐고 추가요금 방식은 144m당 100원에서 142m당 100원으로 조정됐다. 모범택시 역시 같은 시기에 4,500원에서 5,000원으로 올랐다.

서울은 지난 2007년 9월 현금뿐 아니라 도시철도와 시내버스에서 사용하는 선불 교통카드(T-Money), 신용카드 기반의 후불 교통카드, 신용카드 모두로 결제할 수 있는 카드택시 서비스를 시작했는데 이 서비스는 대부분의 택시에 빠르게 적용됐다.

사실 택시는 서울 교통 민원 중 70%를 차지할 정도로 서비스 질에 대한 반응이 그다지 좋은 편이 아니다. 특히 택시 승차거부 문제와 택시 기사의 불친절 문제는 시민들의 집중 성토 대상이 됐다. 심야버스 도입 역시 고질적인 택시 승차거부 문제를 해결하는 과정에서 나온 것이다. 더욱이 전 세계를 강타하고 있는 우버가 2014년 국내 사업을 시작하면서 시민들의 여론은 우버 쪽으로 많이 쏠렸다. 이는 택시에 대한 시민들의 반감이 그대로 투영된 것으로 해석된다. 미국에서 시작된 우버는 일반 승용차를 활용한 운송 서비스라고 할 수 있다. 그 중심에는 스마트폰 애플리케이션이 있는데 승객과 운전자는 이를 통해 온라인상으로 접촉할 수 있다. 또 우버는 서비스가 종료된 시점에서 운전자에게 일정한 수수료를 받는 방식으로 운행된다. 우버의 종류는 크게 우버블랙, 우버엑스, 우버택시 등으로 나뉘는데 우버블랙은 고급 승용차, 우버엑스는 중형 승용차, 우버택시는 기존 택시에 적용한 것이다.

서울시와 택시업계는 이러한 우버에 대해 크게 반발했다. 택시회사와 기사들은 생계의 위협을 느꼈고 서울은 서울대로 우버 혹은 우버와 유사한 서비스의 시장이 커질 경우 기존의 택시 면허제도 자체가 흔들릴 수 있다는 위기감을 느꼈다. 정부도 서울시와 같은 입장이었다. 따라서 서울은 우버블랙과 우버엑스 운행을 현행법상 불법 서비스인 것으로 간주, 우버 서비스 현장을 신고할 경우에는 현상금 100만 원을 주겠다고 발표했으며 정부는 정부대로 다양한 방식을 통해 우버를 압박했다. 결국 우버는 2015년 3월 서울에서 서비스를 접겠다는 의사를 밝혔다.

하지만 문제는 여기서 끝나지 않는다. 택시 서비스 질 개선에는 손을 놓은 채 우버 확산 방지와 같은 택시업계의 기득권 유지에만 집중하느냐는 시민들의 불만이 제기됐기 때문이다. 이에 따라 서울시는 2015년 2월 서울형 택시 발전 모델을 발표했다. 위치기반 서비스 기반 스마트폰 애플리케이션 택시 3종을 출시하고, 완전 월급제로 운영되는 예약제 고급 중형택시 회사의 시범 운영도 실시한다는 계획이었다. 다분히 우버 서비스를 겨냥한 것이다. 장기적으로는 택시요금의 상·하한 범위를 정하되 택시회사가 서비스에 따라 요금을 정하고 시간대에 따라 할증 할인제를 도입하는 이른바 '부분적 요금 자율화'도 추진할 방침이다. 또한 정부에 법령 개정을 요청해 10년 이상 무사고 운전자가 법인택시를 빌려 개인택시처럼 운행하는 리스운전자격제도 검토키로 했다. 서울시는 지난 2003년을 마지막으로 개인택시 면허를 주지 않고 있어 개인택시 면허 취득 자격이 있는 법인택시 기사들의 불만이 적지 않아 이를 무마할 필요가 있기 때문이다. 특히 개인택시 대상으로 한 달에 5일 이상 자정부터 새벽 2시까지 의무적으로 운행토록 하고 이를 어길 시 120만 원의 과징금을 부과하는 심야 승차거부 근절대책도 마련했다. 서울시에 따르면 지난해 12월 기준 심야시간대에 한 번도 운행하지 않은 개인택시는 약 1만 5,000대에 달한다. 서울연구원 조사에 따르면 택시 승차거부는 심야시간대 택시 공급 부족에 기인한다. 또 이는 개인택시들이 이 시간대에 운행을 잘 하지 않기 때문이라고 밝혔다. 서울시는 이러한 서울연구원의 조사 결과에 따라 이 같은 조치를 내린 것이다. 하지만 개인택시 기사들의 반발이 거세 서울시는 당초 계획보다 다소 완화된 형태로 이 대책을 손보려 하고 있다.

이에 앞서 2015년 2월 29일부터 시행된 택시운송사업의 발전에 관한 법률 시행령에 따르면 택시기사가 2년 안에 세 차례 승차를 거부한 사례가 적발될 경우 택시기사 자격이 취소된다. 또 최초 승차거부 적발 시 과태료 20만 원을 내야 하고, 이어 두 번째 승차거부가 적발되면 과태료 40만 원과 자격정지 30일 처분을 받게 된다. 세 번째 승차거부가 적발되면 택시기사 자격이 취소되며 과태료 60만 원을 더 내야 한다. 승차거부 외에도 합승, 부당요금 부과, 카드 결제 거부 등에 대해서도 3회 위반 시 자격정지 등의 처분을 받게 된다. 한편 승객이 서울 택시 안에서 구토 등의 행위로 차량을 오염시키면 최고 15만 원을 배상해야 하는 제도도 마련됐다. 또 요금 지급을 거부한 승객은 해당 운임과 더불어 기본요금의 5배를 내야 한다. 택시 승차거부 등에 대한 처벌은 강화하되 택시업계의 민원을 일부 수용한 것이다.

06
환승과 티머니 교통카드 결제 시스템

우리나라 대중교통수단에 교통카드가 처음 시범적으로 도입된 시기는 1996년이었다. 시내버스에는 선불 교통카드가, 지하철에는 후불 교통카드가 시범 사업으로 진행됐다. 선불 교통카드란 먼저 카드를 충전한 뒤 그 카드로 대중교통 요금을 결제하는 교통카드다. 또 후불 교통카드란 본인의 신용을 전제로 먼저 교통요금을 카드로 지불하고 후에 월별 대금을 정산하는 방식을 말한다.

이후 시내버스 선불 교통카드와 지하철 후불 교통카드가 널리 사용되면서 이를 호환해 사용할 수 있도록 개선해 달라는 민원이 발생했고 서울시는 이를 받아들여 2000년부터 시내버스와 지하철에서 선불 교통카드와 후불 교통카드 모두를 호환해 사용할 수 있도록 했다. 이후 버스와 버스, 버스와 지하철을 환승할 경우 환승요금을 50원 할인해주는 '대중교통 환승요금 할인제'가 도입됐다. 이러한 환승요금 할인정책은 현재 수도권의 대중교통에 적용되고 있는 거리비례 통합 요금제 무임 환승의 토대가 됐다.

현재의 대중교통 환승요금 시스템이 도입된 것은 지난 2004년이다. 환승요금 시스템이란 지하철, 시내버스 그리고 마을버스 등 서울 대중교통수단을 갈아탈 때 각각 요금을 부과하지 않고 통합적으로 부과하는 것을 말한다. 이전에는 환승 시 50원의 요금을 할인해 줬고 청소년과 어린이의 경우 일반 요금에서 각각 20%, 50%를 할인해줬다. 현재까지 그 골격은 계속 유지되고 있으며 환승 요금제와 함께 티머니 대중교통 통합카드가 도입된 것도 눈여겨볼 점이다. 티머니 대중교통 통합카드로 환승을 할 경우 10km까지는 기본요금만 내면 된다. 10km 이내에서 두 개 이상의 대중교통수단을 활용해 이동할 경우에도 간선버스와 지선버스는 1,200원, 지하철은 1,250원의 기본요금만 내면 된다는 의미다. 다만 10km 초과 시에는 매 5km마다 100원이 추가된다. 단 아무리 장거리를 가더라도 이용한 모든 대중교통수단의 요금의 합을 넘지는 않게 했다.

또 이용하는 대중교통수단 중 더 높은 기본요금을 적용하며 무료 환승횟수는 5회 탑승까지 인정한다. 가령 마을버스와 지하철을 타고 10km 이내에서 이동했을 경우에는 상대적으로 높은 기본요금인 지하철 기본요금(1,250원)이 적용된다는 것이다. 또한 앞 대중교통수단 하차 후 30분 이내에서 다음 대중교통수단에 승차해야 통합 요금제가 적용된다. 단 예외로 오후 9시부터 오전 1시까지는 60분 이내에 탑승하면 된다. 티머니 대중교통 통합카드가 없을 시에는 통합 요금이 적용되지 않아 이용한 대중교통수단별로 별도 요금을 지불해야 한다. 이 역시 청소년, 어린이의 경우 일반요금 기준 20%, 50% 할인이 적용된다.

한편 서울시의 자회사인 한국스마트카드는 2004년 7월부터 시행된 서울시의 새로운 대중교통 시스템 사업을 위해 만들어진 회사다.

한국스마트카드의 지분을 보유하고 있던 LG CNS콘소시엄이 공공성 보장 차원에서 서울시에 주식을 무상 양도해 서울시가 최대 주주가 됐다. 이후 서울은 한국스마트카드의 지분율을 소폭 높여 현재 한국스마트카드의 서울 지분은 36.16%다.

이 회사는 티머니 교통카드 정보를 판독해 요금을 자동으로 징수하는 한편 생성되는 회계와 통계 데이터를 자동으로 수집, 보관, 분석해 정확하게 대중교통 요금을 관리하는 것부터 사업을 시작했다. 이후 티머니 교통카드를 활용한 오프라인 유통결제, 온라인 유통결제 그리고 모바일 유통결제 쪽으로 사업을 확장하고 있다. 여기에 위성 위치측정시스템(GPS)과 무선통신기술을 이용해 버스의 실시간 운행상황을 파악함으로써 이용객들에게 버스의 도착 예정 시간과 유용한 정보를 제공하고 버스회사와 운전자에게는 규칙적인 배차간격 유지와 효율적 운행관리를 제공하는 교통 솔루션 사업도 추가했다. 한국스마트카드는 티머니 교통카드 시스템의 해외 수출도 활발히 추진하고 있다. 한국스마트카드의 대표상품인 티머니 교통카드 시스템은 결제가 가능한 단말기의 프론트 엔드 시스템, 결제된 거래내역을 집계·정산하는 백엔드 시스템, 인프라 기반 시설, 부가가치 서비스 등으로 구성돼 있다.

07
주차 문제

　　　　　　　　　　　　　　　　서울의 고질적인 문제 중 하나는
주택가 주차장 부족으로 인한 불법 주차 문제다. 시민도 자신이 소
유하고 있는 차량의 차고지 확보를 위해 노력하지 않은데다 주택건
설업체들이 주택 공급 시 주차장 문제를 크게 고려치 않았기 때문
이다. 특히 주택가 불법 주차는 시민 간 분쟁의 주요 원인일 뿐 아니
라 소방차, 구급차 등 긴급 차량의 진입을 가로막아 결과적으로 큰
인명 재산 피해로 연결된다는 점에서 심각한 문제로 대두되고 있다.
　서울도 거주자 우선 주차제, 다세대·다가구 주택 부설주차장 세
대 개념 도입 등 주택가 주차난 해소를 위해 적지 않은 노력을 기울
였다. 이에 따라 주택가 주차장 확보율은 2003년 81.7%에서 2012년
99.1%까지 올랐다. 통상 주택가 주차장은 노상(구영+거주자 우선),
노외의 구영, 건축물 부설 등 주택용도로 사용되는 주차면수를 의미
한다. 하지만 노후 다가구 다세대 밀집지역의 주차 여건은 여전히
열악한 실정이라 이에 대한 개선이 필요한 실정이다.

〈표 3-1〉 서울 주택가 주차장 확보율[10]

연도	주차장 확보율
2003년	81.7%
2004년	85.6%
2005년	87.1%
2006년	89.9%
2007년	92.9%
2008년	93.4%
2009년	94.9%
2010년	96.6%
2011년	98.3%
2012년	99.1%

서울은 지난 1996년, 거주자 우선 주차제를 도입했다. 사실 거주자 우선 주차제는 구조적으로 문제가 있는 제도였다. 공공재인 도로를 개인 소유 자동차를 위한 주차 공간으로 제공하는 것이 타당한가 하는 문제 때문이었다. 이론적으로 개인 소유 자동차는 사유재이기 때문에 자가용 승용차의 주차를 위한 공간은 개인부담으로 마련해야 한다는 주장이 당연히 설득력 있었고 자가용 승용차를 보유하지 않은 시민과의 형평성 측면에서도 문제의 소지가 있었다. 하지만 자가용 승용차 취득 바람이 불면서 주택가 주차난은 살인사건으로 비화될 정도로 심각한 양상을 보였다. 결국 노상 주차장 공급을 통한 주택가 주차난 해결이라는 현실적인 대책이 이론적인 명분을 압도하면서 거주자 우선 주차제는 전격적으로 도입됐다.

· · · ·

10 편집부 저, 『통계로 본 서울교통』, 서울연구원, 2014.

주차 요금 수준 결정도 고민이었다. 사실 거주자 우선 주차제를 위한 노상 주차장 설치는 임시적인 조치일 뿐 항구적인 주차장 확보 대책이 아니었기 때문에 노외주차장의 주차 요금 수준 혹은 그 이상을 받는 게 적정했다. 하지만 불법이었음에도 그동안 무료 주차 공간으로 사용해왔던 도로 공간에 서울시나 자치구에서 주차 구획을 설치하고 노외주차장 수준의 요금을 납부하라고 요구하면 엄청난 조항에 부딪혀 제도 도입 자체가 좌초될 가능성이 높았다. 그래서 장래에 요금 수준을 노외주차장 요금 수준 이상으로 인상 조정해 부설주차장 등 주차 공간의 확보를 유인하는 효과가 나타나도록 개선한다는 전제 아래 현실적으로 거주자 우선주차제 도입의 저항을 극복할 수 있는 수준으로 주차요금(전일제 4만 원, 야간전용 3만 원)을 결정했다. 그러나 제도 도입 이후 20년이 경과했지만 지금까지도 거주자 우선 주차제 도입 당시의 요금 수준이 그대로 유지되고 있는 상태다.

여하튼 서울의 거주자 우선 주차제는 주택가 주차난 해소에 도움이 됐다. 당시 정부도 서울시의 거주자 우선 주차제를 주택가 주차난 해결의 모범사례로 선정해 전국 지방자치단체에 도입하도록 권고하기도 했다. 하지만 이는 제도 도입 취지에는 부합하지 못한 채 현재에 이르고 있다. 다세대 주택이나 다가구 주택은 사실상 세대별로 생활을 영위하는 공동주택임에도 불구하고 다세대·다가구 주택의 부설주차장은 공동주택인 아파트와 달리 단독주택처럼 건물 면적 기준방식이 적용되었다. 다세대·다가구 주택 밀집지역에 주차난이 심각한 것은 당연한 결과였다. 이에 따라 서울시는 지난 1996년 조례 개정을 통해 다세대·다가구 주택의 부설주차장 확보 기준을 세대 당 0.7대로 정했다. 새롭게 건설되는 다세대·다가구 주택은 세대수에 맞게 부설 주차면을 확보해야 하는 것이다. 이는 아파트의 부설주차장 확보 기준(세대당 1대 이상)을 다소 완화한 것이다. 다세대·다가구 주택 입주자들의 소득 수준이 아파트 입주자보다 낮은 점을 고려한 조치였다. 하지만 조례 개정 과정에서 강한 저항에 직면했다. 주택건설업체 입장에선 조례 개정으로 이전보다 비용 부담이 늘어날 수밖에 없기 때문이다. 하지만 이러한 반대를 무릅쓰고 조례 개정을 진행했고 이후 다세대·다가구 주택 주차난은 미흡하나마 이전에 비해 다소 덜해진 것으로 평가된다.

2004년부터 시행된 그린파킹 사업도 주택가 주차난을 해소하는 데 도움이 됐다. 담장을 허물어 내 집 주차장을 조성함으로써 주차장 설치비용을 절감하는 한편 주택가 이면도로를 보행자 중심으로 만드는 방안이었다. 지원대상은 담장 또는 대문을 허물어 주차장 조성이 가능한 단독주택이었다. 서울시와 자치구는 주차면 1면 기준 800만 원, 2면 기준 950만 원 범위 안에서 최대 2,750만 원을 지원하고 참여가옥이 50% 이상인 골목길에는 생활도로를 조성해줬다. 2004년 이후 2013년까지 주택 2만 3,902동이 참여했고 주차면 4만 6,729면이 조성됐다. 주차장 1면을 조성하는 데 줄잡아 5,000만 원 이상 소요되는 점을 감안할 때 서울 입장에선 비용을 크게 줄이면서 주택가 주차난을 다소 해소할 수 있는 좋은 방안이었다.

학교, 아파트, 건축물 주차장 야간개방 사업도 추진했다. 야간에 주차공간이 비는 점을 감안한 아이디어였다. 건물주는 주차장 개방과 주차시설 유지관리를 하는 대신 주차요금을 받고 이용자는 거주자 우선주차제에 따라 주차요금을 납부하는 것이다. 다만 주차장 개방

시간을 준수해야 하고 미준수 시 견인과 보관료 부담을 진다. 또 서울시와 자치구는 주차장 야간개방에 필요한 공사비용을 일체 부담했다. 이에 대한 결과는 아직 성공 여부를 판단하기에 다소 이르다.

08
서울교통정보센터(TOPIS)

직장인 이모 씨는 아침마다 '서울버스' 스마트폰 애플리케이션을 이용해 자신이 탈 버스 위치와 시간을 확인한다. 버스에 타면 '정류장알람' 애플리케이션에 회사 앞 버스 정류장 ID를 입력한 뒤 알람 설정을 해두고 눈을 붙이면 정류장 300m 전에 도착 알람이 울린다. 정보통신기술(ICT) 덕분에 이전에 비해 좀 더 편안하고 느긋하게 출근길에 나설 수 있는 것이다.

이는 서울교통정보센터(TOPIS) 덕분에 가능했다. 서울교통정보센터(TOPIS)는 지난 1997년 생겼다. 처음에는 지능형 교통시스템(ITS)을 활용, 내부순환도로를 관리하기 위해 만든 도시고속도로 교통 상황실이 전신이었다.

이후 2004년 대중교통 체계를 개편하면서 정보통신기술을 통해 불규칙한 배차 간격, 과속 등 난폭운전으로 시민들로부터 외면받던 시내버스 운행 관리를 보다 과학적으로 하기 위해 서울교통정보센터(TOPIS)로 확대 개편했다. 이를 통해 세계 최초로 약속 시간을 지킬 수 있는 정확한 버스를 탄생시킬 수 있었다. 2008년에는 한층 서비스가 정교해졌다. 서울시는 시내버스 정보 개방과 공유를 통해

'서울버스'와 같은 스마트폰 애플리케이션이 나올 수 있는 기반을 만들었다. 처음에는 서울시가 주도를 했지만 2011년 버스 운행 원천 데이터를 민간에 제공해 민간 사업자들이 다양한 아이디어를 통해 버스 관련 정보를 할 수 있도록 했다. 2013년에는 서울 시내 대중교통 도로 주차장 등 모든 교통 정보를 담은 '서울교통포털' 애플리케이션을 개발해 서비스를 개시했다. 이 애플리케이션은 내 위치를 자동으로 찾아 실시간 주변 교통 정보, 버스 정류장과 지하철역을 안내하고 화면을 분할해 상단에는 내 주변지도, 하단에는 버스 지하철의 도착 시간을 알려준다. 또 시내 도로, 도시고속도로의 이미지 소통 정보도 제공해 시내 소통 상황을 한눈에 파악할 수 있도록 했다.

〈사진 3-2〉 서울교통정보센터(TOPIS) 시스템

서울교통정보센터(TOPIS)는 2013년 9월 서울 신청사 지하 3층 이전을 계기로 역할이 더 커졌다. 교통에 국한되지 않고 재난까지 확대해 모니터링하고 신속히 대응하는 이른바 스마트한 도시 관리를 본격적으로 하고 있는 것이다. 도시교통본부와 재난상황실에서 나눠 운영하던 총 850여 개의 동영상을 통합해 운영하는 한편 교통 정보 제공에만 사용하던 도로교통 전광판 300여 개, 정류장 안내 단말기(BIT) 800여 개, 무인단속 발광다이오드(LED) 전광판 40개 등 총 1,200여 대의 교통정보 장비도 활용해 각종 재난 발생 시 상황을 즉시 전파할 수 있도록 했다. 또 빅데이터를 활용한 교통 예보도 준비 중이다. 과거 도로별 통행 패턴을 통계적으로 분석한 뒤 미래 교통 상황을 30분, 1시간, 1일 단위로 시민들에게 제공한다는 계획이다.

09
서울형 모델 해외 진출의 노다지, 교통

1) 뉴질랜드 웰링턴

뉴질랜드 수도 웰링턴에 가면 왠지 모르게 서울과 유사한 느낌을 받을 수 있다. 바로 교통카드 때문이다. 웰링턴 시내 대부분의 버스들에선 스내퍼(Snapper)라는 교통카드를 사용할 수 있는데 이 스내퍼의 모체가 바로 서울의 교통카드, 티머니(T-Money)다. 웰링턴은 서울 대중교통 시스템이 해외도시에 진출한 첫 사례다. 2007년 웰링턴 시내버스 시장의 70%를 차지하고 있는 NZ버스는 서울의 티머니 시스템을 도입했다. 여기에 웰링턴 현지 시스템에 맞는 새로운 기술들을 적용해 완성한 것이 바로 스내퍼 교통카드 시스템이다. 스내퍼는 도입 이후 8년 동안 여섯 번의 개선을 거쳤으나 기본적인 사용방법에는 사실상 큰 변화가 없었다. 이제 스내퍼 교통카드는 웰링턴 시민들의 생활 속에 정착하여, 어디서나 이를 사용하는 웰링턴 시민들의 모습을 쉽게 볼 수 있게 되었다.

웰링턴은 뉴질랜드에서 버스 이용률이 가장 높은 도시 중 하나다. 오클랜드에 이어 두 번째로 큰 도시인 웰링턴의 인구는 약 40만 명.

도시철도를 설치하기엔 사용 인구가 다소 적어 버스가 대중교통의 대부분을 담당하고 있다. 이렇게 매일 버스를 사용하는 시민들에게 보다 편리한 버스 이용을 도와주는 스내퍼 교통카드는 생활필수품이나 다름없다. 현재 웰링턴에 발행된 스내퍼 교통카드는 약 38만 장에 달한다. 사실상 모든 웰링턴 시민들이 한 장씩 가지고 있는 셈이다. 하루 이용 건수도 10만 건에 달한다. 웰링턴 시민의 4분의 1이 적어도 하루 한 번은 스내퍼 교통카드를 사용한다는 계산이 나온다.

환경보호를 중시하는 뉴질랜드 정부와 웰링턴은 대중교통 이용률을 더욱 높이기 위해 카드 사용 범위를 확충하려는 계획을 가지고 있다. 실제로 버스카드로 시작한 스내퍼 카드는 사용 범위가 넓어져 현재는 택시, 도시 내 케이블카, 공영주차장에서도 사용이 가능해졌다. 특히 2017년에는 웰링턴 외곽을 연결하는 열차에 교통카드를 적용하는 방안을 추진 중인데, 세실리아 웨이드브라운 웰링턴 시장은 "웰링턴을 걷거나 버스를 타는 것이 더욱 일상적인 도시로 만들겠다"면서 "이미 정착된 교통카드 시스템은 이를 위한 중요한 기반"이라고 밝혔다.

〈사진 3-3〉 스내퍼 교통카드를 이용하는 뉴질랜드 웰링턴 버스

한편 이처럼 빈번히 사용되는 웰링턴 시민들의 교통카드 사용 데이터는 매일 한국으로 날아오고 있다. 버스 운행이 끝나면 요금 징수내역 및 승객들의 승하차 데이터가 집계서버를 통해 인천 부평의 한국스마트카드 데이터센터로 자동 전송되는 것이다. 인구가 적은 웰링턴은 교통카드 정산 시설을 새롭게 건설하는 대신, 티머니 교통카드 솔루션·관리 회사인 한국스마트카드에 정산 대행을 요구했다. 인구 1,000만 명 대도시의 대중교통을 매일 운영하고 관리하는 서울의 기술력을 신뢰했기에 가능했던 일이다. 미키 직사이 스내퍼 교통카드 최고경영자(CEO)는 "서울은 하루 4,000만 건의 승하차 데이터를 처리하지만 웰링턴의 승하차 건수는 1년에 1,200만 건에 불과하다"면서 "새롭게 정산시설을 짓는 것보다 1만 대 이상의 버스를 운영하며 입증된 서울의 안정적인 시스템을 활용하는 것이 합리적"이라고 설명했다. 이렇게 전송된 웰링턴의 버스 승하차 데이터는 한국의 재가공을 거쳐 다시 스내퍼 교통카드와 NZ버스 등에 보내진다.

마이크 스캇 NZ버스 정보담당임원(CIO)은 "매일 한국으로부터 스내퍼와 NZ버스의 정산자료가 온다"면서 "이렇게 축적된 데이터를 노선 재편 등에 활용하고 있다"고 밝혔다. 8년 동안 이어진 웰링턴에서의 성공적인 시스템 운용은 서울 교통카드 시스템의 해외진출에 큰 힘이 됐다. 사실 국제 시스템 구축 통합관리 분야에선 실제 성공 사례가 중요한데, 스마트카드 입장에선 웰링턴에서의 사례가 진출 희망국가 혹은 관련 기관을 설득할 수 있는 주요 근거가 되기 때문이다. 이후 진행된 말레이시아 쿠알라룸푸르로의 교통카드 사업 진출 역시 웰링턴에서의 성공이 있었기에 가능했다.

신흥국가들은 교통카드 도입 과정에서 데이터 센터 구축을 포함한 초기 투자를 가장 부담스럽게 생각하곤 한다. 그런 점에서 볼 때 교통카드 시스템 구축과 정산까지 대행해주는 웰링턴 모델은 신흥 국가들의 관심을 끌기에 충분하다. 더욱이 선진국으로 분류되는 뉴질랜드 수도에서 8년 동안 큰 문제없이 운영되었다는 점도 긍정적인 평가를 받는 대목이다. 한국스마트카드 관계자는 "개발도상국 입장에서는 정산시설을 짓는 데에 들어가는 초기 투자비용이 부담스러울 수밖에 없다"면서 "선진국 수도인 웰링턴에서의 안정적인 시스템 운용과 정산 대행으로 이들 국가에서 서울의 교통카드 시스템에 대한 관심이 크게 늘었다"고 전했다.

2) 콜롬비아 보고타

서울은 지난 2004년 대중교통 시스템 개편 과정에서 브라질 쿠리치바와 함께 콜롬비아 수도 보고타의 사례를 많이 참조했다. 이들 남미국가의 주요 도시들로부터 중앙버스전용차로제와 시내버스 준공영제 등을 벤치마킹했고 여기에 교통카드를 매개로 한 대중교통 환승 시스템을 곁들여 서울형 교통체계를 완성시킨 뒤 2004년 7월부터 운영에 들어간 것이다. 서울시 입장에선 콜롬비아 보고타에게 한 수 배운 셈이다.

도시 교통 분야에서 보고타의 장점은 이뿐만이 아니다. 자전거 도로를 대대적으로 확충해 차량 없는 도시를 구현했고, 이를 바탕으로 프랑스 파리 벨리브 공공 자전거 시스템, 미국 뉴욕 섬머페스티벌 등에 결정적인 영향을 끼치기도 했다. 친환경 교통수단인 자전거 사용량을 늘리기 위해 안간힘을 쓰고 있음에도 큰 성과를 못보고 있는 서울에 시사하는 바가 적지 않다.

그런데 지난 2011년, 콜롬비아 보고타의 교통 시스템 개선 사업 과정에서 흥미로운 일이 발생했다. 2004년 서울 대중교통 시스템 개편의 주역인 LG CNS가 해당 사업자로 선정된 것이다. LG CNS는 서울 교통 시스템을 구축한 시스템통합(SI) 회사로, 한국스마트카드의 지분을 서울과 함께 각각 36.2%, 32.9%씩 보유하고 있다. LG CNS가 보고타 현지 업체인 앙헬컴을 누르고 시스템 개선 사업자로 선정된 것은 기술력과 가격 경쟁력의 승리였다. 이로써 대중교통 시스템을 개선하기 위해 벤치마킹했던 도시에 똑같은 분야 서비스를 역수출하는 다소 이상한 장면이 연출되었다.

해발 2,640m 고산지대에 위치한 콜롬비아의 수도 보고타는 서울의 2배가 넘는 면적과 1,000만 명에 육박하는 인구를 갖춘 남미의 몇 안 되는 메가시티 중 하나다. 한국을 놓고 봤을 때 지구 반대편에 위치하고 있지만 이곳의 교통 시스템은 서울과 흡사하다. 서울과 동일하게 중앙차로를 달리는 트렁크버스(간선버스), 일반 도로 위의 조날버스(지선버스), 도시 구석구석에서 승객을 싣는 피더버스(마을버스)가 보고타를 달린다. 이는 서울이 대중교통 시스템 개편 과정에서 벤치마킹한 곳이 바로 보고타이기 때문이다.

LG CNS는 2015년 6월, 요금징수 시스템(AFC)과 버스운행관리 시스템(BMS)을 구축했다. 이로써 두 도시가 주거니 받거니 하는 과정에서 두 도시의 대중교통 시스템은 더욱 닮은꼴이 되었다. LG CNS는 보고타의 버스 1만 2,000대에 단말기를 설치하고 정류장 40곳에도 통합요금징수 시스템을 가동시켰다. 조날버스와 트렁크버스 간 환승 할인도 적용했다. BMS를 통해 버스의 운행간격과 정체구간, 사고 발생 등도 실시간으로 모니터링한다. LG CNS의 교통 시스템 개선은 보고타 대중교통의 많은 모습을 바꿔 놓았다. 승객을 가득 태운 버스가 차문을 열어둔 채 달리던 위험천만한 장면들이 사라지고, 길거리 아무 곳에나 정차하던 버스들도 이젠 찾아보기 힘들다고 한다. 루이스 베하라노 조날버스 이사는 "이전에는 버스가 차고지가 아닌 기사의 집 앞에 주차되거나 승객이 버스 요금을 기사와 흥정하는 경우가 허다했다"며 "교통 시스템이 개선되면서 이런 무질서한 부분이 상당 부분 개선됐다"고 말했다.

버스를 탈 때마다 요금을 지불하던 기존 시스템이 환승 할인으로 전환되면서 2014년 기준으로 1인당 국민소득 8,384달러의 국가에서 시민들이 환승할 때마다 한국 기준으로 1,800원의 교통비를 절약할 수 있게 됐다. LG CNS는 2011년 당시 3억 달러(약 3,400억 원)에 이 사업을 수주했다. 버스 단말기, 통합요금징수 시스템 구축은 올해 말이면 완료되지만 향후 15년 간의 유지보수와 시스템 운영권은 LG CNS의 몫이다.

보고타는 현재 교통 개선을 위한 4차 사업과 버스정보 시스템(BIS) 발주를 준비 중이다. 보고타 시교통국은 이와 관련해 현재 LG CNS와 사업 진행을 논의하고 있다. 콜롬비아 지방 12개 도시도 국제개발은행(IDB)에서 지원을 받아 버스 단말기를 한국산으로 바꿀 예정이다.

LG CNS는 지난해 멕시코와 페루의 교통시스템 통합에 대한 컨설팅도 진행했다. 이들 국가가 LG CNS의 보고타에서의 성공을 긍정적으로 평가하는 만큼 내년 사업 발주에서도 LG CNS가 유리한 위치를 점할 것이라는 시각이 높다.

3) 말레이시아 쿠알라룸푸르

말레이시아의 수도 쿠알라룸푸르는 동남아시아의 대표적인 국제 도시다. 도시의 상징인 페트로나스 트윈타워를 비롯한 마천루들과 깨끗한 도시 환경은 쿠알라룸푸르의 품격을 단적으로 보여준다. 그런데 이러한 외양과 달리 쿠알라룸푸르의 대중교통 시스템은 매우 불편한 편이다. 요금도 저렴하지 않다. 쿠알라룸푸르의 대중교통 이용률이 10%대에 불과한 것은 쿠알라룸푸르 대중교통의 현주소를 가감 없이 보여주는 지표다.

가령 쿠알라룸푸르 국제공항에서 도심까지 간다고 치자. 먼저 공항에서 공항철도 승차권을 구입하여 도심으로 이동한다. 도심에 도착하면 도시철도인 경전철(LRT) 티켓을 새로 사야 한다. 도시철도에서 수도권 전철인 KTM으로 환승할 때도 다시 티켓을 구입해야 한다. 시내버스 역시 따로 요금을 내야 한다. 대중교통 수단이 부족한 것은 아니지만 시스템을 정교하게 구축하지 못해 시민들의 외면을 받고 있는 것이다.

말레이시아 정부가 이 같은 한계를 극복하기 위해 시작한 프로젝트가 'SPAD(Suruhanjaya Pengangkutan Awam Darat)'다. 말레이어로 '대중교통위원회'의 약자인 SPAD는 교통 인프라 제고와 대중교통 활성화를 목적으로 2015년 초 총리실 직속으로 만들어졌다. 국내 기업인 한국스마트카드가 이 SPAD에 참여하고 있다. SPAD에서 한국스마트카드가 맡고 있는 역할은 '총괄 관리와 컨설팅 파트너'다. 2015년 1월부터 2017년 12월까지 3년간 쿠알라룸푸르 수도권 지역 철도·버스 요금 시스템의 통합을 총괄하는 것으로, 사실상 말레이시아 수도권 교통요금체계 개혁의 컨트롤타워 역할을 맡은 셈이다.

말레이시아 정부가 이 중요한 역할을 한국스마트카드에 맡긴 것은 통합작업에 있어 뛰어난 기술뿐 아니라 제도개혁의 노하우까지 필요하다고 판단했기 때문이다. SPAD 최고개발간부(CDO)는 "SPAD는 통합 요금제 도입과 단말기 통합뿐 아니라 요금징수 주체 통합, 대중교통 구획 조정 등 제도적 개혁까지 한꺼번에 수행하게 된다"며 "단순히 새로운 교통 시스템을 도입하는 것이 아니라 말레이시아 전체 교통의 모습을 바꾸는 작업"이라고 덧붙였다.

현재 말레이시아 수도권 지역에는 2개의 경전철(LRT), 1개의 모노레일, 2개의 통근열차, 공항철도 등 6개 노선, 총연장 278㎞의 철도노선이 115개의 역을 연결하고 있다. 여기에 200여 개의 버스노선도 운행되고 있다. 그런데 대중교통수단들의 운영주체가 제각기 다르다는 것이 문제다. 정부 내 여러 부처에서 운영하는 공기업과 사

〈사진 3-4〉 서울과 동일한 단말기를 사용하는 쿠알라룸푸르의 버스

기업들이 제각기 독자적인 요금 시스템으로 대중교통을 운영하고 있다. 시민 입장에선 다른 교통수단을 이용할 때마다 매번 요금을 새로 지불해야만 하는 불편함과 불만을 감수해야 한다. 말레이시아 정부가 서울의 통합 환승 시스템을 주목하는 이유다.

말레이시아 정부는 한국스마트카드의 탁월한 운영 성과를 직접 확인하기도 했다. 한국스마트카드는 지난 2011년 쿠알라룸푸르에 진출해 서울의 버스 결제 시스템을 성공적으로 이식했다. 쿠알라룸 푸르 버스시장 점유율 70%에 달하는 국영버스회사인 '래피드KL' 1,200여 대 버스가 서울과 동일한 교통카드 단말기를 장착한 채 운 행하고 있다. 한국스마트카드는 시민들에게 외면받던 쿠알라룸푸 르의 시내버스 이용률을 크게 높인 일등공신으로 평가받고 있다.

SPAD의 궁극적인 목적은 서울이다. 말레이시아 정부는 런던과 홍콩 등 세계적 국제도시들과 서울의 시스템을 비교해 서울시를 최 종 파트너로 낙점했다. 최고개발간부는 "서울의 환승 시스템은 이 해하기 쉬운 요금체계, 직관적인 환승 방식 등으로 도시를 처음 방 문한 사람이라도 쉽게 이용할 수 있다는 장점이 있다"면서 "국제도 시를 지향하는 쿠알라룸푸르에 잘 맞는 시스템"이라고 말했다.

SPAD는 1차로 2017년까지 수도권인 클랑밸리 지역의 교통 통합 을 완료한 후 말레이시아 전역으로 사업을 확대할 계획이다. 말레이 시아 정부는 이를 통해 17% 정도에 불과한 말레이시아 대중교통 분 담률을 2020년 30%까지 올린다는 목표를 갖고 있다. 서울스마트카 드 관계자는 "말레이시아 교통 시스템의 대개혁으로 교통 관련 장 비와 소프트웨어 등에 대한 수요가 많이 생겨날 수밖에 없다"고 말 했다.

4) 아제르바이잔 바쿠

카스피해 인근 러시아와 이란 사이에 위치한 아제르바이잔은 한국에서는 다소 생소한 국가지만 최근 10년 사이 풍부한 오일머니를 기반으로 급속한 경제성장을 이뤄내며 주목을 받고 있다. 이러한 변화는 수도 바쿠의 얼굴을 바꿔 놓았다. 해안가를 중심으로 마천루들이 줄줄이 들어선 것을 계기로 '제2의 두바이'라는 별칭이 붙기도 했다. 웰링턴, 보고타 등과 마찬가지로 바쿠를 돌아다니다보면 서울과 유사한 느낌을 받을 수 있다. 2011년 시스템통합(SI)회사 SK C&C가 서울교통정보시스템(TOPIS)를 구축하면서 도로정보안내전광판, CCTV, 버스정보 시스템(BIS) 등을 대거 옮겨 놓았기 때문이다. 모두 서울에서 흔히 볼 수 있거나 서울 대중교통 시스템에서 작동하는 프로그램들이다.

인구 960만 명, 한반도 40% 크기의 면적을 가진 아제르바이잔은 1991년 구소련에서 분리 독립한 뒤 정치적인 혼란기를 잠시 겪었으나 석유와 가스 수출에 힘입어 2006~2010년 연평균 경제성장률 16.4%를 기록할 정도로 초고속 성장을 했다. 그러나 경제가 성장하면서 많은 주민들이 지방에서 일자리를 찾아 바쿠로 몰려들었고 현재 총인구의 48%가 바쿠와 인근에 몰려 있다. 그 결과 바쿠는 사상 초유의 교통지옥을 맞이하게 됐다. 1㎞를 이동하는 데 한 시간씩 걸리는 것에 화가 난 버스기사들이 노선을 벗어나는 경우도 비일비재했다.

아제르바이잔 정부는 2006년 교통관리 시스템 구축에 나섰다. '교통관리 시스템 구축방안' 등이 입찰 공고됐고 일본, 프랑스 등이 관심을 보였다. 그러나 아제르바이잔 정부는 1,000억 원이 넘는 이

프로젝트의 운영 국가로 한국을 지목했다. 교통국에서 주아제르바이잔 한국대사관에 직접 "사업에 참여해 달라"는 요청을 보냈는데, 당시 서울을 방문한 교통부 장관이 대통령에게 서울교통 시스템의 우수성을 보고했기 때문이었다.

나미카 하사노프 교통부 홍보국장은 "정상회담차 한국을 다녀온 대통령은 콕 집어 한국의 시스템을 요구했다"고 설명했다. 결국 해외 유력업체들을 제치고 한국기업 SK C&C와 계약을 체결했다. 지방자치단체와 기업 간 해외 진출 관련 협업의 쾌거라고 할 수 있다.

바쿠 지능형 교통 시스템(ITS) 구축은 2008년부터 2012년 말까지 진행됐다. 총 사업비만 1억 3,800만 달러(약 1,600억 원)가 들어간 대규모 사업이었다. 초기 교통량 측정과 상황감시 시스템 설치에 중점을 뒀던 아제르바이잔 정부는 돌발 상황 점검을 위한 CCTV 설치, 사고 등 우회로 안내, 불법 쓰레기투기와 교통 유발자 단속 등으로 점점 시스템을 확대해 갔다. 교통 정체를 해결하기 위해서는 종합적인 체계를 갖춰야 한다는 SK C&C의 설득이 작용했다. 사실 SK C&C 역시 LG CNS와 마찬가지로 인구 1,000만 명의 메가시티 서울에서 까다로운 검증 과정을 겪었기 때문에 비교적 용이하게 해외 진출을 시도할 수 있었다. 서울형 모델을 기본으로 현지 사정을 감안, 손볼 곳을 손보고 시스템을 구축하는 방식이다. 결국 서울에서의 구축 실적은 결과적으로 해외 진출의 디딤돌이 됐던 셈이다.

실시간으로 구간 통행시간과 통행 차량 속도, 교통량 등을 수집·분석하기 위한 CCTV가 곳곳에 설치됐고 버스의 출발·도착 시간을 알려주는 버스정보 시스템(BIS)도 구축됐다. 이 모든 것을 컨트롤하는 바쿠시 교통관제센터도 만들어졌다. 2008년 계약 당시 7,000만 달러 규모의 사업이 두 배 가까이 늘어난 것도 이러한 이유에서다.

그럼에도 아제르바이잔 정부는 결과에 매우 만족해했다. 하사노프 국장은 "바쿠도 이제 세계에서 손꼽히는 교통 시스템의 나라가 됐다"며 "한국에서 추가적인 제안을 한다면 언제든 받아들일 용의가 있다"고 말했다. 루파트 이마노프 바쿠 교통관제센터장도 "2011년 이후 바쿠시의 차량 평균 속도가 10~15% 이상 개선되고 교통사고도 많이 줄었다"며 "버스 노선 이탈, 상습 정체, 쓰레기 무단 투기 등도 과거에 비해 크게 감소했다"고 말했다. 그는 이어 "교통관제센터에서 시시각각 교통상황을 점검하고 정체구간 해소를 위해 신호 조작, 우회로 안내 등을 하고 있다"고 덧붙였다.

양석용 SK C&C 해외사업부장은 이와 관련해 "아제르바이잔에 도로명 사업을 추가적으로 진행했고, 카자흐스탄 우편물류정보와 투르크메니스탄 안전도시 건설 등도 수주했다"며 "아제르바이잔 지능형 교통 시스템 구축사업은 향후 CIS(구소련) 국가에 대한 거점을 확보했다는 차원에서 매우 긍정적"이라고 말했다.

10
교통 분야 해외 진출

해외 도시들이 가장 부러워하고 본받고 싶어 하는 서울의 도시 인프라는 교통과 상수도다. 이 두 분야는 세계 어디에 내놓아도 남부럽지 않은 수준을 자랑한다. 그럼에도 불구하고 굳이 둘의 우열을 따진다고 하면 아무래도 교통이 아닐까 싶다. 서울을 방문하는 대부분의 외국인들은 서울의 대중교통을 직접 접해보고는 깜짝 놀라곤 한다. 편리하면서도 요금이 저렴하기 때문이다. 해외에 나가본 한국인들도 불편하고 값비싼 해외의 대중교통을 접하고 서울의 대중교통 수준에 대해 재인식하게 되는 사례가 많다. 지난 2011년 미국 뉴욕에서 1년 동안 연수를 한 적이 있었다. 거주지는 뉴저지주 북부에 위치한 버겐카운티 크레스킬이라는 마을이었다. 뉴욕과 거리가 가까운데다 수풀이 우거진 그야말로 전형적인 교외 지역이었다. 일주일에 한두 번 집에서 뉴욕 맨해튼에 있는 컬럼비아대까지 대중교통을 이용해 다녔다. 집 부근에서 NJ 트랜짓 버스를 타고 뉴욕 42번가 버스 터미널에 내린 뒤 지하철을 타고 컬럼비아대에 가야 하는 것이다. 돌아올 때는 반대 순서로 이용했다. 버스 요금이 6달러 50센트. 지하철 요금이 2달러 75센트. 물론 한 달 정기권을 끊으면 가격이 내려가지만 매일 이용하는 것이 아니라서 제 돈을 다 내고 다녀야 했다. 결국 갈 때 9달러 25센트, 올 때 9달러 25센트, 하루 교통비로만 총 18달러 50센트를 썼다. 대중교통비로 부담을 느껴본 것은 내 생애를 통틀어 그때가 유일했다. 그렇다고 차를 몰고 가게 되면 뉴욕 통과지점에서 통행세를 내야 했고 주차비도 만만치 않았다. 대중교통 시설도 형편없었다. 세상에서 가장 큰 쥐를 본 게 뉴욕의 한 지하철역에서였다. 게다가 휴대전화도 잘 터지지 않는 불편함이 있었다. 한국에 돌아오니 서울의 대중교통 역량을 다시 볼 수밖에 없었던 것은 이러한 사정에서다.

특히 교통카드를 중심으로 한 대중교통 환승요금 시스템에 대한 해외 도시들의 선호는 상상을 초월할 정도다. LG CNS, 한국스마트카드 등은 서울에 구축·서비스하고 있는 교통시스템을 무기로 전 세계 도시들을 공략하고 있는 상태다. 이러한 서울의 교통 인프라 분야 강점은 해외 진출 실적에서도 바로 드러난다.

서울시에 따르면 서울의 해외 진출 사례는 2015년 9월 현재 20개국 22개 도시 26개 사업이다. 이는 원조형과 수주형 두 가지 형태로 나눌 수 있는데 원조형은 11개국 11개 도시 11개 사업이고, 수주형은 12개국 13개 도시 15개 사업이다. 교통의 경우 원조형에선 가나 아크라 도시교통시스템 마스터플랜 수립 용역, 스리랑카 콜롬보 광역지역 대중교통시스템 컨설팅 등 2개다. 수주형에선 중국 베이징(자동운임징수 시스템 구축), 몽골 울란바토르(교통정보센터 등 구축), 아제르바이잔 바쿠(교통정보센터 등 구축), 말레이시아 쿠알라룸푸르(교통카드 시스템 구축), 뉴질랜드 웰링턴(교통카드 시스템, 정산 서비스 구축), 뉴질랜드 오클랜드(교통카드 시스템, 정산 서비스 구축), 콜롬비아 보고타(자동요금징수 시스템 구축과 유지보수), 태국 방콕(교통카드 시스템 구축 컨설팅), 몽골 울란바토르(자동요금징수 시스템, 버스관리 시스템 구축), 그리스 아테네(이타케팅 시스템 구축), 말레이시아 쿠알라룸푸르(통합정산 시스템 컨설팅) 등 11개 사업이다. 광의의 교통에 속한다고 할 수 있는 도시철도 분야 세계 진출 사례인 베트남 호치민(도시철도 1호선 궤도 분야 실시설계 용역 수주), 방글라데시(치타공~친키 아스타나 11개역 신호설비 개량 컨설팅 수주) 등까지 합할 경우 15개 사업이다. 지금까지 이뤄진 서울의 전체 해외 진출 사업 26개 중 15개, 다시 말해 5개 중 3개가 교통 분야에서 이뤄진 셈이다.

〈표 3-2〉 서울 도시 인프라 해외 진출 사례 1 (원조형)[11]

분야	국가·도시	사업명
교통	가나 아크라	도시교통 시스템 마스터플랜 수립 용역
	스리랑카 콜롬보	광역지역 대중교통 시스템 컨설팅
상수도	인도네시아 중부 자바	정수장 시설개량사업 타당성 조사
	페루 찬차마요	수도시설 개선 사업
	파푸아뉴기니 포트모르즈비	정수장 시설개량 타당성 조사
	몽골 울란바토르	먹는 물 수질 분석
전자 정부	모잠비크 마푸토	전자정부 타당성 조사
	에디오피아 아디스아바바	전자정부 타당성 조사
도시 계획	인도 뭄바이	정보통신기술(ICT) 활용 시민참여 정책 컨설팅과 시스템 개발
	베트남 다낭	도시개발 전략 컨설팅 하이테크파크 개발
소방	방글라데시	소방방재 시스템 구축 컨설팅

• • • •

11   라도삼 外, 「해외도시 연구 및 전략적 교류방안 수립」, 서울연구원세계도시연구센터, 2013.

분야	국가/도시	사업명
교통	중국 베이징	자동운임징수 시스템 구축
	몽골 울란바토르	교통정보센터 등 구축
	아제르바이잔 바쿠	교통정보센터 등 구축
	말레이시아 쿠알라룸푸르	버스 결제 시스템 구축
	뉴질랜드 웰링턴	교통카드 시스템, 정산 서비스 구축
	뉴질랜드 오클랜드	교통카드 시스템, 정산 서비스 구축
	콜롬비아 보고타	자동요금징수 시스템 구축과 유지 보수
	태국 방콕	교통카드 시스템 구축 컨설팅
	몽골 울란바토르	자동요금징수 시스템, 버스관리 시스템 구축
	그리스 아테네	이타켓팅 시스템 구축
	말레이시아 쿠알라룸푸르	통합정산 시스템 컨설팅
도시 철도	베트남 호치민	도시철도 1호선 궤도 분야 실시설계 용역
	방글라데시	치타공~친키 아스타나 11개역 신호설비개량 컨설팅
상수도	브루나이 PMB섬	인프라 개발 컨설팅
폐기물	싱가폴 주롱섬	셈콥 폐기물 처리시설 건설

　　SK C&C와 같은 서울 교통 인프라 관련 회사들은 아제르바이잔 바쿠, 몽골 울란바토르 등에 서울교통정보센터(TOPIS)와 유사한 교통관제센터를 구축해주었다. 서울교통정보센터(TOPIS)란 정보통신기술(ICT)과 센서 기술을 바탕으로 실시간 교통 흐름을 정확히 잡아내고 만일 문제가 발생하면 즉각 대응하며 시민들에게 교통 흐름 관련 정보를 제공하는 교통관제센터를 말하고, 혹은 그러한 역할 수행 그 자체를 가리키기도 한다. 현재 서울시청 신청사 지하 3층에

위치해 있다. 서울교통정보센터(TOPIS) 역시 서울의 자랑거리중 하나다. 아제르바이잔 바쿠의 사례에서도 보았듯이 서울교통정보센터(TOPIS)에 대한 해외 도시들의 관심도 적지 않은 편이다. 서울의 교통 흐름 통제 역량은 외부에서 비교적 높은 평가를 받고 있다. 서울의 교통 흐름이 다른 도시에 비해 원활하다고는 말할 수 없지만 살인적인 차량 통행량을 대입시키면 선방하고 있다고 할 수 있고 그런 점에서 우호적인 평가를 받고 있는 것이다. 이를 가능한 주요 도구가 다름 아닌 서울교통정보센터(TOPIS)다.

그럼에도 불구하고 뉴질랜드 웰링턴, 콜롬비아 보고타 그리고 말레이시아 쿠알라룸푸르 사례에서 확인할 수 있었듯 해외에서 가장 잘 통하는 서울 교통 인프라 수출 아이템은 교통카드를 바탕으로 하는 교통정보 시스템이다. 서울은 한국스마트카드와의 협업을 통해 해외 수출 사업을 진행하고 있는 상태다. 한국스마트카드를 연계한 서울의 해외 진출 현황과 목표를 알아보도록 하자.

11
한국스마트카드의 해외 사업

한국스마트카드는 서울시가 지난 2004년 대중교통체계 개편 과정에서 교통카드를 도입하면서 만들어진 회사다. 태생부터 서울과 끈끈한 인연 속에서 만들어져 이후에도 지속적으로 긴밀한 관계를 유지하고 있는 회사라고 보면 된다.

서울과 한국스마트카드는 2000년대 중반 이후부터 지속적으로 해외 진출을 시도해 최근 성과를 내고 있는 상태다. 서울 입장에선 한국스마트카드 해외 진출을 통해 첨단 교통도시라는 국제적 이미지를 높일 수 있고 한국 민간기업의 해외 진출 교두보 역할을 한다는 차원에서 한국스마트카드 중심의 해외 진출을 적극 장려하고 있다. 더욱이 한국스마트카드의 수익성이 높아지게 되면 서울로선 투자 이득까지 챙길 수 있다는 이점이 있다. 물론 최근 적자를 갓 벗어난 한국스마트카드를 두고 투자 이익을 논한다는 게 다소 현실에 맞지는 않지만 말이다. 실제 사업 진행은 서울시, 한국스마트카드, 민간기업 등 3자가 공동으로 수행하는 방식으로 진행된다.

현재 교통정보 시스템 관련 지적재산권은 한국스마트카드가 모든 법적 권리를 소유하고 있다. 다만 일부 소프트웨어, 하드웨어 등

정보통신기술(ICT) 기업들은 교통정보 시스템 일부 분야의 지적재산권을 한국스마트카드와 공동으로 보유하고 있는 상태다. 한국스마트카드의 경영 실적이 적자를 면치 못하면서 교통정보 시스템 관련 지식재산권 매각 문제가 불거지기도 했다. 한국스마트카드가 경영상 이유로 지식재산권을 타사에 매각한다고 해도 서울시로선 저지할 수 있는 수단이 전혀 없었기 때문이다.

또 해외 수출 과정에서 지식재산권 분쟁이 발생한 경우에도 서울시로선 권리 주장의 법적 근거가 없었다. 정치권에선 한국스마트카드가 서울의 대중교통 체계 개편을 계기로 만들어진 회사이며 서울시가 지분의 36.16%를 보유하고 있는 만큼 한국스마트카드 경영문제에 좀 더 적극적으로 개입할 것으로 요구했다. 지식재산권 문제에 대해서도 역시 개정을 요구했다. 이에 따라 서울시는 자의반 타의반으로 한국스마트카드에 교통정보 시스템 관련 지식재산권 공동 소유를 요구했고, 관련 협의서를 만들었다.

사실 한국스마트카드의 위치는 다소 애매한 편이다. 지분 상 서울이 1대 주주인데다 사업 특성상 서울시 등 지방자치단체와의 밀접한 관계를 유지해야 하기 때문에 한국스마트카드 입장에서 서울시와의 좋은 관계 유지는 말 그대로 사업의 근간이다. 하지만 2대 주주인 LG CNS의 영향권에서도 벗어나기 힘들다. 설립 초기 LG CNS의 자회사로 출발했기 때문이다.

업체명	대상	지식재산권	사용, 수정, 개작 판매원
LG CNS	시스템 구축, 유지보수, 단말기 공급, 개발 용역	한국스마트카드	영업비밀을 침해하지 않는 범위 내에서 LG CNS에 허용
에이텍		한국스마트카드	한국스마트카드
티모넷	개발 용역	한국스마트카드	한국스마트카드
스마트카드 운영 시스템 (COS) 회사	티머니 교통카드 칩	COS회사	제한적으로 한국스마트카드에 있음(COS회사는 칩 공급을 위해 티머니용으로 개발해 한국스마트카드 인증을 받음)
	카드규격 등	한국스마트카드	한국스마트카드

　　서울시와 LG CNS는 2014년 말부터 한국스마트카드의 경영권을 두고 갈등을 빚기도 했다. 최대성 한국스마트카드 대표의 연임 문제를 두고 서울시와 LG CNS가 대립한 것이다. 사실 이는 표면적인 것이고 한국스마트카드의 주도권을 둘러싼 서울시와 LG CNS의 누적된 갈등이 불거진 것 아니냐는 지적이 많다. 현재 한국스마트카드 이사회는 서울시 인사 2명, LG CNS 인사 2명 등으로 구성돼 있는데 서울시와 LG CNS는 이사 1명을 더 늘리기로 합의했다. 그런데 서울시가 이 이사 선임권을 요구한 것이다.

　　한편 서울시는 2014년부터 한국스마트카드 재무와 인사권을 요구해오기도 했다. 서울시는 또 한국스마트카드 대표이사 선임권을 요구하면서 현 최 대표의 임기를 1년 더 인정해주는 대신 매년 외부 회계법인에 의뢰해 대표이사의 경영성과를 평가받도록 요구한 것으로 나타났다. 서울시는 한국스마트카드의 공공성을 강화하기위

....
13　라도삼 外, 「해외도시 연구 및 전략적 교류방안 수립」, 서울연구원세계도시연구센터, 2013.

한 포석이라고 설명했지만, LG CNS는 이에 대해 크게 반발하고 있다. 대중교통 체계개편 최초 사업 공공 시점에서 약속한 경영 불간섭 원칙을 지키라는 것이다. 특히 한국스마트카드는 지난 10년간 적자를 면치 못하다가 지난 2012년부터 흑자로 전환했는데 최 대표가 이러한 흑자 전환 과정에 결정적인 역할을 했기 때문에 연임을 해야 한다고 주장하고 있다.

그렇다면 왜 최근 들어 한국스마트카드의 경영권 분쟁이 발생했을까. 그만큼 한국스마트카드 경영 실적이 호전됐기 때문이다. 서울시 입장에선 해외 진출의 총아인 한국스마트카드에 대한 영향력을 전에 비해 강화하고 싶었을 것으로 추정할 수 있고, LG CNS 역시 이제 비로소 제 궤도에 오른 한국스마트카드 경영 주도권을 내놓고 싶지 않았을 것이다. 이러한 경영권 분쟁이 언제 진정될지는 모르겠지만 한국스마트카드가 지금까지 서울 도시 인프라의 해외 수출 과정에서 선도적인 역할을 했고 이후에도 이러한 역할을 계속 이어갈 것이라는 것에 대해선 이론의 여지는 없을 것이다.

한국스마트카드를 중심으로 한 대중교통 시스템 해외 진출은 어떻게 이뤄지고 있을까. 앞에서 언급했듯이 말레이시아 버스 티켓팅 시스템 수출, 뉴질랜드 버스 티켓팅 시스템 수출 그리고 콜롬비아 보고타 요금징수 시스템(AFC)과 버스운행관리 시스템(BMS) 구축 사업이 대표적이다. 여기에 태국 방콕시 교통카드 컨설팅 사업 수주 사업도 빼놓을 수 없다. 한국스마트카드는 지난 2002년 태국의 재무 자문사인 어드밴티지 캐피털, 태국의 교통전문 컨설팅회사 PSK 컨설턴트 등과 함께 컨소시엄을 꾸려 방콕시 교통카드 컨설팅 사업을 수주했다. 발주처는 태국 교통부 산하 교통정책본부였다. 방콕시 통합 교통카드 시스템의 정산센터 구축과 정산 운영을 위한 제반 컨설팅을 하는 것이 주요 사업내용이었다. 사업 규모는 총 80억 원이며 사업기간은 4년이다.

한국스마트카드는 해외 사업 성장을 위해 솔루션 기반 사업, 컨설팅 사업, 서비스 사업, 글로파스 등 4개 중점 분야 계획을 세웠다. 또 전략적 선택과 집중을 통해 진출 효과를 극대화하기 위하여 동남아시아, 중남미, 러시아 지역에 위치한 도시를 전략거점지역으로 선정했다. 신흥국가 도시들을 집중 공략하겠다는 것이다. 솔루션 기반 사업이란 교통정보 시스템 관련 각종 솔루션과 제품을 정비한 뒤 표준 견적 툴을 제작해 사업을 전개하는 것을 말한다. 특히 동남아시아, 중남미, 러시아 지역에 온라인 판매 채널을 확보해 이 지역을 집중 공략하겠다는 계획이다. 태국 방콕에서 컨설팅 사업 수주를 했는데 컨설팅 사업 역시 한국스마트카드의 주요 해외 사업 중 하나다. 내부적으로 컨설팅 역량을 강화하는 한편 한국교통연구원, 아시아개발은행(ADB), 세계은행 등 외부 파트너와 함께 컨설팅 업무를 함께 해나가는 것이다.

해외 전략 파트너와 함께 해외에서 일단 반응이 좋은 요금징수 시스템(AFC) 제휴 사업을 추진하는 방안도 추진한다. 해외 도시별로 현지화 된 요금징수 시스템(AFC) 사업을 전개한다는 의미다. 글로파스는 국제 교통카드 간 연계 사업을 말한다. 예를 들자면 우리나라의 티머니 교통카드를 일본 지하철에서도 사용할 수 있는 환경을 조성한다는 것이다.

종합해보면 솔루션을 개발해 인터넷을 통해 알리거나 판매하여 사업을 어떻게 추진해야 하는지에 대한 컨설팅 사업도 하고, 때에 따라선 국내외 파트너와 함께 직접 사업을 전개한다는 것이다. 서울의 교통정보시스템이 워낙 뛰어나고 해외 도시들의 선망의 대상이 되고 있는 점을 고려해볼 때 한국스마트카드의 전망은 밝은 편이라고 결론지을 수 있다. 실제로 성과도 서서히 나타나고 있는 상황이다. 한국스마트카드의 1, 2대 주주인 서울시와 LG CNS 역시 한국스마트카드의 해외 진출 성과를 간절히 바라고 있다. 서울시는 서울 도시 인프라 수출에서 이제 가시적인 성과를 내야 한다는 부담감을 갖고 있고 그 선봉 역할을 한국스마트카드가 해줬으면 하는 바람을 갖고 있다. LG CNS의 경우 국내 사업에 대한 제약을 받고 있는 상황이기 때문에 해외 사업에 회사의 사활을 걸고 있는 상태다. 교통정보 시스템 구축은 LG CNS의 간판 상품이 됐다. 결국 한국스마트카드와 연계해 해외 사업에서 승부를 봐야 하는 입장인 것이다. 서울시와 LG CNS가 대승적인 차원에서 경영 주도권 갈등을 매듭지어야 할 시점이다.

12
도시철도, 해외로 뻗어나가다

서울시는 2000년대 중반부터 서울메트로, 서울도시철도공사와 함께 본격적인 해외 사업을 추진하고 있다. 도시철도 건설과 운영 노하우를 앞세워 세계 도시철도 시장에 적극 진출해 서울의 위상 제고, 두 공사의 경영개선, 민간기업 해외 진출 교두보 마련 등을 목표로 사업을 진행 중이다. 실제 사업 진행은 서울, 양 공사, 민간기업 등 삼자가 협력해 진행하고 있다. 서울시는 자문과 컨설팅 역할을 하고 서울메트로와 서울도시철도공사는 설계, 감리, 관리와 운영, 컨설팅, 승강장 안전문(PSD) 등의 장비공급, 전동차, 운영시스템, 기술교육 등을 담당한다. 민간기업은 도시철도 인프라 건설에 실제 참여한다.

양 공사는 지난 2011년까지 총 도시철도 주요 발주 도시 관계자(6개국 59명)을 초청해 교육시켰다. 이는 해외 진출 기반 조성 차원에서 추진된 것이다.

<표 3-5> 서울메트로 서울도시철도공사 기술교육 현황[14]

연도	교육기관	인원	국가	연계사업명
2008	서울메트로	11	베트남	베트남 하노이 5호선 건설 운영사업
2008	서울도시철도공사	7	마카오	마카오 경전철 건설 등
2009	서울메트로	10	베트남	베트남 하노이 5호선 건설 운영사업
2010	서울메트로	16	태국	태국 퍼플라인 도시철도 건설사업
			라오스	라오스 철도 건설사업
			베트남	베트남 호치민 철도사업
			몽골	울란바토르 메트로 건설사업
2011	서울메트로	10	몽골	울란바토르 메트로 건설사업
	서울메트로	5	인도	인도 하이데라바드 메트로 운영과 유지보수(Q&M) 사업

현재까지 해외 진출 실적은 상대적으로 미미한 편이다. 베트남 호치민 도시철도 1호선 궤도 분야 실시설계 용역 수주와 방글라데시 치타공~친키 아스타나 11개역 신호설비 개량 컨설팅 수주 등 2개에 그쳤을 뿐이다. 더욱이 정부의 지방 공기업 경영 효율화 정책에 따라 서울메트로와 서울도시철도공사는 2016년 상반기 합병을 해야 하는 입장이다. 중복되는 사업을 합쳐 비용을 줄이라는 게 정부의 방침이다.

이에 따라 한동안 서울메트로와 서울도시철도공사는 한동안 경영상 혼란을 겪을 수밖에 없다. 직원들도 구조조정의 여파로 직장을 잃게 되지 않을까 노심초사하고 있고 양 공사의 노조는 벌써부터 반발의 기미를 보이고 있다. 조직이 휘청거리다 보면 자연스럽게

••••

14 라도삼 外, 「해외도시 연구 및 전략적 교류방안 수립」, 서울연구원세계도시연구센터, 2013.

해외 진출에 대한 수요는 줄어든다. 제 코가 석 자인데 가욋일에 힘을 쓸 수는 없는 노릇이기 때문이다. 그럼에도 불구하고 전망이 아예 없는 것은 아니다. 사고 방지를 위해 도입한 승강장 안전문(PSD) 이른바 '스크린 도어'의 경우 전 세계 도시철도 운영회사의 관심을 받고 있는 상황이며 서울이 보유하고 있는 터널 모니터링 시스템 역시 해외에서 주목하고 있다. 터널 모니터링 시스템이란 움직이는 전동차에 고감도 특수 카메라를 장착한 뒤 수집된 영상 등 각종 정보를 분석해 이상이 감지된 곳을 보수하는 방식을 말한다. 움직이는 전동차를 터널 점검 첨단장비로 활용하는 것이다.

특히 세계 철도시장의 최강자로 손꼽히는 프랑스의 시스트라는 서울의 벤치마킹 대상이다. 시스트라는 프랑스 철도산업의 해외진출을 지원하기 위해 지난 1999년 설립된 공기업이다. 철도건설 타당성 조사, 기술 감리, 경영 감리, 경영 자문, 프로젝트 매니저, 기술테스트 등을 수행한다. 이 회사는 잠재 구매국가에 대해 장기간 접촉과 초청 교육을 통해 기반을 조성한다. 서울메트로와 서울도시철도공사가 도시철도 주요 발주 도시 관계자를 초청해 교육시킨 것도 시스트라의 방법을 차용한 것이다. 프랑스 외무부, 재무부, 대외무역부 산하의 다양한 기관을 통해 해당 국가에 접근하고, 또 철도 판매 시 철도 단일 상품만 판매하는 것이 아니라 전투기, 미사일 등 전략 물자와 전략 기술을 함께 패키지로 판매하는 전략을 구사한다. 시스트라는 현재 150개 국가 350여 개 도시에 진출했고, 한국에서도 의정부 경전철, 서울-부산 간 고속철도, 김해 경전철 등의 사업에 참여한 바 있다.

제4장
세계 최상급 수도 아리수

세계 최고 수준의 유수율 기록

서울의 상수도 공급 시스템은 세계 최상급이다. 이는 상수도 관련 주요 지표인 상수도 보급률과 유수율을 보면 알 수 있다. 현재 서울 상수도 보급률은 100%다. 서울 시내에서 수돗물이 안 들어가는 곳이 없다는 의미다. 하지만 지난 1960년의 서울 상수도 보급률은 59.8%에 불과했다. 이후 20년간 서울의 상수도 시설 확충은 폭발적인 인구 증가세에 겨우 따라가는 정도에 그쳤고, 1980년들어 90%를 넘기면서 겨우 숨을 돌렸다. 얼마 지나지 않아 100%에 거의 근접하는 수준으로 올랐고 이후 2008년에는 아예 100%를 달성해버렸다.

〈표 4-1〉 급수 보급률과 1인당 급수량 변동 추이[15]

구분	1960년	1965년	1970년	1975년	1980년	1985년	1988년
급수 보급률(%)	59.8	73.7	85.8	89.1	92.7	97.5	98.8
1인당 급수량(ℓ)	163.0	187.0	171.0	290.0	305.0	382.0	415.0

••••

15   서울시, 『세계 속의 Arisu 우수정책 History』, 서울시, 2014.

2014년 서울은 상수도 유수율 95.1%를 달성했다. 이는 2013년 94.4%보다 0.7%p 향상된 것이다. 유수율이란 정수장에서 생산한 수돗물을 공급해 요금으로 조정한 비율로, 유수율이 높아졌다는 것은 그만큼 누수로 낭비되는 물이 줄어들었다는 것을 의미한다. 서울 상수도사업본부가 설립된 지난 1989년에는 55.2%에 불과했으며, 지난 2000년에는 72.0%에 그쳤다. 유수율은 노후 상수도관 교체율과 비례 관계에 있다. 아무래도 상수도관이 노후화되면 새는 물이 많아질 테고 유수율도 낮아질 수밖에 없기 때문이다. 지난 1989년 노후 상수도관 교체율은 6.3%에 불과했지만 이는 2000년 67.5%로 뛰어올랐다. 이어 2014년에는 96.6%를 기록했다. 노후 상수도관을 꾸준히 교체한 결과 중간에 새는 비용을 줄일 수 있었다는 의미다.

서울 상수도 유수율 95.1%는 국내는 물론, 세계 최고 수준이다. 서울시는 앞으로 체계적인 상수도관 정비, 누수탐지 기법 개발 등을 통해 2018년까지 유수율을 97%대로 끌어올려 세계 최고의 유수율을 달성할 계획이다. 유수율을 97%까지 끌어올리게 되면 일본 도쿄(2013년 기준 96.7%)를 누르고 세계 최고의 유수율을 달성하게 된다. 미국 도시들 중에서 높은 유수율을 자랑하는 로스앤젤레스(2010년 기준 94.0%)를 제친 지는 이미 수년이 지났다.

상수도 분야에서 국제적인 상도 여러 번 수상했다. 서울은 지난 2009년 6월 유엔(UN) 공공행정서비스 대상을 수상한 데 이어 2010년 9월 국제비즈니스상(International Business Awards)을 수상했다. 2012년 8월에는 국제위생재단(NSF) 품질 인증을 받았고 같은 해 9월 글로벌 물 산업 혁신상(Project Innovation Award)을 수상하기도 했다.

02
서울 상수도는 어떻게 공급되나

도시에 상수도를 공급하기 위해
선 통상 상수원에서 물을 끌어와야 한다. 일단 한강물을 끌어 들여
오는 지점을 취수원이라고 하고 취수 시설이 집적된 곳을 취수장이
라고 한다. 서울 시민들이 마시는 물은 팔당과 잠실 취수원에서 나
온다. 지난 2013년 기준으로 서울의 1일 평균 취수량은 325만㎥/일
이며 팔당호에서 23만㎥/일(7.1%), 잠실 수중보 상류 지역에서 302
만㎥/일(92.9%)의 물을 각각 취수하고 있다. 취수원에서 모은 물은
취수장에 보내진다. 취수장은 취수한 물을 사람이 마시기에 적합한
상태로 만드는 정수장(서울의 경우 아리수 정수센터)에 보내기 위
해 임시 보관하는 곳으로 통상 취수장과 정수장은 물 수송 비용 절
감 등의 이유로 가까운 거리에 위치해 있다. 서울 취수장은 팔당 광
역취수장, 강북, 구의 자양 풍납 암사 등 총 5군데다. 정수장은 모두
6군데로, 이중 광암과 강북 정수센터는 경기도에 위치해 있고 서울
에는 구의, 뚝도, 영등포, 암사 정수센터 등이 있다.

서울의 정수시설 용량은 1908년 1만 2,500㎥/일, 급수인원 12.5만
명이었으나 2013년 말 현재 435만㎥/일, 급수인원 1,039만 명이다.

1992년까지는 수돗물 공급령에 대한 시설 용량에 여유가 없어 운영 상 어려움을 겪었지만 1998년 이후에는 충분한 정수시설 확보로 안 정적인 급수를 할 수 있게 돼 수돗물 공급 부족 문제는 완전히 해소 된 상태다.

정수장에서 정화된 물은 배수지를 거치게 된다. 배수지란 정화과 정을 통해 깨끗해진 물이 가정 등 최종 소비자에게 공급되기 전에 거치는 일종의 연못이라고 할 수 있다. 이곳에서는 급수량을 조절하 면서 안정적으로 물을 공급하는 역할을 한다. 배수지를 거치지 않고 정수장에서 직접 물을 공급하게 되면 문제가 발생할 수 있다. 모터 펌프를 이용해 물을 공급하는데 수압이 고르지 않아 물이 충분히 나오지 않는 경우도 있고 수압이 너무 강해 누수사고가 발생하기도 한다. 최근에는 시민들에게 배수지를 개방하는 사례가 많다. 생활체 육시설과 산책로를 만들어 시민들의 휴식공간으로 이용할 수 있도 록 한 것이다.

서울은 지형 특성상 산지가 많아 고지대에 물을 공급하기 위해 가 압장을 운영하기도 한다. 이럴 경우 수압 문제가 또 끼어든다. 저지 대 지역과 고지대 지역에 물을 병행 공급하게 되면 저지대 지역에 선 과수압으로 인한 누수가 발생할 수 있다. 반면 고지대 지역에선 저수압으로 인해 물이 충분히 공급되지 못하는 경우가 생긴다.

수돗물 누수는 낡은 상수도관 때문에 발생하기도 하지만 과수압 지역에서도 많이 일어난다. 서울시에 따르면 2010년 서울 총 누수 발생 1만 6,634건 중 과수압 지역의 누수 발생 건수는 일반 지역보다 6배 많은 3,904건이었다. 이에 따라 서울은 표고에 따른 별도 급수체 계를 구축해 과수압을 최소화하였고, 상당량의 누수 방지 성과를 달성했다. 물 공급 중간에 배수지와 가입장을 적절히 배치함으로써 적정한 압력으로 물이 공급될 수 있도록 한 것이다. 가령 정수장에서 직접 가입장으로 물을 공급하는 경우도 적지 않았는데 일단 배수지를 거친 뒤 표고에 따라 재분배를 하도록 했다. 공급 체계를 보다 스마트하게 짠 것이다. 서울은 또 강북 암사 정수장 간 대형 비상 연결관을 구축했다. 비상사태가 발생했을 때 대체 공급 수단을 확보한 것이다. 이와 함께 정수장-정수장 간, 정수장-배수지 간, 배수지-배수지 간 비상 공급관을 설치해 비상사태 발생 시 유연하게 대처할 수 있도록 했다.

서울은 유수율을 높이기 위해 많은 노력을 기울였다. 유수율이 높다는 것은 그만큼 비용을 줄이고 자원을 효율적으로 사용한다는 의미다. 서울은 체계적인 누수 탐지를 실시하기 위해 시 전체를 2,037개의 소블록으로 나누고 지리정보시스템(GIS)을 활용해 최근 3년간 누수가 많이 발생한 블록을 대상으로 우선순위를 정한 뒤 집중적인 지하 누수탐지를 실시했다. 특히 2004년부터 누수진단종합시스템으로 불리는 다점형상관식 누수탐지기를 도입해 탐지의 정밀도를 한층 더 향상시켰다.

노후 상수도관 정비사업도 유수율 제고에 큰 기여를 했다. 노후관이란 사용기간이 오래돼 관 내·외부의 부식으로 인해 누수가 자주 발생하거나 녹이 생겨 녹물(적수)이 나오는 등의 문제를 일으키는 비내식성관을 말한다. 1984년 이전에 매설한 회주철관, 강관, PVC관, 아연도강관 등과 40년이 경과한 내식성관 중에서 누수 발생 빈도가 높은 관을 말한다. 서울시는 오는 2018년까지 완전 정비를 목표로 노후관 정비 사업을 추진하고 있는 상태다. 이러한 급수체계 개선, 정보기술(IT)을 활용한 누수탐지, 노후관 교체 등의 노력을 통해 세계 최고 수준의 유수율을 기록할 수 있었다고 해도 과언은 아니다.

03
아리수 물맛을 향상시켜라

　　　　　　　　　　　　흔히 수돗물을 그냥 마시는 사례
는 드물다. 염소 냄새가 많이 나는데다 아무래도 건강에 좋지 않을
것 같다는 인식 때문이다. 수돗물의 안정적인 공급 체계를 만든 서
울이 주력한 것은 물맛 제고였다. 사실 지난 1908년 9월 우리나라 최
초의 근대식 정수장인 뚝도아리수정수센터에서 수돗물을 생산할
때부터 이와 관련된 활동은 있었다. 탁도, pH, 경도, 증발 잔유물 등
14개 항목에 대해 수질검사를 실시했다. 이후 1963년 3월 건강진단
및 위생상에 관한 규정 재정으로 수질 기준, 수질검사 항목 선정 등
에 대한 기준이 마련됐고 법정 수질검사 항목도 늘어났다. 수질검사
항목은 법정 수질검사 항목과 자체 수질검사 항목으로 나눌 수 있
는데 법정 수질검사 항목은 사회 환경 변화에 따라 소독부산물 등
미량 유해물질 항목이 추가돼 2014년 현재 59개 항목에 달한다. 서
울은 이와 별도로 자체 수질검사 항목을 선정해 수질검사를 실시하
고 있다. 지난 1997년 7월 자체 수질검사 항목 2개를 선정해 수질검
사를 실시한 이후 2014년 현재 104개 항목으로 확대했다. 이는 국제
보건기구(WHO)에서 권장하는 모든 항목에 대해 수질검사를 실시

하는 것이다. 법정 수질검사 항목과 자체 수질검사 항목을 합할 경우 서울의 수질검사 항목은 모두 163개 항목이다.

또 조류 증가로 인한 원수의 냄새 물질 다량 발생에 효과적으로 대응하기 위해 지난 2000년부터 조류경보제를 운영하고 있다. 조류경보제와는 별개로 2012년부터 지오스민, 2-MIB 항목에 대해 냄새경보제를 시행하고 있다. 서울은 이와 관련, 지난 2007년부터 고도정수처리시설을 순차적으로 도입했다. 기후변화로 인해 녹조가 발생하는 등 원수에 변화가 생기면 아리수에서 곰팡이 냄새가 발생하는 사례가 있었고 원수에서 냄새물질, 소독 부산물, 농약, 항생제, 미생물 등이 검출되면서 이에 대한 대응 차원에서 나온 것이다. 취수원에서 시작해 정수장까지 수돗물이 만들어지는 과정은 〈그림 4-1〉과 같다.

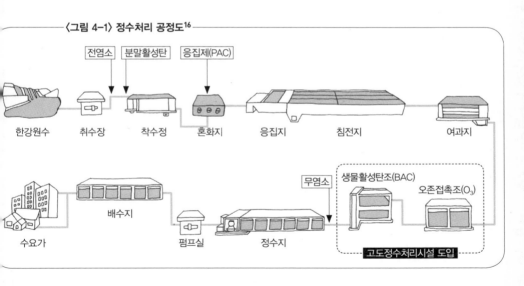

〈그림 4-1〉 정수처리 공정도[16]

전염소　분말활성탄　응집제(PAC)

한강원수　취수장　착수정　혼화지　응집지　침전지　여과지

수요가　배수지　펌프실　정수지　무염소　생물활성탄조(BAC)　오존접촉조(O_3)

고도정수처리시설 도입

●●●●
16　서울시, 『세계 속의 Arisu 우수정책 History』, 서울시, 2014.

전염소는 미리 원수를 살균해 수질을 개선하는 곳이고 혼화지는 원수와 응집제를 혼합하는 곳이다. 응집지는 응집제를 사용해 물속의 작은 알갱이를 큰 덩어리로 만드는 곳이다. 침전지는 이렇게 응집된 알갱이를 침전시키는 곳이며 여과지는 침전지에서 가라앉지 않은 미세먼지를 걸러주는 곳이다. 다음으로는 고도정수처리시설이 추가된다. 이는 간단히 말해 오존 처리와 입상 활성탄 공정이다. 오존의 강력한 산화력을 이용, 맛·냄새 물질, 소독부산물, 미량 유기물질을 산화 분해해 제거한다. 또 입상 활성탄이란 탄소물질이 함유된 석탄, 목제 등을 고온에서 탄화시켜 만든 것으로 미세한 기공구조와 넓은 표면적으로 가지고 있어 수돗물 내의 맛·냄새 물질을 흡착 제거하는 탁월한 효과를 가진다. 후염소란 수돗물 오염을 방지하여 수도꼭지까지 안전하게 갈 수 있도록 염소를 투입하는 곳을 말한다.

각 정수장마다 단계적으로 고도정수처리시설이 구축됐는데 2015년 뚝도아리수정수센터를 마지막으로 모든 정수장에 100% 구축이 완료되었다. 이러한 고도정수처리시설을 도입하게 되면 염소 사용량도 기존 사용량보다 30~50% 줄일 수 있다고 한다. 염소는 수돗물의 필수불가결한 존재다. 수돗물 오염 소독 수단으로 사용하기 때문이다. 하지만 사람들이 수돗물 음용을 꺼리는 대표적인 이유 중 하나가 바로 염소 사용이다. 결국 염소를 사용하되 사람들의 반감을 최소화할 수 있는 방안이 절실한데 고도저수처리시설은 여기에 어느 정도 기여를 해주는 것으로 평가된다.

서울은 염소 투입으로 인한 소독 냄새를 줄이기 위해 염소분산투입 방식을 도입하기도 했다. 정수장에서만 집중 투입하던 것을 중간

배수지에서 투입할 수 있도록 한 것이다. 이러한 염소분산투입시설 설치로 인해 정수장에서 염소 투입량을 줄일 수 있었고 과도한 소독 냄새로 인한 시민들의 민원도 감소시킬 수 있었다. 또 배수지에서 염소를 분산 투입할 수 있어 상대적으로 장거리에 위치한 관말지역까지 적정 잔류 염소를 유지할 수 있게 됐다. 참고로 서울시가 목표로 삼고 있는 수도꼭지 잔류 염소는 0.1~0.3mg/ℓ이다. 서울시는 2014년 현재 총 17개 배수지에서 염소분산투입시설을 만들어 놓았다.

'아리수'라는 서울 수돗물 브랜드는 2004년 2월 도입됐다. 서울시가 아리수 브랜드 도입 등 수돗물 마케팅에 열을 올리게 된 것은 수돗물 전반에 좋지 않은 인식이 퍼져 있었기 때문이다. 1991년 낙동강 페놀 유출사고는 수돗물에 대한 부정적인 인식이 퍼지게 된 결정타였다. 대구에 위치한 한 전자부품 회사가 두 차례에 걸쳐 페놀 원액을 낙동강에 유출하면서 대구 시민들은 악취가 심한 물을 마시게 됐고 일부 시민들은 심한 두통과 구토 증세를 보였기 때문이다. 이러한 낙동강 페놀 유출사고는 수돗물 불신의 벽을 쌓았다. 서울 수돗물 역시 장기간 도매금으로 취급받았다. 이 틈을 정수기 회사와 생수회사들이 파고들었다. 서울에서 법정 수질검사 항목 이외에 자체 수질검사 항목을 정해 수질검사를 실시하는 것도 이러한 수돗물 불신에서 벗어나기 위한 몸부림이라고 볼 수 있다. 결과적으로는 '아리수' 브랜드 도입 이후로 서울 수돗물에 대한 인식이 이전에 비해 많이 개선된 것으로 평가받고 있다.

서울은 2015년 들어 주택 내 노후급수관 교체 사업을 추진했다. 정수장에서 아무리 깨끗한 물이 공급된들 가정 내 급수관이 녹슬면 사용자는 녹물을 마실 수밖에 없기 때문이다. 2014년까지는 교체 지원액의 50%를 지원했으나 2015년부터는 이를 80%로 상향 조정했다. 또 교체 대상도 소규모 주택에서 전체 주택으로 확대했다.

〈사진 4-1〉 2014년 11월 개최된 암사 아리수정수센터 고도정수처리시설 준공식 현장

04
페루 찬차마요의 천지개벽

　　　　　　　　　　　페루 후닌주 찬차마요시 수도시
설 개선 사업은 페루는 물론 남미에서 비상한 관심을 끌었다. 수돗
물을 받아 바로 먹는 게 그들 상식으로는 이해가 되지 않았기 때문
이다. 찬차마요시 수도시설 개선 사업은 남미 첫 한국인 출신 시장
인 정흥원 찬차마요 시장의 개인기에 의존한 측면이 많다. 1995년 페
루에 처음 발을 디딘 정 시장은 2010년 첫 시장 당선에 이어 2014년
재선에 성공했다.

　그는 2012년 박원순 서울시장에게 지원을 요청했고 박 시장은 이
를 받아들였다. 2012년부터 추진된 서울시의 찬차마요시 산라몬 지
역 수도시설 개선 사업은 서울의 공적개발원조(ODA) 사업이자 서
울의 뛰어난 상수도 관련 기술이 해외에서 발휘된 첫 사례다. 찬차
마요시는 라메르세드, 산라몬, 피차나키, 베르네, 산레스수아르, 피
토 등 6개 지역으로 구분된다. 주민 수는 21만 명이다. 현재 산라몬
주민 2만 2,000여 명은 하루 7,000t 규모의 수돗물을 공급받고 있다.
찬차마요시 전체 인구의 10%에 달하는 주민이 깨끗한 수돗물을 공
급받게 된 것이다.

페루는 건기와 우기가 뚜렷한 곳이다. 이 같은 기후적 배경은 식수 보급에도 영향을 미치고 있다. 수질과 공급량이 담보되지 않는 것이다. 우기에는 비가 너무 많이 내리는 탓에 수돗물조차 탁류로 변한다. 육안으로 각종 오물을 확인할 수 있을 정도다. 반대로 건기에는 맑은 물이 나오지만 이용할 수 있는 양이 대폭 줄어든다. 약 60년 전 처음 설치된 뒤 유지 보수가 이뤄지지 않았던 상수도 시설은 낡을 대로 낡았다. 파손이 잦다 보니 아예 물 공급이 끊기는 경우도 종종 발생한다. 혼 추 오레고 찬차마요시 수도사업본부(EPS) 매니저는 "여러 가지 민원 중에서 물에 대한 민원이 가장 많았다"며 "그만큼 이 일대 모든 주민이 상수도 시설 개선 공사에 대해 거는 기대가 매우 크다"고 설명했다.

서울시 원조로 진행되는 이번 사업의 핵심은 기존의 상수도 시설을 개선하고 물 공급량을 늘리는 데 있었다. 취수지에서 정수장에 이르는 3㎞의 배관을 새것으로 교체하고 하루 공급 능력이 3,000t이었던 정수시설을 7,000t 규모로 대폭 늘리는 것이었다. 정수장 인근에서 누구나 물을 떠갈 수 있도록 공공 수도시설도 마련했다.

이번 사업은 찬차마요시 3단계 수도 개선 사업 중 1단계이다. 2015년 2단계로 찬차마요시의 중심지인 라메르세드(인구 2만 3,000명), 2018년 3단계로 인구 최다 지역인 피차나키(약 7만 5,000명)에 수도시설 개선 사업이 각각 시작된다.

박인선 연세대 보건대학원 연구원은 2014년부터 찬차마요시 피차나키 지역 학교에서 한국국제협력단(KOICA)의 보건역량강화 사업을 진행하고 있다. '깨끗하지 않은 물'로 인한 여파는 상상을 초월할 정도로 심각했다. 기후 특성상 이 지역의 주민들은 수시로 물을 마셔야 한다. 학생들도 마찬가지였다. 그러나 학교에는 정수시설이 전혀 마련돼 있지 않아 수돗물을 마신 학생 상당수가 몇 시간 지나지 않아 복통을 호소하기 일쑤였다. 응급물품조차 제대로 구비되지 않은 환경에서 교사들이 택할 수 있는 방법은 부득이하게 귀가조치를 시키는 것이었다.

박 연구원은 "물을 잘못 마시면 영양이 부족해지고 몸도 약해지기 때문에 뎅기열과 말라리아 등 풍토병에 치명적"이라며 "깨끗하지 않은 물로 인해 학생들의 학습 환경이 저해될 뿐만 아니라 학교 질서가 흐트러지고 나아가 학생들의 삶의 질 전반이 크게 영향을 받고 있다"고 설명했다.

찬차마요시는 주민의 보건위생 확보를 위해 수돗물 개선과 모자보건센터(보건소) 건립, 각종 교육을 통한 주민 보건역량 강화, 구충약 보급 확대 등의 사업을 순차적으로 추진할 예정이다. 서울시의 수도시설 개선 사업은 이러한 원대한 계획의 첫 단추라고 할 수 있다. 찬차마요시 수도시설 개선 사업은 공적개발원조(ODA) 형태로 추진하는 것이지만 서울시가 가진 수돗물 관련 기술, 현지에서의 높은 호응 등을 고려할 때 서울과 상수도 관련 기업들의 해외 진출로 연결될 가능성이 높다는 점에서도 주목된다.

정 시장은 "산라몬의 정수시설에 대해 페루 정부에서도 깊은 관심을 두고 지켜보고 있다"며 "향후 한국의 수도사업이 페루에 진출할 수 있는 좋은 계기가 될 수 있을 것으로 본다"고 말했다.

05
서울의 해외 도시 인프라 비밀병기 상수도

서울의 상수도 해외 진출 사업은 지난 2011년부터 본격적으로 시작됐다. 서울시와 민간기업이 파트너 형식으로 진출한다. 서울시는 수도시설 운영 관리 노하우와 민간기업 수출 지원 업무를 담당하며 민간기업은 재원조달과 마케팅, 상수도 인프라 건설을 맡는다. 서울시는 시공 감리와 정수장 운영 관리에서 장점을 갖고 있다. 이는 세계에도 정평이 나있다. 또 유량감시 시스템을 활용한 유수율 관리에서도 비교 우위를 지니고 있는 것으로 평가된다. 또 24시간 상수원 정수 수질 감시, 고도정수처리 시스템, 막여과 정수처리시설, 재염소 분산주입 시스템 등을 주요 내용으로 하는 아리수 생산 시스템도 서울의 상수도 분야 자랑거리다. 또 고도정수처리 시스템, 응집 전 처리 과정 제어장치와 그 방법, 침전 슬러지 배출 유동화 장치 등 정수처리 분야 관련 특허기술 12건을 보유하고 있기도 하다.

서울시는 상수도 분야 해외 진출에선 대외협력기금을 적극적으로 사용할 방침이다. 저개발국가 상수도 개보수 지원 등을 통해 민간기업들이 진출할 수 있는 교두보를 확보하는 게 목적이다. 페루 찬차마요시 수도시설 개선 사업도 이 같은 맥락에서 이뤄진 것이다. 사업의 주요 타깃은 찬차마요시 같은 신흥국가 내 인구 30만~50만 안팎의 도시다.

2011년부터 해외 진출을 추진하기 위해 국내외 기관 또는 정부와의 양해각서(MOU) 체결에도 힘을 기울였다. 2011년 한국환경공단과 수도사업 해외 진출 공동협력을 맺은데 이어 2012년 방콕수도권상수도청(MWA), 브라질 아르헨티나 페루 도시 또는 수도공사, 파푸아뉴기니 등과 상수도 관련 양해각서(MOU)를 연달아 체결했다.

지난 2012년 브루나이 PMB섬 인프라 구축 컨설팅 사업 수주는 서울 상수도 해외 진출의 교두보로 평가받는다. 사업내용은 PMB섬 내 수도, 통신, 전력공사 컨설팅 감리를 하는 것이다. 서울시는 민간 중소기업인 삼인과 함께 수도 분야 감리와 운영 업무를 수행하게 됐다. 추정 사업비는 총 135억 원이며 그중 서울 지분은 3.8% 수준이다. 규모는 작지만 해외 첫 사업 주주라는 점, 상수도 관련 기술력을 인정받았다는 점 등을 고려할 때 결코 작은 성과라고 할 순 없다. 특히 평화엔지니어링, 한국도로공사, 삼안, OMC(현지기업) 등과 함께 컨소시엄을 구성해 입찰했는데 민관 협동 동반 해외 진출이라는 좋은 선례도 남기게 됐다.

서울시 관계자는 "상수도의 성공적인 해외 수출을 위해선 서울 지분이 들어간 자회사 설립이 필수"라며 "지방 공기업상 재단은 영리 사업 또는 직접 수출 사업을 할 수 없기 때문이다"라고 말했다. 이는 장기적으로 서울이 풀어야 할 문제다. 정부에선 지방 공기업의 방만한 경영을 문제 삼아 될 수 있으면 지방 공기업과 공공기관을 줄이는 데 혈안이 되고 있다. 상수도 해외 진출 관련 자회사 설립은 이러한 정부의 정책에 정면으로 역행하는 것이기 때문이다.

　현재 서울시는 베트남 하노이, 태국 방콕, 인도네시아 사라바야 등을 수출 예상 도시로 보고 있다. 베트남 하노이의 경우 유수율이 낮아 관망개선 사업을 제안하기에 적합한 도시이고 민간기업들도 이에 관심을 갖고 있는 것으로 나타났다. 태국 방콕은 서울이 공을 많이 들여온 도시다. 태국 수도권상수도청에서 수도기설 개선사업을 추진 중인데 사업 영역을 더욱 확대해 나갈 계획이다. 인도네시아 역시 장기간 교류를 통해 다져진 신뢰를 바탕으로 사업을 확대시켜 나간다는 방침이다. 한편 전 세계 상하수도 인프라 시장은 프랑스의 베올리아와 수에즈가 양분하고 있다. 특히 베올리아 환경그룹의 베올리아워터는 전 세계 물 서비스 시장의 선두 주자로 현재 전 세계 1억 인구에 음용수를 제공하고 약 7,000만 명에게 하수도 서비스를 제공하고 있다. 서울의 상수도 해외 진출 관련 자회사 설립 검토는 이러한 글로벌 물 서비스 시장 흐름 속에서 자연스럽게 불거진 것이다.

제5장
서울 기후변화 대응에 앞장서다

01
지구온난화

지구온난화란 인류가 배출한 온실가스의 온실효과(Greenhouse effect)로 인해 지구 기온이 상승하는 것을 말한다. 온실효과는 19세기 초반 활약했던 프랑스 과학자 장 밥티스트 조제프 푸리에에 의해 처음 이해되고 이름 붙여졌다. 에너지는 햇빛의 형태로 태양에서 지구로 전달된다. 지구에서 흡수된 에너지는 적외선의 형태로 다시 외부에 방출된다. 지구로 유입되는 에너지와 적외선 복사로 외계에 방출되는 에너지의 차이를 계산한 결과 푸리에는 적어도 이론상으로 지구가 빙점 이하의 상태에 있어야 한다는 사실을 알아냈다. 그래서 그는 지구 대기권이 마치 덮개처럼 작용해 열에너지를 잡아두고 있으며 그 덕분에 인류와 온갖 동식물의 생존이 가능했다고 결론지었다. 푸리에는 공기 중의 이산화탄소가 담요처럼 열을 대기권에 붙잡아둬 지표면의 온도를 그처럼 끌어올렸다고 추정했다.

이후 런던 왕립연구소에서 근무했던 존 틴들을 비롯한 일단의 과학자들은 대기권의 어떤 기체들이 적외선 발산을 억제하는지 찾아나섰다. 지구 대기권의 대부분을 구성하는 가장 중요한 기체인 질소와 산소는 열손실을 전혀 막지 않았다. 나중에야 비로소 온실효과로 알려지게 된 이 현상을 유발하는 기체는 이산화탄소(CO_2), 메탄(CH_4), 아산화질소(N_2O), 수소불화탄소(HFCs), 과불화탄소(PFCs), 육불화황(SF_6) 등으로 이들은 6대 온실가스로 불린다. 유엔 정부간기후변화위원회(IPCC) 보고서에 따르면 18세기 말 산업혁명 이후, 화석연료 연소와 토지 이용 변화를 포함한 인간 활동 때문에 대기 중의 온실가스가 급증하고 있다.

인간 활동에 의해 발생하는 온실가스 중에서 가장 많은 양을 차지하는 기체가 화석에너지 연소로 발생되는 이산화탄소이다. 이산화탄소는 전체 온실가스 배출량의 77%를 차지한다. 발전소에서 전기를 만들거나 공장에서 물건을 생산하기 위해 사용하는 석유와 석탄, 자동차와 비행기 그리고 건물 냉난방에 쓰이는 석유와 천연가스 같은 화석연료 연소가 대기 중 이산화탄소 배출을 증가시켰다.

한편 이산화탄소 농도는 탄소 흡수원 역할을 하는 산림과 열대밀림이 빠른 속도로 파괴된 것을 계기로 더욱 증가하고 있다. 유엔정부간기후변화위원회(IPCC) 기후변화과학 부문 보고서에 따르면 대기 중 이산화탄소 농도는 산업혁명 이전 280ppm에서 2005년 379ppm으로 증가했다. 연간 배출량은 1970년부터 2004년까지 80%나 증가했다. 지난 40만 년 동안 변화해 온 지구의 평균온도 변화와 이산화탄소 농도 변화 추이는 놀랍도록 일치한다. IPCC 4차 보고서는 이러한 상태가 지속된다면 2030년 전 세계 이산화탄소 배출량은 2000년 대비 최고 110% 증가할 것이라고 전망했다.

지구온난화를 통해 전 세계 평균 기온은 19세기 후반 이후 섭씨 0.8도 상승했다. 극지방과 고산지대 빙하가 녹아내리고 해수면이 상승하고 있다는 구체적인 징후도 확인되고 있다. 생태계도 변화하고 있다. 따뜻한 지방에서 살던 동식물이 점점 극지방과 고도가 높은 산을 향해 서식 범위를 넓혀가고 있는 것이다.

유엔 정부간기후변화위원회(IPCC)는 2013년 9월 제5차 평가 보고서를 통해 현재 추세로 온실가스를 줄이지 않고 계속 배출한다면 (RCP 8.5) 21세기 말(2081~2100년)에는 최근 30년(1986~2005년) 지구의 평균기온에 비해 섭씨 3.7도 오르고 해수면은 63cm 상승할 것으로 전망했다. 지난 133년(1880~2012년) 동안 지구의 평균 기온이 섭씨 0.85도 상승한 점을 감안할 때 온실가스를 줄이기 위해 노력하지 않는다면 지구온난화는 가속화될 수밖에 없음을 알 수 있다. RCP는 'Representative Concentration Pathways(대표 농도 경로)'의 약자로 온실가스 감축 시나리오를 의미한다. 감축 시나리오는 RCP 2.6, RCP 4.5, RCP 6.0, RCP 8.5 등이 있다. 여기서 말하는 숫자는 온실가스로 인해 추가적으로 지구에 흡수되는 에너지의 양을 의미한다. RCP 8.5는 온실가스 증가로 $8.5W/m^2$의 에너지가 더 흡수된다는 의미다. 또 이 정도 에너지를 흡수할 수준으로 온실가스가 늘어날 것으로 전망하는 시나리오인 셈이다.

한반도에서 봄꽃의 개화 시기가 빨라지고 겨울이 짧아지는 등 지구온난화 현상은 뚜렷이 나타나고 있다. 한반도는 10년 단위로 섭씨 0.41도씩 기온이 오르고 있으며, 남한의 연평균 기온은 10년마다 섭씨 0.36도씩 상승해 왔다. 서울 지역 개나리 개화일은 40여 년 전에 비해 4일 앞당겨졌다. 1971~1980년 평균 개화일은 3월 31일, 1981~1990년 평균 개화일은 3월 30일, 1991~2000년 평균 개화일은 3월 29일, 2001~2010년 평균 개화일은 3월 27일이었다. 40년 동안 진달래 개화일도 빨라지는 경향을 보이고 있다. 서울의 경우 진달래 개화일이 지난 1971~1980년에는 4월 4일로 관측됐으나 2001~2010년에는 3월 29일로 빨라진 것이다.

국립수산과학원이 1968년부터 연근해 207개소에서 관측을 실시한 결과 2010년까지 43년간 우리나라 주변 해양 표층 수온은 섭씨 1.29도 상승했다. 같은 기간 세계 표층 수온이 섭씨 0.40도 상승에 그친 점을 감안하면 우리 연근해 해수온도 상승 비율은 세계 평균의 3배가 넘는 셈이다. 한반도 생태계도 바뀌고 있다. 지리산, 한라산 등 높은 곳에 서식하는 구상나무는 점점 줄어들고 열대와 아열대의 식물, 곤충, 어류 등이 자주 나타나고 있다. 다양한 열대과일이 국내에서 재배되기 시작했으며 사과의 주 재배 지역은 경북에서 강원도 지역으로 북상했다. 또한 한반도 근해에선 한류성 어종인 명태가 사라지고 참다랑어가 잡히기 시작했다.

02
지구온난화 논란

일부 사람들은 이산화탄소 등 온실가스 과다 배출로 인한 지구온난화 추세가 전적으로 인간에 의해 발생한다는 점에 대해 회의감을 표하기도 한다. 미국의 대기 물리학자 프레드 싱어 등은 『지구온난화에 속지마라』에서 현재 목격되는 기온 상승 현상은 별로 새로울 것이 없다고 주장한다. 전 세계 기후는 항상 오르락내리락한다는 것이다. 덧붙여 싱어 등은 지질학자들이 태양 측점의 변이로 인해 대체로 1500년 주기로, 그 진축이 매우 크거나 항상 주기적이지는 않았지만 기후변동이 있어왔다고 기록했으며 우리는 현재 그런 순환주기의 온난화 단계에 막 접어들었다고 밝힌다. 따라서 우리가 진정 걱정해야 할 일은 현재의 온난한 기후 시대가 끝나고 종국에 가서 도래할 빙하기라는 것이다.

한편 미국의 천문학자 잭 에디는 태양의 장주기 변화가 지구의 기후에 영향을 미친다는 증거를 발견했다고 밝혔다. 1645년부터 1725년까지 70년 사이에는 태양 흑점이 상당히 드물었는데 실제로 그 당시 북반구의 기온은 비정상적으로 낮았다. 이는 태양 흑점이 감소하는 해에는 태양 에너지의 방출량도 줄어드는 것을 보여주는 것으로 태양 활동 감시 로켓의 관측 결과와도 일치하고 있다. 이와 같은 연구 결과는 태양의 활동에 따라 지구 기후가 변한다는 사실을 암시해 주는 것이다.

밀란코비치 주기 역시 지구온난화가 전적으로 인간에 의해 발생한 것이 아니라 지구 역사 속에서 자연스럽게 반복돼 온 하나의 주기에 기인한 것이라는 주장을 뒷받침해주고 있다. 구 유고슬라비아의 수학자이자 과학자인 밀루틴 밀란코비치는 태양 에너지가 천문학적인 요인에 의해 변화한다고 주장하며 다음과 같은 세 가지 요인을 근거로 제시했다. 이런 변화가 지구의 기후에 크게 영향을 미친다는 것이다.

첫째, 지구 공전궤도는 원이 아닌 타원이다. 타원의 찌그러진 정도인 이심률이 일정하지 않고 약 10만 년 주기로 변화한다는 것이다. 이는 목성, 토성 등 행성과 지구 사이에 작용하는 힘 때문이다. 둘째, 지구의 자전축은 고정돼 있지 않고 돌고 있는 팽이의 축이 흔들리는 것처럼 원형으로 회전하고 있다고 한다. 이를 지구의 세차운동이라고 하는데 약 2만 6000년을 주기로 갖고 있다고 한다. 이 세차운동은 태양과 달의 조력으로 지구가 완전히 구형이 아니라서 발생하는 것이다. 세 번째, 지구의 자전축은 23.5도 기울어져 있다고 알려져 있는데 실제로는 고정 값이 아니고 4만 1000년을 주기로 22.1도에서 24.5도까지 변화한다는 것이다. 밀란코비치는 이런 세 가지 주기적인 요인이 복합적으로 작용해 지구에 도달하는 태양 에너지는 변화 주기를 만든다고 추정한다. 이 주기를 그의 이름을 따밀란코비치 주기라고 한다. 한국해양연구원 부설 극지연구소 홍성민 박사는 "지구온난화는 이산화탄소 등 여러 요인이 있지만 밀란코비치 이론이 분석한 것처럼 지금이 지구 온도가 올라가는 시기인 간빙기로 볼 수도 있다"고 말했다.

회의론자들은 비교적 소수이고 학계의 주류도 아니다. 많은 과학자들은 회의론자들이 일반 대중들에게 지구온난화의 근본 원인이라든가 앞으로 예상되는 영향 등에 대해 의심의 여지가 많다고 설파하는 것은 무책임하다고 본다. 그러나 회의론자들 역시 자신의 주장을 펼칠 권리가 있고 또 그래야 마땅하다. 회의론은 과학에 있어서 새로운 활력이 될 수 있고 이런 점은 정책 결정에서도 중요하다. 유엔 정부간기후변화위원회(IPCC)가 단순한 과학연구기구가 아니라 정치적이고 관료적인 조직이라는 점 역시 인정해야만 한다. 또 언론 등에서 기후변화를 모든 기상이변 현상을 설명하는 원인으로 돌리는 것은 문제가 적지 않고 이에 대한 회의론자들의 비판은 적절한 것으로 간주된다.

가혹한 자기검증은 모든 과학자와 연구자가 받아들여야만 하는 기본적인 의무다. 유엔 정부간기후변화위원회(IPCC) 보고서가 거의 언제나 몇 퍼센트의 개연성과 가능성이 있다는 표현을 사용하고 있고 이는 현존하는 수많은 불확실성에 대해서뿐만 아니라 우리 지식이 가진 한계에 대해서도 분명히 고려하고 있기 때문임을 인정하는 태도가 필요하다.

미국의 물리학자 리처드 뮬러는 유엔 정부간기후변화위원회(IPCC)가 좀 더 강한 결론을 내지 못한 것과 관련해 "실제로 모든 기후 모델의 예측 불확실성은 온도 증가에 따른 구름 반응을 제대로 예측하지 못하는 데서 비롯된다. 유엔 정부간기후변화위원회(IPCC)는 구름이 강한 음의 되먹임 작용을 만들지만 온난화를 완전히 상쇄할 만큼은 아니라고 추정하고 있다.”며, “게다가 구름의 자연적인 변화조차도 우리는 아직 완전히 이해하지 못하고 있다. 구름은 수증기와 온도에만 영향을 받는 것이 아니라 일조량과 대기권에서 전하가 이동하는 것과 연관이 있다. 그래서 컴퓨터 모델은 물리학에서 유도된 관계식보다는 경험적인 관계식에 의존해 예측을 하게 되는데 결과적으로 불확실성이 커질 수밖에 없는 것이다”라고 말했다.

반면 이들 회의론자와 달리 기후변화의 정도와 그 급박한 위험성에 대해 우리가 과소평가하고 있다는 주장하는 과학자들도 있다. 이들은 유엔 정부간기후변화위원회(IPCC)가 사실상 상당히 보수적인 기관이어서 수많은 과학적 견해를 가급적 다 수용해야 하기 때문에 다소 모호한 결론을 낼 수밖에 없다고 주장한다.

영국 과학 전문 주간지 〈뉴사이언티스트〉의 필자인 프레드 피어스는 과거의 기후변이가 그러했듯이 현재의 기후변화 역시 점진적으로 진행되지는 않는다고 주장한다. 역사적으로 보면 한 기후 조건에서 다른 기후 조건으로의 이행은 상당히 갑작스럽게 이뤄졌으며 따라서 우리 시대의 기후변화 역시 그러하리라는 것이다. 이런 관점에서 그는 기후변화의 양상을 제1 유형과 제2 유형의 두 가지로 구분한다.

제1 유형은 서서히 진행되는 변화로 유엔 정부간기후변화위원회(IPCC) 시나리오들에서 내놓은 기온 변화 추세를 따른다. 하지만 제2 유형에선 그 변화가 대단히 급격하고 그 결과도 무시무시하다. 이런 일은 극적인 변화의 시점에 이르렀을 때 발생하는데 한 시스템에서 다른 시스템으로 급격한 전환이 일어난다. 그런 변화는 기후변화 리스크를 추정하는 일반적인 모델에선 전혀 발견할 수 없다. 제2 유형의 조짐을 보이는 현상은 오늘날 이미 광범위하게 발견된다고 피어스는 말한다. 가령 그린란드와 남극지방을 뒤덮은 대륙 빙하라든가 시베리아 서부 지방의 영구동토대 이탄지, 아마존 열대우림, 엘니뇨로 알려진 기상현상 등이 여기에 포함된다.

유엔 정부간기후변화위원회(IPCC)는 전 세계 평균 기온이 지금보다 섭씨 3도 이상 높아지면 그린란드 빙원이 녹게 되는데 이렇게 한번 녹기 시작하면 다시는 되돌릴 수 없다고 경고했다. 먼 미래에나 그럴 가능성이 있다고 예측했으나, 일부 빙하 전문가들은 피어스가 지적했던 급격한 변화가 예상보다 훨씬 더 빨리 찾아올 수 있다고 경고한다. 지구온난화가 진행되면서 어떤 자연적 현상이 겹치면 빙하의 정상에 호수가 만들어진다. 그럴 경우 얼음의 갈라진 틈으로 물이 흘러내리게 되며 빙하 바닥에 물이 도달하기까지는 그야말로 순식간이다. 이는 거대한 빙원에 균열을 일으키는 대단히 심각한 결과를 초래한다. 이런 일이 현실로 나타나면 대규모 빙원이라도 불과 10년 이내에 녹아내릴 수 있다.

시베리아 서부 지방에서 스칸디나비아 반도 북부를 거쳐 캐나다와 알래스카에 이르는 광대한 이탄 지대는 견고한 영구동토대다. 이탄 지대란 해안습지 등에서 수생식물 등의 유해가 미분해되거나 약간 분해된 상태에서 두껍게 퇴적된 땅을 말한다. 주로 고위도 지대에 있다. 그런데 이 지역에서 막 해빙이 시작됐다. 이는 가장 회의적인 과학자들조차도 두려워하는 현상이다. 극지방 영구동토대는 토양 중에 막대한 양의 부식 식물체를 포함하고 있어 지층에 탄소가 가득 채워져 있다. 그런 동토가 녹으면 땅 밑에 있는 식물의 잎과 뿌리, 이끼류도 함께 녹아서 비단 이산화탄소뿐 아니라 메탄가스까지 배출한다. 메탄가스는 이산화탄소보다 수십 배나 강한 온실효과를 나타내는 기체다. 그런데 정작 중요한 문제점 중 하나는 그런 동토대 해빙 현상이 현재 어느 정도 진행됐는지 조사한 연구가 없다는 것이다. 이처럼 연구가 부족한 이유는 일부 러시아 과학자들을 제외하고는 시베리아 지역으로 접근하기가 극히 어렵기 때문이다. 추정에 따르면 서부 시베리아 이탄 지대에서 배출된 메탄가스 총량은 미국이 한 해 동안 배출했던 온실가스 양에 맞먹는다고 한다.

그리고 엘니뇨 문제가 있다. 엘니뇨는 에콰도르와 페루의 서부 연안을 따라서 태평양 일부 지역의 수온이 비정상적으로 높아지는 현상을 말한다. 엘니뇨란 스페인어로 남자아이(어린 예수)를 뜻하는데 그런 기후 현상이 보통 크리스마스 즈음해 나타나기 때문에 붙여진 이름이다. 엘니뇨 현상은 3년 내지 5년 주기로 발생하면서 범지구적인 기후 조건에 심각한 영향을 끼친다. 엘니뇨가 적도대를 따라서 전 세계로 확장되면 이상기후를 초래해 일부 지역에서는 심한 폭풍과 엄청난 강우 현상이, 다른 지역에선 극심한 한발이 나타난다. 엘니뇨 발발 후 12~18개월이 경과하면 갑자기 그 반대되는 현상으로 돌변하는 일반적이어서 적도권의 태평양 일대에서 수온저하가 발생하는 원인이 된다. 이런 현상을 라니냐라고 하는데 역시 심각한 이상기후를 초래한다. 엘니뇨가 언제부터 발생했는지에 대해 알려진 것은 없지만 최근 들어 발생 빈도가 늘고 있으며 그 영향 또한 더 심각해지고 있다. 지구온난화와 엘니뇨의 관계에 대해선 거의 알려진 게 없다. 어쩌면 엘니뇨가 지구온난화를 완화하는 역할을 할지도 모른다. 그렇지만 엘니뇨는 강력한 기상이변을 초래하는데 기여하는 바가 상당하다고 말할 수 있다.

　미국 항공우주국 고다드 우주연구소의 수장인 제임슨 핸슨 박사는 지구온난화로 인한 위험이 크게 과소평가되고 있다고 주장하는 대표적인 사람 중 한 명이다. 그는 이 문제에 대해 20년 이상 연구에 매진했던 인물로 지구의 평균기온을 2℃ 상승으로 제한하고자 하는 목표가 이미 달성하기 어렵게 됐으며 지구온난화에서 발생하는 위기 상황을 억제하는 데는 준비가 미흡하다고 주장한다. 이상 기후를 초래하지 않는 안전한 이산화탄소 농도는 350ppm으로 우리는 이미 그 수준을 넘어섰다는 것이 그의 판단이다.

　한편 대기 중 이산화탄소 농도의 증가는 지구온난화보다 더 우려되는 또 다른 문제를 야기할 수 있다는 지적도 있다. 미국의 물리학자 리처드 뮬러에 따르면 그것은 다름 아닌 해수 산성화다. 대기 중으로 방출된 이산화탄소 절반 정도는 해수면을 통해 바다에 녹아들어 바다를 약간 산성화시킨다. 우리는 산성화 정도를 pH라는 단위로 측정하는데 pH가 낮을수록 보다 강한 산성을 뜻한다. 화석연료 사용으로 해수의 pH는 약 0.1 정도 낮아질 것으로 예상된다. 만일 대기 중 이산화탄소 농도가 2배가 된다면 해수의 pH는 0.23 가량 감소할 것이다. 2100년까지 감축 조약이 없는 상황에서 현재 예상치대로 화석연료를 계속 사용한다면 전체 pH는 0.3에서 0.5로 낮아질 것이다. 이것은 온도 변화에 대한 예상치보다는 훨씬 확실한 수치다.

　해양 산성도 증가는 산도가 최하인 pH2 정도의 산성비에 비하면 심각한 수준은 아니다. 사실 현재 해수는 약한 알칼리성을 띠고 있어서 실제로는 알칼리성이 약해지고 보다 중성에 가까워진다. 그렇지만 우리가 산성화라고 부르든 중성화라고 부르든 실제로 관심을 가져야 할 부분은 바다에 녹아든 이산화탄소가 플랑크톤과 해조류, 산호와 같은 해양 생물의 껍질과 골격 형성에 영향을 미친다는 것이다. pH 산도 0.2의 변화는 해양 생태계에 큰 변화를 가져올 수 있다는 게 뮬러의 주장이다.

결과적으로 회의론자들의 주장은 지구는 아주 강력한 존재여서 인간이 저지르는 행위는 그 어떤 식으로든 지구에 커다란 영향을 미치기 어렵다는 것이다. 반면 과학계의 주류 논리에 동조하는 사람들은 지구는 연약한 존재여서 우리가 지구에 저지르는 만행으로부터 보호받아야 한다고 믿고 있다. 한편 일부 사람들은 지구를 야생동물처럼 간주하는데 이는 만약 우리가 지구의 화를 지나치게 돋운다면 지구는 언제라도 돌변해 격렬한 반응을 보일 수 있다는 말이다.

03
지구온난화 방지 대책

1980년대부터 지구온난화 문제가 부각되면서 국제사회는 온실가스 감축 논의를 시작했다. 1992년 5월 마련된 유엔 기후변화협약(FCCC)은 그해 6월 브라질 리우데자네이루에서 열린 환경회의를 거쳐 1994년 3월 발효됐다. 공동의 차별화된 책임을 바탕으로 협약 부속서에 나열된 선진국들이 2000년까지 1990년 수준으로 온실가스 배출량을 줄이도록 하는 것이 주요 내용이었다. 하지만 1990년 수준으로 줄이는 것이 어려워지자 국제사회에선 감축 시기를 늦추는 대신에 보다 강력한 감축 목표를 정했다. 바로 1997년 일본 교토에서 열린 유엔 기후변화협약(FCCC) 당사국 총회에서 채택한 교토의정서다. 이는 2008년부터 2012년 사이 선진국 온실가스 평균 배출량을 1990년보다 평균 5.2% 줄이기로 한 것이다. 국가별로 감축 목표는 달랐다. 가령 유럽 국가들은 1990년 대비 8% 감축이었고 미국과 일본은 각각 7%, 8% 감축이었다. 러시아는 1990년과 같은 수준, 즉 0% 감축이 목표였다. 반면 호주는 8%, 아이슬란드는 10% 증가하는 것을 허용했다.

각국이 쉽게 온실가스를 감축할 수 있도록 메커니즘도 마련했다. 국가 간 온실가스 배출권 거래제(ET), 청정 개발 체제(CDM), 공동 이행 등이다. 배출권 거래제(ET)는 배출할 수 있는 권한을 돈으로 거래하는 것이다. 감축 목표보다 온실가스를 더 많이 배출한 국가가, 감축 목표보다 적게 배출한 국가로부터 남아도는 배출권을 사들여 채울 수 있도록 하는 제도다. 청정 개발 체제(CDM)는 개발도상국에서 개발 사업이 진행될 때 온실가스 배출을 줄일 수 있는 시설을 설치하도록 선진국이 지원하고 이 때 줄인 온실가스 양을 선진국이 줄인 것으로 간주하는 제도다. 개발도상국에서 자체적으로 청정 개발 체제(CDM) 사업을 진행한 다음 여기에서 나온 배출권을 선진국 등에 판매할 수도 있다. 공동 이행 제도는 청정 개발 체제(CDM)와 비슷하지만 선진국들 사이에서 온실가스 감축 사업을 진행한다는 점에서 차이가 있다. 온실가스 감축 사업에 투자한 쪽에서 감축한 만큼을 배출권으로 가져가는 방식이다.

사실 교토의정서는 처음부터 우여곡절을 겪었다. 2001년 미국은 교토의정서에서 탈퇴했다. 교토의정서 체결 당시 개발도상국으로 분류된 중국과 인도가 온실가스 감축에 참여하지 않는 상황에서 선진국들만 감축할 경우 경제적 손실이 크다는 이유 때문이었다. 여하튼 2005년 교토의정서가 발효됐고 2008년부터 2012년까지 실행에 들어갔다. 하지만 러시아, 일본, 캐나다, 호주, 뉴질랜드 등은 온실가스 감축 목표를 달성하지 못했고 2011년부터는 아예 교토의정서 이행을 거부했다. 또 중국, 인도, 한국 등은 개발도상국으로 분류돼 국가별 배출량은 많지만 감축 의무에서 빠져 실효성도 적었다.

유엔 기후변화협약(FCCC) 당사국 총회는 2007년 인도네시아 발리 회의 때부터 2013년 이후 감축 목표 협상에 들어갔다. 지구 기온

상승을 섭씨 2도 아래로 묶기 위해선 온실가스를 훨씬 더 많이 줄여야 한다는 연구결과가 나왔기 때문이다. 기온이 산업혁명 전보다 섭씨 2도 이상 상승하면 극단적인 형태의 가뭄과 홍수가 잦아지고 전염병이 창궐하는 등 기후재앙이 기다리고 있다는 것이다. 유엔 정부간기후변화위원회(IPCC)에 따르면 섭씨 2도 상승을 막으려면 세계 각국이 2050년까지 온실가스 배출량을 지금의 절반으로 줄여야 한다. 특히 개발도상국의 생활수준 향상을 위한 경제 발전을 감안한다면 선진국은 현재의 10분의 1 수준으로 줄여야 하는데 현실적으로 결코 만만치 않은 과제다. 2015년 말까지 세계 각국은 온실가스 감축 계획을 제출해야 하지만 각국의 감축 목표를 모두 합쳤을 때 2도 상승을 막을 수준에 도달할 수 있을지 의문이다. 2007년 이후 최근까지 국제사회에선 여전히 선진국과 개발도상국, 해수면 상승 등 온난화 피해가 심각한 도서국가 최빈국들이 서로 책임을 미루고 있는 양상을 보이고 있는 상태다.

04
오존층 파괴 방지 성공사례

오존층 파괴는 온실효과와 종종 혼동된다. 오존과 온실효과 문제는 둘 다 대기오염과 비가시광 흡수 현상에 관련이 있다는 공통점을 가지고 있지만 많은 차이점이 있다.

태양빛은 가시광선, 적외선, 자외선 등으로 이뤄져 있다. 적외선과 달리 자외선은 온실효과에 별로 영향을 끼치지는 않지만 오존 문제에서 중요한 역할을 한다. 자외선은 사람의 피부에 가장 위험한 태양빛의 성분으로 피부를 태우거나 피부암을 유발할 수 있다. 자외선은 박테리아를 죽일 수 있기 때문에 소독기 살균 램프에 이용되기도 한다.

자외선은 가시광선이나 적외선에 비해 광자 하나당 에너지가 훨씬 크기 때문에 그만큼 더 위험하다. 자외선이 피부에 흡수되면 DNA를 파괴해서 돌연변이를 일으킬 수 있다. 대기 중에서 자외선은 산소 분자 O_2를 산소 원자 둘로 쪼갠다. 쪼개진 산소 원자는 다른 산소 분자와 결합해 O_3 즉 오존을 형성한다. 오존은 태양으로부터 오는 자외선을 강하게 흡수하는 물질이다. 이 자외선 흡수 현상도 양의 되먹임의 한 예다. 공기 중 산소가 자외선을 흡수하면 더 많은 자외선을 흡수하는 오존을 생성한다. 대부분의 오존은 오존층이라고 알려진 지표면으로부터 약 12㎞에서 18㎞ 사이의 상공에서 생성된다. 이렇게 형성된 오존층은 인체에 치명적인 자외선을 대부분 흡수해 지표의 생물들을 보호하고 결과적으로 긍정적인 영향을 끼친다.

태양빛이 닿지 않으면 오존은 생성되지 않는다. 남극에서는 해가 뜨지 않는 겨울동안 오존이 만들어지지 않는다는 소리다. 지난 수십 년간 과학자들은 자외선 탐지기를 이용해 남극의 오존 주기를 연구했다. 1970년대 매년 생성되는 오존 양이 점차 줄어들고 있음이 알려졌다. 이것이 바로 오존 구멍이다. 이런 오존의 감소는 자연적인 것일까, 인위적인 것일까. 이 구멍이 지구 전체로 확대될까, 아니면 남극에만 국한된 현상일까. 어떤 사람들은 인간이 대기 중으로 방출한 오염원 때문에 구멍이 생긴 것이라고 생각했지만 정확한 원인은 아무도 몰랐다. 하지만 결과적으로 그 주장이 사실로 드러났다. 그 시절엔 냉장고, 에어컨 등의 냉매와 청소용 압축가스로 프레온이라고 하는 화학물질이 널리 사용됐다. 프레온과 그 유도체들은 염소, 불소, 탄소 등을 포함하고 있어서 염화불화탄소(CFC)라고 부른다. 염화불화탄소(CFC)는 매우 안정적인 물질이며 쉽게 분해되지 않기 때문에 고장 난 냉장고나 에어컨에서 새어 나온 염화불화탄소(CFC)는 대기 중에 장기간 남아 있게 된다. 염화불화탄소(CFC)는 바람이나 폭풍에 의해 옮겨져 오존층 가까이 도달해 자외선을 받게 된다. 강한 자외선을 받은 염화불화탄소(CFC)는 원래의 구성원소인 염소, 불소, 탄소로 분해되는데 염소와 불소는 오존을 원래의 산소 분자로 되돌리는 강한 촉매 역할을 하는 것으로 드러났다. 촉매는 자신은 변화하지 않으면서 다른 물질을 변화시키는 물질을 말한다. 이런 촉매는 적은 양으로도 없어지지 않고 계속해서 다른 물질을 변화시킨다. 결과적으로 버려진 냉장고나 에어컨이 오존층을 파괴하고 있었던 것이다.

이런 효과는 남극 상공에서 가장 크게 나타난다. 남극이 지구상에서 가장 추운 곳이기 때문이다. 성층권 기온이 영하 섭씨 78도 아래로 떨어지면 질산염, 황산염이 엉켜 '극성층권 구름'이 만들어진다. 구름은 크기가 커지면 무게 때문에 아래로 가라앉게 된다. 질산염은 염화불화탄소(CFC)에서 나온 일산염소(CIO)의 오존 파괴 반응을 방해하는 물질이다. 그런데 질산염이 가라앉으면서 오존 파괴 반응은 방해를 받지 않고 계속 이어진다. 남극 상공의 강력한 소용돌이도 오존 구멍을 만드는 데 일조하고 있다. 컵 속에 물을 넣고 젓가락으로 힘껏 저으면 가운데 물이 없는 부분이 생기는 원리와 마찬가지다. 오존은 일단 없어지면 외부로부터 보충이 되지 않는다. 결국 남극의 긴 겨울이 끝날 무렵인 9월에 오존 구멍이 가장 크게 나타난다.

오존층 파괴가 지속돼 인구 밀접지역까지 확대될지 아무도 확신할 수는 없었지만 국제사회는 무절제한 염화불화탄소(CFC) 사용을 금지하는 몬트리올 의정서를 채택했다. 이 합의문은 국제적으로 괄목할 만한 성과를 거뒀다. 염화불화탄소(CFC) 생산이 극적으로 줄어들어 오존층 문제가 더 심각해질 상황을 걱정하지 않게 됐다. 이미 존재하는 염화불화탄소(CFC)는 대기권에 긴 시간 남아 있겠지만 상황은 안정돼 더 이상 악화되지 않을 것으로 보인다. 하지만 가끔 이 구멍 모양이 뒤틀려 호주 남단까지 커지는 경우가 있기에 남아 있는 오존 구멍의 크기는 호주에 사는 사람들에게는 여전히 관심의 대상이다. 염화불화탄소(CFC)는 면도용 거품부터 살충제에 이르는 다양한 스프레이 분사재로 사용됐지만 지금은 산화질소 계통의 다른 가스로 대체됐다. 대기에서 일어나는 화학적 반응은 매우 복잡해 남극에 있는 오존 구멍이 더 확대될지 여부는 확신할 수 없다. 하지만 오존층 문제의 교훈은 인간이 일으킨 오염이 대기에 영향을 미칠 수 있고 그 영향은 때때로 우리가 생각한 것보다 크다는 것이다. 이와 함께 국제조약으로 전 지구적인 환경오염을 효과적으로 방지할 수도 있다는 사실을 알게 해 준 귀중한 경험이기도 하다.

05
지속 가능한 발전

1972년은 환경 분야에서 대단히 중요한 해였다. 우선 기념비적 연구 보고서인 로마클럽의 『성장의 한계』가 발간됐다. 현대 문명이 자신의 지속적인 발전을 위해 전적으로 의존하고 있는 자원들을 고갈시키고 있다고 주장한 이 책은, 무려 수백만 부가 팔렸으며 또한 동시에 많은 비판에 직면하기도 했다. 그러나 책을 통해 제기된 주요 메시지는 오늘날까지도 널리 받아들여지고 있다.

같은 해에 인간 환경을 주제로 열린 유엔 회의에선 경제 발전과 자원의 효율적 이용 간 조화를 강조했다. '지속 가능한 개발'이라는 용어는 1987년 '환경과 개발에 관한 세계위원회(WCED)' 보고서에 처음 등장했는데 당시 그 위원회 의장이 노르웨이 전 총리 브룬틀란트였기 때문에 '브룬틀란트 보고서'라고 불리기도 한다. 『성장의 한계』와 마찬가지로 이 보고서도 현대 산업사회가 놀라울 만큼 빠른 속도로 원자재를 소모하고 있으며 따라서 산업에 큰 변화가 일어나지 않는 한 더는 지탱할 수 없다는 데 초점을 맞췄다. 브룬틀란트 보고서는 신흥국가들의 번영을 위해선 경제성장도 필요하다고 인정하면서도 개발은 어디까지나 지속 가능해야 함을 강조하고 있다.

1992년 리우환경회의에선 지속 가능한 개발의 27개 원칙이 발표됐는데 그 목적을 달성하기 위해 전 세계 모든 나라가 각자 국가전략을 수립하도록 권고했다. '지속 가능한 개발'이라는 개념의 도입은 아주 의미 있는 효과를 가져왔다. 그 이전까지는 전혀 양립할 수 없었던 두 세력, 녹색 운동가를 비롯해 성장에 반대하는 세력과 그 반대편에 있는 친시장주의 세력이 적어도 일정 수준까지는 서로 화합하도록 하는 데 기여했던 것이다.

논의의 접점은 세계의 빈곤 문제에 있었다. 녹색 운동가들과 자연보호주의자들은 더 이상 개발의 필요가 없는 산업국가들에서는 무성장 정책이 유효하다고 주장한다. 하지만 이들은 또 세계적인 차원의 사회정의를 지지하는데 이를 실현한다는 것은 곧 가난한 나라들에도 부유한 나라가 될 수 있는 기회를 주어야 한다는 의미다. 개발을 하기는 하되 환경 지속성과 밀접한 연관 관계 속에서 추진돼야 한다는 것이다.

사실 지속 가능한 개발은 분석적 개념이라기보다 하나의 슬로건에 가깝다. 지속 가능성은 지속성과 균형을 의미하지만 개발은 역동성과 변화를 의미하기 때문에 본질적으로 모호하고 두 마리 토끼를 잡을 수 있다는 식으로 두루뭉술하게 사용되는 경우가 많은 게 사실이다. 세계 각국 정부는 '지속가능발전위원회'를 설치하고 지속 가능한 발전 개념을 국가가 지방자치단체 정책에 반영하기 위해 '국가 의제 21' 혹은 '지방 의제 21' 등을 마련했다.

한국에서도 2000년 대통령 직속으로 국가지속가능발전위원회가 출범했고 개발 사업과 관련된 정부의 정책과 계획을 심의했다. 위원회에는 환경부뿐 아니라 경제부처 장관들도 의원으로 참여할 정도로 위원회 권한이 막강해 위원회에는 '미니 내각'이라는 별명까지 붙었다. 하지만 이후 환경부 산하 위원회로 축소되는 등 부침을 겪기도 했다.

06
기후변화와 도시

기후변화 대응 관련 정책을 수립하고 이를 주도적으로 추진하는 것은 물론 각국의 중앙정부다. 하지만 정책 수립 과정에서 기업이나 비정부기구(NGO) 등이 참여하기도 한다. 이와 함께 빼놓을 수 없는 게 지역과 도시 단위의 참여다. 지구촌 시대에는 많은 영향력 있는 움직임이 국가 단위 이하에서 생겨날 수 있고 그것은 해당 지역에 곧장 변화를 가져온다. 또 그런 움직임은 그 지역을 넘어서서 훨씬 광범위한 영향을 미치기도 하는데 이는 기후변화 대응 분야에서도 마찬가지다.

가령 미국은 2009년 이전까지 기후변화 대응 정책에서 가장 뒤처진 나라중 한 곳이었다. 전 세계에서 중국과 더불어 이산화탄소 배출이 가장 많은 국가인 미국은 지난 2001년 신흥국가로 분류된 중국과 인도가 온실가스 감축에 참여하지 않은 것을 문제 삼아 교토의정서에서 탈퇴한 적도 있었다. 하지만 중앙정부와 달리 미국의 모든 주 정부와 도시들이 기후변화 대응 정책에서 소극적으로 대처한 것은 아니다. 전 세계 도시들은 서로 네트워크를 구축해 공동보조를 취하는 경우가 많은데 미국 도시들은 특히 그러한 노력에서 두드러진다. 1995년 세계 각지의 30개 도시들은 앞으로 10년 이내에 자신들의 온실가스 배출량을 1998년 대비 20% 저감하자는 목표를 정했다. 그런데 2005년까지 이 목표에 다다른 도시는 몇 되지 않았다.

같은 1995년 미국 시애틀의 그레그 니켈스 시장은 다른 미국 도시들에 최소한 그 목표는 넘어서보자고 제안했다. 2006년에 이르러 49개국 368명의 시장들이 니켈스 시장이 작성한 기후변화협정(Climate Change Agreement)에 서명했다. 시애틀은 진작부터 이러한 기후변화 대응 분야에서 두각을 나타냈다. 1970년대 후반 이미 폐기물 재활용을 시작했으며 새로운 수자원을 확보하기보다는 물을 아껴 쓰는 것이 더 중요하다고 강조했다. 대부분 미국 도시들과 달리 시애틀은 전차, 경전철, 효율성 높은 연계버스 시스템, 자전거 전용도로 등 대중교통 확충에 아주 적극적이다. 2006년 만들어진 시애틀 태스크포스팀은 온실가스를 획기적으로 줄일 수 있는 근본 대책을 수립하기도 했다.

미국 캘리포니아주는 미국 다른 주들에 비해 보다 포괄적인 기후변화 대응 계획을 수립하고 있다. 여기에는 기업의 온실가스 배출보고서 의무 작성, 탄소 배출권 거래제 등이 포함돼 있다. 캘리포니아주에는 기후변화에 대한 교육이 모든 공립학교 교과과정에 들어 있다. 주 정부는 오는 2020년까지 온실가스 배출량을 1990년 수준으로 끌어내리고 2050년까지 1990년 대비 80%를 감축하는 것을 목표로 하고 있다. 미국의 기후변화 대응 사례를 볼 때 국가, 다시 말해 중앙정부와 자치단체의 접근 방식에 다소 차이가 있다는 것을 발견할 수 있다. 자치단체는 기후변화 대응 정책 수립을 중시하고 온실가스 감축을 위해 발 빠르게 움직이는 반면 중앙정부는 현 지구온난화 현상의 심각성을 인식하면서도 적절하게 대응하지 못하고 있는 것이다. 개별 자치단체에 비해 정책 추진 과정에서 좀 더 고려해야 할 요소가 많고 정책 추진 관련 법적 절차가 복잡하기 때문이다. 여기에 최근 전 세계적으로 급격히 이뤄지고 있는 도시화 흐름까지 고려하게 되면 기후변화 대응과 관련해 자치단체의 역할이 점점 중요해지고 있는 게 현실이다. 특히 기후변화 대응 분야에선 이산화탄소를 비롯한 온실가스 감축을 위해 시민의 자각과 자발적인 행동이 무엇보다 중요하다는 것을 감안할 때 지자체의 노력에 관심이 모아지는 것은 당연한 일이다.

오니시 다카시(大西隆) 도쿄대 교수는 『이산화탄소 저탄소도시』에서 지방자치단체의 기후변화 대응 전략을 제안한다. 지방자치단체는 도시계획, 도시개발, 도시 교통, 그리고 도시 구조 등에서 지방자치단체 차원의, 온실가스 감축을 통한 기후변화 대응 정책을 수립하고 시행에 옮겨야 한다는 것이다. 그에 따르면 도시계획 단계에서부터 기후변화 대응이 포함돼야 한다. 가령 일본의 경우 온실가스 감축을 위해 구속력을 갖춘 건축제한 조례를 제정할 수 있는 법적 근거가 없는데 이에 대한 법제화가 필요하다는 것이다. 오니시 교수는 "도시계획에 구체적인 계획이나 규제 사항으로 저탄소 도시 조항을 반영하기 위해서도 도시계획법의 목적이나 기본 이념에 저탄소 도시의 실현과 환경 보전을 강구할 것을 교중하는 것이 필요하다"고 주장했다. 여기서 도시계획법이란 도시의 건전한 발전과 공공복리를 위해 도시계획의 입안·결정·집행 절차에 관하여 필요한 사항을 규정한 법을 말하며 한국이나 일본의 도시계획법에는 큰 차이가 없다.

지방자치단체의 도시개발 단계에서 온실가스를 줄이기 위해선 빌딩에너지관리 시스템(BEMS) 등 개별 건물 대상의 에너지 절약 기술 혹은 정보기술(IT) 기반 시스템을 기초로 지구단위 규모에서 더 효과적인 에너지 절약 기술을 적용하고 신재생에너지 이용을 확대하는 것이 필요하다. 신에너지 공급이나 에너지 절약을 효율적으로 시행할 수 있고 용도 복합화에 따른 수요공급에 맞춰 에너지의 효율적인 균형을 상대적으로 더 쉽게 도모할 수 있다. 가령 열과 전기를 동시에 생산해 공급하는 열병합 발전 시스템을 도입하는 경우 열을 많이 사용하는 주택, 병원 등과 전기 이용이 많은 사무소 건물을 잘 조합해 전기와 열에너지를 균형 있게 활용하는 것이다.

또 전기 사업자와 공공사업을 벌이게 되면 초기 투자 부담을 줄일 수 있다. 집합 주택이나 오피스 빌딩으로 형성된 지구에선 지붕 부분을 전기 사업자에게 빌려주는 것이다. 전기 사업자는 여기에 태양전지를 설치해 만들어낸 전기를 공급한다. 결과적으로 양쪽 모두 상호 혜택을 볼 수 있다.

도시 교통 역시 중요하다. 수송 부문은 대단히 큰 온실가스 배출원이기 때문이다. 도시에서 사물과 사람의 이동에 화석연료 자동차의 분담률이 높으면 당연히 온실가스 배출이 증가한다. 이를 해결할 수 있는 방법은 대중교통 이용을 활성화하고 개인 차량 사용을 억제하는 것이다. 하이브리드 자동차, 전기 자동차 등 온실가스 배출이 적은 차량의 보급을 늘리는 것도 기후변화 대응 관련, 도시 교통의 주요 과제로 부상하고 있다. 도보 혹은 자전거를 가지고 일을 마칠 수 있는 시가지, 즉 콤팩트 시티를 조성하는 것도 기후변화 대응 관점에서 최근 많은 관심을 끌고 있다.

07
대기오염과 황사

　　　　　　　　　　　　베이징 등 중국의 주요 도시에선 최근 매년 봄과 가을, 겨울마다 심각한 스모그가 발생하고 있다. 스모그(Smog)란 연기(Smoke)와 안개(Fog)의 합성어다. 바람이 잔잔한 기상조건에서 안개가 끼면 안개 물방울에 대기오염 물질이 녹아드는데, 이것이 뭉쳐져 미세먼지가 만들어지면 스모그가 나타난다.

　석탄 사용 때문에 그렇다. 중국에선 스모그로 인해 연간 120만 명 이상이 조기 사망하고 있다. 평균 수명이 5년 이상 짧아졌다는 연구 결과도 있다. 대기오염의 약 98%를 차지하는 것은 황산화물, 일산화탄소, 질소산화물, 탄화수소, 미세먼지 등 다섯 가지 물질이다. 이들 중 대부분은 자연 발생적이며 심지어 생명 유지에 필수적이기까지 하다. 그러나 화석연료가 연소될 때는 이 화합물들의 농도가 높아져, 질병은 물론 심지어 사망까지 야기할 수 있다.

　20세기 이후 세계 곳곳에서 대기오염으로 인한 피해가 자주 발생했지만 지금까지 단시간에 나타난 최악의 대기오염 사고는 '런던스모그'다. 1952년 12월 5일부터 9일까지 5일 동안 영국 런던은 짙은 스모그로 가득 찼다. 날씨가 추워지자 난방 연료로 석탄을 많이 사용한 것이 화근이었다. 석탄에서 나온 이산화황이 바람도 없는 잔잔한 날씨에 안개와 섞였다. 평소 안개가 흔한 런던이어서 시민들은 크게 개의치 않았지만 스모그로 인한 피해는 처참했다. 호흡기질환 등으로 숨진 사람만 4,000여 명이었고 10만 명이 각종 질환에 시달렸다. 이듬해 2월까지 8,000여 명이 더 숨져 총 사망자는 1만 2,000명에 이르렀다. 이를 계기로 영국 정부는 대기오염에 관심을 갖게 됐고 1954년 런던시 조례와 1956년 대기정화법을 마련해 공장 매연 단속을 강화했고 석탄 대신 가스를 사용하는 가정에 보조금을 지원, 가스 사용을 유도했다.

미국 캘리포니아주 로스앤젤레스도 1940년대부터 이른바 'LA스모그'로 고통을 겪었다. 분지 지형인데다 건조한 날이 많은 LA에서는 황갈색 스모그 현상이 나타나 눈과 호흡기를 자극했다. 자동차 배기가스에서 나오는 질소산화물이나 탄화수소 같은 물질이 햇빛의 강력한 자외선과 반응한 결과다. 그래서 LA스모그는 광화학 스모그라고 불린다. 캘리포니아주는 1960년대부터 자동차 배기가스를 규제하기 시작했고 현재까지 휘발성 유기화합물(VOCs) 농도를 50분의 1로 줄였다. 하지만 스모그 현상은 여전히 사라지지 않았고 조기 사망자도 계속 발생하고 있는 상태다.

우리나라도 미세먼지 오염이 심각한 편이었다. 하지만 서울 등 대도시에서 버스와 트럭에 매연여과장치를 부착하고 압축천연가스(CNG) 시내버스를 보급하면서 대기오염, 특히 미세먼지 오염이 많이 개선됐다. 그럼에도 불구하고 중국발 스모그와 국내에서 발생하는 미세먼지는 여전히 우리 건강을 많이 위협하고 있다. 2012년 이후 중국발 스모그가 주목받은 것은 평상시 깨끗한 공기와 중국에서 스모그가 날아왔을 때 오염된 공기가 확연히 구별되기 때문이었다.

한중일의 환경과학원이 2000년대 이후부터 10년간 함께 연구한 결과에 따르면 우리나라 오염물질의 30~50%가 중국에서 발생한 것으로 잠정 결론이 났다. 석탄 의존도가 높은 중국 에너지원 특성상 스모그는 석탄 사용이 급증하는 겨울에 자주 발생하고 이 스모그가 서풍 또는 북서풍 바람을 타고 한국으로 날아와 국내에서 배출된 오염물질과 함께 혼합 축적돼 한국의 미세먼지 농도를 높이고 있는 것이다.

2015년 8월 12일 중국 톈진(天津)항 초대형 폭발 사고 발생 이후 오염물질의 국내 유입에 대한 우려가 높아졌다. 중국발 미세먼지에 대한 피해 의식이 워낙 심해 이 같은 반응이 나온 것으로 풀이된다. 환경부는 같은 해 8월 19일 이에 대해 "국내 대기와 빗물의 성분을 분석한 결과 시안(CN)이 검출되지 않았으며 오염 영향이 없는 것으로 확인됐다"고 밝혔다. 시안은 톈진 폭발 사고 때 대기 중으로 휘발된 시안화나트륨이 빗물과 만나 만들어질 수 있는 독성물질이다.

한편 황사현상이란 누런 흙먼지가 편서풍에 의해 대기를 오염시키는 것을 말한다. 해마다 봄철이 되면 중국 서부와 고비 사막에서 2~50㎛의 미세한 흙먼지가 편서풍을 타고 동쪽으로 이동해 한국의 대기를 오염시킨다. 이 누런 흙먼지는 일본을 거쳐 멀리 하와이까지 도달한다고 한다. 황사의 역사는 오래됐으나 최근 지구온난화와 사막화 등으로 인해 그 발원지가 점점 확대되고 있는 추세다. 황사는 일 년에 2회에서 최대 5회까지 발생하는데 주로 3월에서 5월 사이에 집중된다.

황사의 발원지는 중국의 고비 사막과 중국 서부 사막이다. 한 번에 약 100만t의 황사가 한반도에 뿌려지는데 최근에는 중국 공단지역에서 발생하는 수은, 납, 카드뮴, 알루미늄, 구리, 니켈 등 각종 금속 오염물질이 섞여있다는 것이 큰 문제다. 따라서 황사는 단순히 고운 흙먼지가 아니라 오염물질 덩어리라고 해도 과언은 아니다.

황사나 스모그 둘 다 미세먼지 농도에 영향을 끼쳐 대기를 뿌옇게 하고 호흡기에 악영향을 끼친다는 공통점을 갖고 있다. 하지만 황사가 자연현상인 반면 고농도의 미세먼지 발생은 인위적 오염물질이 주요원인이 된다는 차이점이 있다. 고농도 미세먼지는 자동차 공정 과정 등에서 사용하는 화석연료를 통해 배출된 물질에서 발생하기 때문이다. 그럼에도 불구하고 황사 역시 이동 과정에서 중국 공단지역의 각종 오염물질을 끌고 오기 때문에 중국발 스모그로 인한 미세먼지 농도 증가 못지않게 위험한 대기오염 현상이라는 점에선 반론의 여지가 없다.

미세먼지(PM 10)란 우리 눈에 보이지 않는 아주 작은 물질로 대기 중에 오랫동안 떠다니거나 흩날려 내려오는 지름 10㎛ 이하의 입자상 물질을 말한다. 석탄, 석유 등 화석연료가 연소될 때 또는 제조업·자동차 등의 배출가스에서 나오며, 기관지를 거쳐 폐에 흡착되어 각종 폐질환을 유발하는 대기 오염물질이다.

한편 먼지는 입자의 크기에 따라 총먼지, 지름이 10㎛ 이하인 미세먼지(PM 10), 지름이 2.5㎛ 이하인 초미세먼지(PM 2.5)로 나뉜다. 미세먼지는 질산염, 암모늄, 황산염 등의 이온 성분과 탄소 화합물, 금속 화합물 등으로 이루어져 있는데 세계보건기구(WHO)는 미세먼지 중 디젤에서 배출되는 그을음을 1급 발암물질로 지정한 바 있다. 장기간 미세먼지에 노출될 경우 면역력이 급격히 저하되어 감기, 천식, 기관지염 등의 호흡기질환은 물론 심혈관계 질환, 피부질환, 안구질환 등 각종 질병에 노출될 수 있다. 특히 직경 2.5㎛ 이하의 초미세먼지는 인체 내 기관지 및 폐 깊숙한 곳까지 침투하기 쉬워 각종 질환을 유발한다.

환경부는 지난 1995년 1월부터 10㎛ 이하의 미세먼지를 새로운 대기오염물질로 규제하고 있으며, 2015년 1월부터 2.5㎛ 이하의 초미세먼지에 대한 규제를 시행하고 있다. 환경부는 미세먼지와 초미세먼지 예·경보제를 시행하고 있다. 미세먼지(PM 10) 예보 등급은 좋음(0~30㎍/㎥), 보통(31~80㎍/㎥), 나쁨(81~150㎍/㎥), 매우 나쁨(151㎍/㎥~) 등으로 나뉘며, 초미세먼지(PM 2.5)는 좋음(0~15㎍/㎥), 보통(16~50㎍/㎥), 나쁨(51~100㎍/㎥), 매우 나쁨(101㎍/㎥~) 등으로 나뉜다.

08
서울의 대기환경 현황과 개선 노력

1960~1970년대 인구 증가, 산업발전 그리고 자동차 증가 등으로 1980년대까지 서울의 대기오염은 심각한 상태였다. 그러나 1988년 청정연료 사용을 의무화하고 대기 오염원에 대한 각종 규제가 가해지면서 서울의 대기오염은 개선되기 시작했다.

서울의 미세먼지 수준은 1981년에 당시 서울 연평균 기준치인 60$\mu g/m^2$의 2.6배에 해당하는 156$\mu g/m^2$이었다가 1984년 254$\mu g/m^2$를 정점으로 감소하였다. 아황산가스는 1980년 0.094ppm으로 가장 높았는데, 이는 서울 연평균 기준치인 0.01ppm의 9.4배에 해당한다. 2012년 현재 아황산가스의 농도는 0.005ppm이다. 일산화탄소는 0.5ppm/8hr으로 서울 기준 9ppm/8hr에 부합하고 있다. 이산화질소의 경우 2006년까지는 서울 연평균 기준치를 밑돌았다. 당시 서울 연평균 기준치가 0.04ppm이었기 때문이다. 하지만 2007년 이후 이산화질소 기준치를 0.03ppm으로 내리면서 몇 년간 기준치 이상의 농도를 보였지만 차츰 감소해 2012년 현재 0.03ppm의 수치를 보이고 있다.

결과적으로 보면 미세먼지와 아황산가스의 농도는 점차 낮아지고 있지만 이산화질소의 농도에는 상대적으로 큰 변화가 없다. 이산화질소는 자동차, 건설기계, 건물 난방 등으로 인해 발생한다. 특히 오세훈 전 서울시장은 임기 내내 서울의 대기 환경 개선에 역점을 뒀고 실제 미세먼지 등의 분야에서 성과를 내기도 했다. 지난 2012년 기준 서울의 미세먼지(PM 10)는 76μg/m³였으나 2013년에는 41% 감소한 45μg/m³인 것으로 조사됐다. 오 전 시장은 전체 시내버스의 90% 이상을 천연가스(CNG) 버스로 교체하고 거리 물청소를 강화, 미세먼지를 잡는 데 주력했고 수치상으로 볼 때 이 정책이 실패했다고 볼 수는 없다.

하지만 서울의 대기 환경이 선진국 도시들에 비해 좋은 편이라고 할 순 없을 것 같다. 서울은 1995년부터 미세먼지(PM 10)를 측정해왔는데 이 미세먼지도 대기오염을 알려주는 지표이긴 하지만 초미세먼지(PM 2.5)와 비교하면 코, 기도 등에서 걸러져 몸속에 들어올 가능성이 적다. 미세먼지가 폐가 도달하는 비율이 10%라고 하면 초미세먼지는 50% 안팎에 이른다. 따라서 미국, 일본 등 선진국들은 통상 초미세먼지 농도를 기준으로 대기 환경을 모니터링하고 있다. 미세먼지 감축 면에서 가시적인 성과를 거두긴 했지만 초미세먼지 농도를 고려하면 성과 달성은 제한적일 수밖에 없는 것이다.

2009년 국립환경과학원 연구결과에 따르면 서울의 대기 중 초미세먼지(PM 2.5) 연평균 농도는 m³당 28.8μg/m³(2010년), 29.3μg/m³(2011년), 25.2μg/m³(2012년)으로 PM 2.5 대기 환경 기준(25μg/m³)을 넘어선 것으로 나타났다. 이 농도는 미국 뉴욕(2012년 기준 13.9μg/m³)나 영국 런던(2012년 기준 16μg/m³)의 두 배 수준이다.

이에 따라 서울시는 초미세먼지(PM 2.5)를 현 수준에서 20% 줄이는데 역량을 집중하고 있는 상태다. 초미세먼지 배출원별로 보면 자동차 연소(35%), 난방 발전(27%) 건설기계(17%) 순이다. 결국 초미세먼지 규제는 각종 오염 물질을 배출하는 자동차 산업이나 발전 산업의 이해관계와 충돌할 수밖에 없다.

이를 둘러싼 또 다른 쟁점은 국경을 넘어서는 이른바 '월경(越境)오염'에 대한 문제이다. 2014년부터 2018년까지의 서울시정 4개년 계획에 따르면 초미세먼지(PM 2.5) 발생지역은 국외영향이 30~50%이며 국내 타 지역도 26%에 달한다. 서울 자체 발생 비율은 21%에 불과하다. 가령 북한산 초미세먼지가 $22\mu g/m^3$인 점을 고려하면 서울시 자체의 노력만으로는 초미세먼지를 줄이는 데 한계가 있을 수밖에 없다.

서울시는 초미세먼지(PM 2.5)의 획기적 개선을 위한 제도적 틀을 마련하고 시민, 기업, 정부 등의 동참을 끌어낸다는 계획을 갖고 있다. 2015년 서울시정 4개년 계획에 따르면 서울시는 제도개선을 통해 자동차 배출가스를 근본적으로 감축시킬 계획이다. 대기오염 개선 효과가 우수한 경유차 저공해화를 지속적으로 추진키로 했다. 지난 2005년 이전 생산된 서울 면허 노후 경유차 39만대를 2018년까지 모두 저공해화한다는 것이다. 대형차 미세먼지군 질소산화물(PM·NOx) 동시 저감장치, 건설기계 엔진교체, 삼원촉매장치 부착 등을 통해 초미세먼지와 함께 대기오염의 주범이라고 할 수 있는 질소산화물(NOx) 저감사업도 본격적으로 추진할 계획이다. 2018년까지의 질소산화물 저감사업 대상은 총 14만 대로, 연간 4만 대다.

중앙정부와 기업 협력을 통한 자동차 배출가스 원천 감축 틀도 마련했다. 공해차량 운행제한지역(LEZ, Low Emission Zone) 대상 차량을 확대키로 했다. 환경부는 지난 2014년 수도권을 공해차량 운행 제한지역으로 정한데 이어 법령 개정을 통해 2016년부터 이를 점차 전국으로 확산할 계획이다. 또 공해차량에 건설기계에 포함시킨다. 또 서울시는 관련 기업 등에 경유차 제작기준과 운행 경유차 배출 허용기준 강화를 건의하기도 했다. 신규 경유차의 경우 현 측정항목 인 탄화수소(HC)에 질소산화물(NOx)와 미세먼지군(PM)을 추가하 라는 것이다. 그간 적용되지 않던 평균 배출량도 적용하는 게 타당 하다는 의견을 냈다. 운행 경유차에는 신규로 질소산화물을 규제하 고 건설기계에도 매연, 질소산화물 등 규제를 신설하자는 것이다.

자동차 배출가스 감축에 이어 난방 연소 등 생활주변 대기오염 관 리도 강화키로 했다. 정부, 기업 등과의 협력을 통해 친환경 보일러 보급을 활성화할 방침이다. 중소 사업장에 저질소산화물 연소기(버 너) 보급 지속 확대를 통해 질소산화물 배출을 감축키로 했다. 보일 러 제작사와도 양해각서(MOU)를 작성하는 등 협력을 강화하여 노 후 보일러를 단계적으로 교체할 방침이다.

직화구이 음식점, 찜질방 등 시민생활 불편발생시설도 중점 관리 키로 했다. 대기환경보전법 개정 건의를 통해 100㎥(50석) 이상 신 규 직화구이 음식점의 경우 오염 방지시설 의무화를 도모한다. 직화 구이 음식점은 환기시설을 통해 음식점 내부의 냄새는 빠지지만 환 기시설이 공기 중으로 초미세먼지 등을 다시 배출하기 때문에 대기 오염의 한 원인이 되고 있기 때문이다. 찜질방도 마찬가지다. 찜질 방의 경우 오염 방지시설 설치가 2015년부터 의무화됐다.

서울시는 대기환경 개선을 위한 친환경자동차 보급에도 앞장서고 있다. 서울시는 지난 2009~2013년까지 구매 보조금 지원 등을 통해 전기 승용차 662대(쉐어링카 364대, 전기버스 14대, 전기오토바이 409대 등) 전기차 1,085대를 보급했다.

서울시는 전기 승용차 보급 활성화를 위해 전기택시 사업을 추진하고 있다. 2018년까지 1,436대를 보급할 계획이다. 이와 관련해 2014년 8월 말 전기차 제작사, 택시조합 등과 양해각서(MOU)를 체결한 바 있다. 현재 차량은 총 10대다. 2014년 말 현재 네덜란드 암스테르담 전기택시 25대, 중국 선전 전기택시 40대, 일본 가나가와현 전기택시 35대 등이다. 서울을 포함해 전기택시 사업은 전 세계적으로 전기 승용차 보급의 한 방편으로 막 활용되고 있는 단계다. 이와 함께 전기 승용차도 오는 2018년까지 1만 5,000대를 보급할 계획이다. 2015년 200대, 2016년 1,000대, 2017년 4,043대, 2018년 8,900대 등이 목표다.

한편 전기버스는 장거리 노선에 한계가 있으므로 압축천연가스(CNG) 버스보다 환경성 경제성이 높고 장거리 운행이 가능한 하이브리드 버스를 우선적으로 보급할 계획이며, 오는 2018년까지 2,100대를 보급키로 했다. 압축천연가스(CNG) 저상버스 대비 버스회사 추가 부담액 100%를 경감해주는 방식으로 보급할 예정이다. 강희은 서울 기후환경본부 친환경교통과장은 "시범운행 결과 압축천연가스(CNG) 하이브리드 버스는 압축천연가스(CNG) 버스보다 연비가 35% 높다는 점 등 경제성과 환경성이 우수한 것으로 나타났다"며 "질소산화물 등 대기오염물질, 소음과 진동 저감, 교통약자 편의 증진 등을 기대하고 있다"고 말했다.

09
서울의 기후변화 대응 노력

서울의 기후변화 대응 정책은 2011년 말 박원순 시장 취임 이후 활발해졌다. 이와 관련해 '원전 하나 줄이기 운동'이라는 캐치프레이즈가 도입됐다. 정책 방향은 에너지 생산방식 변경과 에너지 저소비 등 두 가지다. 에너지 생산방식 변경으로는 시민 참여 등을 통한 태양광 등 신재생에너지 생산 확대와 분산형 전원 확대를 들 수 있다.

서울시는 태양광발전소 건설을 위한 시민펀드를 조성했다. 지난 2014년 100억 원의 제1호 시민펀드를 조성해 지축 차량기지 등 5곳에 태양광 발전 시설을 설치해 태양광 4.7㎿를 생산하고 있다. 2015년과 2016년에는 200억 원, 2017년과 2018년에는 250억 원 등 펀드 규모를 점차 늘려갈 계획이다. 공모형이며 기간은 3년, 확정배당형의 연 4% 수익률을 보장한다. 가입 금액은 1인당 1,000만 원 이하다.

2015년부터는 다른 지방자치단체와 재생에너지 사업으로 펀드대상과 규모를 확대하고 있다. 태양광 이외에 소수력, 풍력, 연료전지 등 다른 신재생에너지로 범위를 확대하고 경우에 따라선 강원도 등 다른 지방자치단체로부터 발전 부지를 제공받아 태양광 등 신재생

발전 설비를 설치한다는 의미다. 서울시는 오는 2018년까지 학교 건물 옥상 500곳에 태양광 발전 시설을 설치할 계획이다. 2014년부터 시작해 매년 100개교씩 설치한다는 것이다. 민간투자, 시민펀드 또는 서울시 서울교육청 한전 간 투자협약을 통해 행정적 재정적 지원을 하고 있다.

또 서울시 산하 공공기설 활용 민자 태양광발전소 설치를 장려할 계획이다. 2014년 말 현재 11개인 태양광 협동조합 등에 발전가능 공공부지 임대 제공을 확대키로 했다. 건물주와 발전사업자에게 '태양광 발전 설비 설치비' 장기저리융자 지원도 설치비의 60%에서 70%까지 확대키로 했다. 연 1.75%의 저금리이며 8년 내에 상환하면 된다. 최대 1억 5,000만 원까지 지원한다.

미니태양광 보급은 대표적인 시민 참여형 신재생에너지 생산 확대 사업으로, 주택용(3kW) 태양광 설치가 어려운 아파트에 초소형 태양광을 설치하는데 설치비의 절반 정도를 지원하는 사업을 말한다. 제품 가격이 60만~70만 원인데 이 중 30만 원을 보조금으로 지원하는 것이다. 2014년에 시범사업을 마친 뒤 2015년부터 매년 1만 호씩, 2018년까지 4만 호(10㎿)를 설치한다는 계획이다.

서울시는 서울형 건물 미니 발전소 등 분산형 전원을 확산시키는 데 주력하고 있다. 아파트, 빌딩 등 대형건물에서 전기와 열을 직접 생산하는 방식이다. 이를 열병합 방식이라고 한다. 가령 화력발전소에서 석탄, 석유 등 화석에너지를 태워서 물을 끓이고 끓은 물을 이용해 증기 터빈을 돌려 전기를 생산한다. 그 물에 냉각수를 적절히 가해 난방을 제공하는 방식이다. 아파트 단지나 공동주택에서는 소형 열병합 발전을 이용해 전기요금을 절약할 수 있다.

주택용 노후 보일러를 전기까지 생산하는 초소형 열병합 보일러로 교체하는 작업으로 추진하고 있다. 환경영향평가도 강화했다. 현재 신재생 10%에서 신재생+열병합 20%로 변경한 것이다. 태양광 발전 등 신재생에너지로는 전력 자립률을 끌어올리는 데 한계를 느껴 신재생에너지에 에너지 효율성이 높은 열병합 발전을 합쳐서 분산형 전원 확산을 꾀하고 있는 것이다. 이렇게 분산형 전원이 확산되면 전기회사가 중앙 공급하는 전기량을 감소할 것이고 그러면 원자력 발전도 현재보다 줄일 수 있다는 게 서울시의 설명이다. 에너지 효율적 저소비 사회구조 만들기는 에너지 소비 측면에서 혁신하여 현재보다 에너지 사용량을 줄인다는 것이다.

건축물 신축 리모델링 계획단계부터 에너지 효율 고려를 의무화하기로 했다. 2023년 신축건물의 제로에너지 설계기준 적용을 위한 단계적 로드맵을 수립하는 한편 2018년까지 공공 건축물 신축 시 에너지 효율등급 1등급, 발광다이오드(LED) 100%를 적용키로 했다.

에너지 진단 의무화 범위 확대, 에너지소비증명제도 내실화, 에너지성적표 공개 등을 통해 에너지 효율이 높은 건물이 시장에서 상대적으로 높은 가격을 받을 수 있는 여건을 조성하고 2018년까지 20년 이상 노후 건물의 20%에도 건물에너지효율화(BRP)를 추진할 계획이다.

건물에너지효율화란 건물의 에너지 손실요인을 찾아 개선함으로써 에너지 효율을 향상시키는 사업으로 건물의 창호, 보일러, 실내조명, 벽체 등을 고효율 창호, 보일러, 발광다이오드 조명, 단열재 등 에너지 절약시설로 개선하는 것을 말한다.

현재 공공건축물의 경우 신재생설비 11%, 발광다이오드 조명

70%의 기준을 적용하고 있는데 '서울 공공시설물 에너지 분야 건설 기술 심의 기준' 강화 등을 통해 올해 2018년까지 신재생설비 21%, 발광다이오드 조명 100% 등으로 개선키로 했다. 3,000㎥ 이상 공공 업무시설 건물에너지관리 시스템(BEMS, 정보기술을 활용해 건물 내에서 사용하는 에너지를 효율적으로 관리하는 시스템) 의무화는 지난 2014년 4월 적용됐다. 민간 건축물의 경우에도 서울 녹색건축물 설계기준을 강화해 신재생에너지 설비, 고효율 설계 등을 통해 에너지 자립률을 추가로 확보하고 발광다이오드 조명 사용도 현재 25%에서 2018년까지 65%로 끌어올릴 계획이다.

한편 서울시는 공공 부문 발광다이오드 100% 교체를 추진키로 했다. 모두 220만 개다. 2014년에는 100만 개를 교체했다. 지하철 조명 100%, 구청사와 시립병원 조명 35만 개를 바꿨다. 2015년과 2016년에는 50만 개를 더 교체할 계획이다. 복지관과 사업소 조명 100%, 보안등과 가로등은 50% 등 총 50만 개다. 2017~2018년에는 70만 개를 교체하는 데 투자 출연기관 100%, 보안등과 가로등 100%를 목표로 하고 있다.

10
서울 주도 동북아 도시 대기질 개선 위해 힘을 합하다

서울시는 지난 2013년 10월 몽고 울란바토르, 중국 베이징, 일본 도쿄 등 동북아시아 주요 도시 관계자들과 함께 '동북아지역 미세먼지(PM 2.5 & PM 10)의 환경적 영향과 해결방안'이란 주제의 국제 세미나를 열었다. 동북아시아 도시들이 대기질을 개선하기 위해 서로 협력하는 계기를 마련한다는 취지에서 마련됐다.

서울시는 이 행사에서 도로 물청소와 사계절용 도로분진 흡입 청소차 운행, 경유 버스와 청소 차량의 압축천연가스(CNG) 차량 교체, 운향 경유차 매연저감장치 부착과 액화석유가스(LPG) 엔진 개조, 승용차 요일제 시행 등 서울의 대기질 개선을 위해 지속적으로 노력했다고 밝혔다. 또한 이러한 노력을 통해 2012년 미세먼지(PM 10) 수치가 1995년 측정(78μg/㎥) 이래 가장 낮은 41μg/㎥를 기록했다고 설명했다. 또 미세먼지(PM 10)보다 건강 위해도가 더 큰 초미세먼지(PM 2.5) 저감대책 추진과 함께 2013년 10월부터 PM 2.5 경보제를 도입키로 했다고 밝혔다.

서울시 관계자는 "동북아시아 지역은 전반적으로 인구밀도가 높고 공장지대가 많아 배출되는 오염물질량이 많고 중국에서 시작되는 황사에 의한 대기 오염 영향도 많이 받는 특성을 가진 만큼 도시 간 대기개선 네트워크 구축이 필요하다"고 주장했다. 동북아 도시들은 이러한 서울시의 제안에 많은 공감을 표시했다. 서울시에 따르면 대기오염물질은 장거리 이동성향이 강하며 국경 없이 이동한다는 특성상 특정 지역의 대기오염 저감 대책 추진만으로는 대기질 개선에 한계가 있어 주변 인접국이나 오염원 발생 도시와의 공동 대응이 필수적이다. 서울 대기오염물질 농도 지역별 영향을 보면 미세먼지(PM 10)의 경우 중국 등이 38%, 인천·경기 등이 25%, 서울 자체발생이 27% 등이다. 초미세먼지(PM 2.5)의 경우 중국 등이 49%, 인천·경기 등이 26%, 서울 자체발생이 21% 등이다. 이처럼 서울은 도시 차원에서 아무리 노력해도 한계가 있는 대기질 개선 특성을 고려해 동북아시아 도시 협력 체제를 제안한 것이다.

서울이 동북아시아 대기질 개선을 위해 세미나를 개최한 것은 2013년 10월이 처음이 아니다. 규모가 다소 작긴 했지만 2010년과 2011년에 같은 목적의 세미나를 개최한 경험이 있다. 2010년에는 중국 베이징·톈진·산둥성, 일본 후쿠오카등이 참여했다. 2011년에는 서울, 인천, 중국 베이징·네이멍구자치구·상하이, 일본 홋카이도 등의 관계자들이 참석했다. 특히 이 행사에서 거둔 중요한 성과는 동북아시아 지방자치단체들이 대기질 개선을 위해 협력이 필요하다는 인식을 공식적으로 공유했다는 점이다. 이는 공동 선언문으로 연결됐고 환경 관련 정보를 공유한다는데 합의했다.

서울은 세미나 직후 울란바토르와 대기질 개선 관련 양해각서(MOU)를 체결하기도 했다. 또 2014년 6월에는 울란바토르에 이어 중국 산둥성과 동북아 대기질 개선 관련 양해각서(MOU)를 체결했다. 두 지방자치단체는 우수 정책, 기술 그리고 대기질 정보를 공유하고 연 1회 대기질 개선 노력과 성과 논의의 장을 마련키로 했다. 서울은 이에 앞서 중국 베이징과 대기질 개선 공동합의문을 발표하기도 했다. 서울은 울란바토르, 베이징, 산둥성 등 동북아시아 지역 지방자치단체와 왕성하게 협력 체계를 마련함으로써 동북아시아 대기질 개선을 위한 도시 간 협력체계 구축의 틀을 서서히 잡아갔다.

이러한 서울의 노력은 2014년 9월 동북아시아 대기질 개선 서울 국제포럼에서 결실을 맺게 된다. 서울, 베이징, 상하이, 도쿄, 울란바토르 등 동북아시아 주요 도시와 지방자치단체 14곳이 동북아시아 대기질 개선 서울 국제포럼 행사를 계기로 자발적인 대기오염 감축 목표를 정해서 공표했기 때문이다. 10개 이상의 유명 도시들이 자발적으로 대기오염 감축 목표를 정해 함께 발표한 것은 이번 행사가 처음이었다.

서울시는 2014 대기질 개선 서울 국제포럼에서 오는 2018년까지 초미세먼지를 20% 감축하겠다는 계획을 발표했다. 또 중국의 대표적인 대도시 베이징과 상하이는 각각 2017년까지 초미세먼지를 25%, 20% 감축한다는 목표를 냈다. 산둥성은 2020년까지 초미세먼지 50%를 감축할 계획이고 저장성은 2018년까지 20% 감축 목표를 세웠다. 몽골의 수도 울란바토르는 2018년까지 초미세먼지를 10% 감축키로 했다. 인천, 경기도, 일본 도쿄, 홍콩 등도 각각 대기오염 감축 목표를 정했다. 서울시 관계자는 "대기질 개선을 위해 기존 경유버스를 압축천연가스(CNG) 버스로 교체하는 등 자체적 노력을 해왔으나 초미세먼지의 경우 동북아시아 주변국의 영향이 35~50%

되기 때문에 국제 간 협력 방식이 아니면 문제 해결에 한계가 있다"며 "특히 중국의 대도시나 주요 지방자치단체들이 대거 참여한데다 감축 목표도 상당한 수준이어서 계획대로만 되면 동북아 지역 대기질 개선에 획기적인 전기를 마련할 것으로 보인다"고 말했다.

대기질 개선은 온실가스 감축과도 연관이 있다. 초미세먼지를 감축하기 위해선 화석연료, 특히 석탄 사용에 일정 제한을 가해야 하는데 이럴 경우 이산화탄소, 메탄 등 온실가스 감축 효과도 거둘 수 있기 때문이다. 2014 대기질 개선 서울 국제포럼은 기후변화 대응 관련 도시 간 세계 최초의 실질적인 협력 사례라는 점에서도 특히 주목할 만하다. 지금까지 글로벌 기후변화 대응은 국가 간 협력 방식으로 진행돼 왔지만 별다른 성과를 내지 못했기 때문이다. 기후변화 대응 관련 도시 간 협력은 제 기능을 발휘하지 못하는 국가 간 협력의 보완적 형태로 급격히 주목을 받고 있는 것이다. 특히 서울은 동북아시아 대기질 개선 도시 간 협력 체제가 수립되는 데 결정적인 역할을 했다. 2010년부터 관련 세미나를 열어 한껏 분위기를 조성한 뒤 각 도시와 지방자치단체들이 자율적으로 대기오염 감축을 발표하는 데까지 견인한 것이다. 이는 도시 외교의 빛나는 승리라고 할 수 있다. 물론 이는 각 도시와 지방자치단체들이 대기오염의 심각성을 피부로 절감하고 있으며 시민과 정부로부터 대기오염 개선에 대한 많은 압박을 받고 있었기 때문에 가능한 일이었다. 하지만 서울의 조율 능력이 없었다면 이처럼 매끄럽게 그리고 빠르게 일이 진행되지는 않았을 것이라고 감히 단언한다.

혹자는 강제 조항도 아닌데 이들 도시와 지방자치단체들이 세운 목표를 달성할 지 어떻게 아느냐고 의문을 제기하기도 한다. 이에 대해 서울시 관계자는 "형식은 자율적이지만 현재 동북아시아 도시들이 느끼는 대기오염 개선에 대한 의지는 상상을 초월하며 특히 중국 정부와 주요 도시들은 대기오염 개선을 주요 국정목표 중 하나로 정해놓고 강하게 드라이브를 걸고 있다"며 "물론 목표치에 미달하는 도시가 나올 수는 있겠지만 대기오염 감축 목표를 정한 동북아시아 도시들은 저마다 목표치를 달성하기 위해 노력을 기울일 것으로 보인다"고 말했다.

〈표 5-1〉 동북아시아 도시 대기질 개선 협력 네트워크와 각 목표치[17]

도시	목표
서울 (한국)	친환경 자동차, 친환경 보일러 보급 등 발생원 별 우선순위에 따른 저감사업 추진으로 2018년까지 PM 2.5 20% 감축
경기 (한국)	2014년까지 PM 10 40μg/㎥, 이산화질소(NO_2) 20ppb까지 감축
인천 (한국)	대형배출업소 집중관리로 대기오염물질 배출 농도 15% 저감
베이징 (중국)	2013~2017년 청정공기행동계획으로 2017년까지 PM 2.5 25% 감축
쓰촨성 (중국)	이해관계자와의 협력 강화를 통한 대기오염 감축 노력
산둥성 (중국)	2020년까지 PM 2.5 50% 감축
홍콩	2020년까지 질소산화물(NOx) 20%, 휘발성유기화합물(VOC) 15%, PM 10 15% 감축
상하이 (중국)	2017년까지 2012년 대비 PM 2.5 20% 감축
청두 (중국)	이해관계자와의 협력 강화를 통한 대기오염 감축 노력
저장성 (중국)	6개 분야별 계획을 통해 2018년까지 PM 2.5 20% 감축
도쿄 (일본)	2014년까지 모든 대기질 측정소에서 PM 2.5 연평균 15μg/㎥, 일평균 35μg/㎥까지 감축
기타큐슈 (일본)	대기질 개선을 위해 국경을 넘어 도시 간 협력 추진
울란바토르 (몽고)	2018년까지 PM 2.5 10% 감축

• • • •

17   서울시 보도자료.

11
이클레이란

이클레이(자치단체국제환경협의회; ICLEI, International Council for Local Environmental Initiatives)는 세계 최대의 도시 네트워크다. 지난 1990년 8월 유엔에서 개최된 '지속 가능한 미래를 위한 지방정부 세계총회'를 계기로 다음 달인 1990년 9월에 설립됐다. 지역 활동을 통한 지구환경 보호와 지속 가능한 발전의 가시적 성과를 달성하고 환경보전과 관련한 자치단체의 권한과 역량 강화하고 협력을 증진하는 게 이클레이의 설립 목적이다. 사무국은 독일 본에 있고 유럽(독일 프라이부르크), 남아시아(인도 뉴델리), 동남아(필리핀 퀘존시티), 동아시아(한국 서울), 아프리카(남아프리카공화국 케이프타운), 오세아니아(호주 멜버른), 중앙아메리카(멕시코 멕시코시티), 남아메리카공화국(상파울루) 등 8개의 지역 사무국이 있다. 또 한국(수원), 미국(오클랜드), 일본(도쿄), 캐나다(토론토) 등 4개의 국가 사무소로 구성돼 있다.

현재 87개국 1,200여 개 도시 혹은 지방자치단체가 회원으로 활동 중이며 한국에선 서울을 비롯해 인천, 부산, 제주, 수원 등 총 51개 도시가 회원으로 가입해 있다. 총회는 1990년 설립 당시 처음 개최됐으며 이후 3년마다 회원도시들에서 총회가 열리고 있다. 2015년 4월에는 서울에서 9번째 총회가 열렸다.

　이클레이는 '지방의제 21'을 추진하면서 지속 가능한 개발 기획과 모델을 개발하고 있다. 탄소와 도시 기후등록 프로그램을 운영하고 있으며 생물 다양성을 위한 지역행동 등 지방자치단체 간 공동 프로젝트도 추진 중이다.

〈사진 5-1〉 이클레이(ICLEI) 2015년 세계총회

12
이클레이를 통해 목소리를 높이다

지난 2014년 4월 9일부터 닷새 동안 서울에서 9번째 이클레이 총회가 열렸다. 프랑스 파리, 영국 브리스톨, 덴마크 코펜하겐, 일본 도쿄, 중국 광저우 등 전 세계 87개국 204개 도시 대표단(시장 76명)이 서울을 찾았다. 국내에서도 수원, 창원 등 36개 도시가 참여했다. 후앙 클로스 유엔 인간정주위원회 사무총장, 장신성 세계자연보전연맹 총재, 욜란다 카카밧세 세계자연기금(WWF) 회장 등 국제 인사들도 이 행사를 찾았다. 이 행사는 개회식과 기조연설, 전체 회의(7개), 특별주제 회의(7개), 분과 회의(28개)와 부대행사, 서울 온 스테이지, 보행전용거리 운용, 도시 간 교류협력 프로그램 운영, 기후변화대응 바이어 상담회, 기후변화전시회 등으로 구성됐다.

특히 이번 행사가 주목받았던 것은 2020년 신기후체제 출범을 코앞에 둔 상황에서 열렸기 때문이다. 2015년 12월 프랑스 파리에서 열린 유엔 기후변화협약(FCCC) 당사국 총회(COP21)에서 지구 기온상승을 섭씨 2도 이하에서 억제할 수 있는 2020년 신기후체제 합의를 도출한 바 있다. 또 최근 기후변화 대응에서 도시 혹은 지방자치단체의 중요성이 점점 부각되고 있는 상황에서 열린 대표적인 도시 네트워크의 총회란 점도 전 세계의 이목을 끌기에 충분했다. 지난 2014년 9월 유엔 기후변화정상회의에서 이클레이, C40, UCLG 등 글로벌 도시 네트워크들은 지방자치단체의 온실가스 감축목표 달성과 협력을 위한 시장협약(Compact of Mayors)을 발표한 바 있다.

이클레이는 행사기간 중 기후변화 대응 관련 9대 액션플랜을 담은 '서울선언문'을 발표했다. 서울선언문은 세계 도시가 각자 상황에 맞는 기후변화 대응 실천계획을 수립하는데 참조할 수 있는 좋은 참고서가 될 수 있을 것으로 예상된다. 서울시 관계자는 "서울선언문은 지난 6개월간 전문가그룹과 선언문 초안을 작성하고 이클레이 세계본부와 협상을 거쳐 선언문에 대한 최종 합의를 이끌어낸 것으로 그 방향성과 기준을 제시하고 있어 국제적인 도시 기후정책 가이드라인이 될 것으로 기대된다"고 말했다. 9개의 서울 액션플랜은 ▲저탄소도시와 온실가스 감축 ▲회복력 있는 도시 ▲자원 효율적이며 생산적인 도시 ▲생태교통 도시 ▲똑똑한 도시 ▲생물다양성 도시 ▲행복하고 건강하며 포용적 도시 ▲지속 가능한 지역경제 및 공공구매 ▲지속 가능한 도시 지역 협력 등이다.

서울 액션플랜은 이클레이, C40, UCLG 등 도시 네트워크 간 연대 강화, 시장협약의 이행과 확대를 위한 도시·지방자치단체의 온실가스 감축 목표치 제시와 이행방안, 기후변화적응계획 수립과 역량개발 지원 등을 담고 있다. 유엔 기후변화특사인 마이클 블룸버그 전 뉴욕 시장, 유엔 해비타드 그리고 이클레이, C40, UCLG 등이 서울선언문과 서울 액션플랜을 지지하고 있다. 유엔 기후변화협약 더반 플랫폼 특별작업반 공동의장인 아흐메드 조그라프는 "서울선언문이 파리 당사국 총회에서 실질적인 목표와 계획, 이행으로 이루어지는 좋은 사례가 될 것"이라며 "서울이 이클레이 회장도시로 활약하며 도시 간 이행 의지가 파리 당사국 총회에 전달될 수 있도록 하겠다"고 말했다.

박원순 서울시장은 서울 이클레이 기후환경총회에서 차기 회장으로 선출됐다. 이는 아시아권에선 처음이며 2015년부터 2018년까지 이클레이 회장 자격으로 관련 이사회, 세계집행위원회의 등을 주재하며 유엔총회나 유엔 기후변화협약(FCCC) 당사국총회, 주요 정부 간 회의, 고위급 국제행사에 참여해 기후변화 대응을 논의하게 된다. 박원순 시장은 서울 이클레이 기후환경총회 개막식에서 "서울이 성공적으로 펼쳐오고 있는 지속 가능한 도시 정책을 회원도시와 공유하고 회원도시의 우수한 사례를 확산할 수 있도록 이클레이의 플랫폼 기능을 강화할 것"이라며 "인류가 직면한 자원고갈, 환경오염, 기후변화 등의 문제를 해결하기 위해 도시 간 협력 네트워크가 중요하다"고 강조했다.

〈표 5-2〉 서울 액션플랜 요약[18]

액션플랜	내용
저탄소도시와 온실가스 감축	도시가 전 세계 이산화탄소 배출량의 상당 부분을 차지함에 따라 각 도시 상황에 맞는 실천계획을 수립해 이행한다.
회복력 있는 도시	위기 또는 재난에 대한 지방정부의 유연한 대응력을 강화한다. 기후변화로 인한 지역민 퇴거 또는 이주가 계획적으로 이행될 수 있도록 적극 개입하고 권고한다. 또 군소 도서 국가 도시 간 협력을 강화하고 도시 회복력 지표를 개발해 사용한다.
자원 효율적이며 생산적인 도시	지속 가능한 도시 식량 생산 사업, 회복력 있는 도시 지역 식량 체계 프로그램 등을 장려한다. 3년 동안 해당 도시의 특정 자원에 대한 소비 10% 감축을 목표로 하는 10% 효율성 증진 프로그램을 전개해 나간다.
생태교통 도시	비동력 교통수단, 친환경적 교통수단, 대중교통 등을 모두 통합하는 방식의 도시 설계를 통해 지속 가능한 도시 교통 해법 모색에 주력한다.
똑똑한 도시	도시 기반시설, 거버넌스, 정보통신기술(ICT), 성과 측정, 지표와 표준화, 지속 가능한 건축과 도시계획 등에 대한 투자를 장려하고 지역 재생 에너지를 촉진한다.
생물다양성 도시	도시 생물다양성과 생태계 서비스 의제 지방정부 계획 및 정책 결정에 통합시킨다. 지역 주민들에게 직접적인 혜택이 돌아갈 수 있는, 지역 생물다양성 행동계획을 향후 3년 이내에 수립하고 생물다양성 거점도시가 출범될 수 있도록 장려한다.
행복하고 건강하며 포용적인 도시	지역사회 참여를 확대하고 세대 간 이해의 폭 넓히도록 노력한다. 인구 노령화에 대처하기 위한 도시 기반시설 조정을 포함한 다양한 조치를 취한다.
지속 가능한 지역경제와 공공구매	지속 가능한 공공구매를 도시의 구매 표준 관행으로 만들고 환경적 사회적 비용 고려해 공공구매를 결정한다. 도시의 지속 가능한 생산과 소비를 위해 지속 가능한 공공구매 세계도시 네트워크 구성과 협력을 강화한다.
지속 가능한 도시 지역 협력	지방정부 내 참여적 통합적 시스템의 이행을 장려하고 도시와 주변지역의 연속성을 존중하고 보장한다. 지방 중앙정부 정책의 수직적 통합을 강화하며 국가 차원의 공약 지원에도 힘쓸 것이다.

••••

18   서울시 보도자료.

서울시 관계자는 박원순 시장의 회장 선출과 관련해 "지금까지 아시아권 도시에서 회장이 한 명도 나오지 않은데다 박원순 시장이 시민운동가 출신이라는 점에 대해 이클레이에서 높은 점수를 준 것으로 알고 있다. 또 환경 문제를 중시하는 박 시장의 성향도 중시한 것 같다. 도시 간 협력 네트워크의 중요성이 점점 커지고 있는 상태에서 세계 최대의 도시 네트워크 회장을 역임하게 된 것은 국가적으로나 서울 입장에서도 뜻깊은 일이 아닐 수 없다. 상식적으로 생각해도 환경과 관련된 전 세계 도시 문제의 해법을 모색하는 과정에서 우리의 입장과 목소리를 좀 더 낼 수 있지 않느냐"라고 말했다.

〈사진 5-2〉 이클레이(ICLEI) 2015년 세계총회에서 연설을 하고 있는 박원순 서울시장

제6장

세계 정보통신기술(ICT) 행정 분야 부동의 1위 서울

01
서울 전자정부의 현 위치

　　　　　　　　서울은 2014년 10월 유엔이 후원
하고 미국 럿거스대에서 발표하는 '세계도시 전자정부 평가'에서
1위를 차지해 2003년 이후 무려 12년 동안 6회 연속 1위를 달성하는
위업을 달성했다. 미국 럿거스대와 켄트주립대는 2003년부터 격년
으로 세계 주요 도시를 대상으로 전자정부 평가를 한 뒤 평가 내용
을 발표하고 있는데 서울은 지금까지 한번도 1위 자리를 놓치지 않
은 것이다.

　세계도시 전자정부 평가는 ▲서비스 ▲시민 참여 ▲보안·개인정
보 ▲사용 편리성 ▲콘텐츠 등 5개 분야 98개 항목을 통해 이뤄지고
있다. 평가 점수는 100점 만점이다. 서울은 5개 분야 가운데 사용 편
리성을 제외한 4개 부문에서 1위를 차지하는 등 총점 85.80점으로,
66.15점을 받은 2위 뉴욕과 19.65점의 큰 격차로 1위 자리를 지켰다.

순위	도시	국가	점수(100점 만점)
1	서울	한국	85.80
2	뉴욕	미국	66.15
3	홍콩	홍콩	60.32
4	싱가포르	싱가포르	59.82
5	예레반	아르메니아	59.61
6	브라티슬라바	슬로바키아	58.31
7	토론토	캐나다	58.05
8	상하이	중국	56.02
9	두바이	아랍에미리트	55.89
10	프라하	체코	54.88

럿거스대는 정보통신기술(ICT) 네트워크가 발달한 100개국 최대 도시를 평가 대상으로 삼는다. 지난 2003년부터 격년으로 평가하고 있으며 그 이듬해에 결과를 발표한다. 특히 서울은 공공정책을 수립하는 과정에서 시민이 정책에 관한 의견과 아이디어를 제안할 수 있는 기회를 체계적으로 제공한 점을 높게 평가받았다.

박원순 서울시장은 2014년 9월 말 뉴욕 메리어트 마르퀴스 호텔에서 럿거스대로부터 세계 전자정부 우수도시 특별공로상을 받았다. 당시는 2013년 세계도시 전자정부 평가 결과가 나오기 전이었는데 럿거스대는 서울이 5회 연속 1위를 차지한 것을 높이 평가해 이에 대한 특별공로상을 수여한 것이다.

한국은 전자정부 면에서 전 세계 국가 중 압도적인 1위를 달리고

....

19 서울시 보도자료.

있다. 한국은 유엔(UN)이 2014년 6월 24일 발표한 2014년 전자정부 평가에서 전자정부 발전지수, 온라인 참여지수 부분에서 1위를 차지하고 종합적으로 1위를 기록했다.

유엔(UN)은 지난 2003년부터 유엔 회원국 웹사이트를 대상으로 제공 서비스를 점검하고 종합적으로 분석·평가해 지수화하고 있다. 2003년부터 2005년까지는 매년 평가를 했고 2008년부터는 격년으로 평가를 하고 있다. 전자정부 발전지수는 온라인 서비스 수준, 정보통신 인프라 수준, 인적자본 수준 등으로 세분화해 평가하고 온라인 참여지수는 온라인 정보제공, 온라인 정책참여, 온라인 정책결정 환경지수로 나눠 지수화 한다. 그런데 한국은 지난 2010년 평가에서부터 종합 1위를 차지하더니 2014년 평가까지 3회 연속 종합 1위 자리를 지켜 전자정부 강국 자리를 굳건히 지키고 있다는 평가를 받고 있다. 서울이 전자정부 분야에서 강점을 지니는 것도 이와 같은 맥락이라고 할 수 있다.

02
전자정부란

그렇다면 전자정부란 무엇인가. 전자정부란 정보통신기술(ICT)을 활용, 행정 활동의 모든 과정을 혁신함으로써 행정의 효율성을 높이는 한편 대국민 서비스에서 간편함과 신속함을 제공하는 것을 말한다. 전자정부는 21세기 이후 국가 경쟁력을 높이는 핵심 수단으로 인식돼 우리나라를 비롯한 전 세계 많은 국가들이 경쟁적으로 추진하고 있는 정부 주도의 프로젝트다. 좁은 의미로 보면 정부가 정보통신기술(ICT)을 기반으로 대민 행정(G4C), 내부 행정처리와 정책 결정(G2G), 조달(G2B) 등 세 가지 측면에서 공공 재화나 서비스를 상호 교환하는 것을 말한다.

가령 우리나라 정부의 정부민원포털사이트 민원24(www.minwon.go.kr)는 대표적인 G4C 영역이다. 국민 누구나 이 사이트를 통해 행정기관 방문 없이 각종 정부 대상 서류를 신청, 열람하고 발급 업무까지 볼 수 있다. 민원24 사이트에서 신청할 수 있는 민원으로는 토지 임야대장 열람·등본 교부, 병적증명서발급, 부동산 거래신고, 사업자등록증명, 의료급여증 재발급, 주민등록표등본(초본) 교부, 납세사실증명, 주민등록증분실신고, 지방세납세증명, 개별공시지가 확인, 가족관계등록부 신청, 방문판매업신고 등이 있다. 실제 사용을 해보면 불편한 점이 아예 없는 것은 아니다. 사용자 친화적이지 못하다는 의미다. 가령 본인 확인 과정, 프린터 설정 과정 등 정보기술(IT)에 대한 이해도가 떨어지면 혼자 하기가 쉽지 않다. 그럼에도 불구하고 다른 나라와 비교하면 격차가 엄청나다. 약간 불편하지만 온라인 기반의 행정 서비스를 제공하는 것과 아예 제공하지 않는 것에는 많은 차이가 있을 수밖에 없다.

창조경제를 국정 과제로 표방하고 있는 박근혜 정부는 보다 높은 목표를 설정했다. '정부 3.0' 개념은 창조경제를 정부 운영에 적용시킨 것이라고 할 수 있는데 일방향 서비스 제공의 '정부 1.0'이나 단순 양방향 제공의 '정부 2.0' 운영 방식을 지양하고 국민 개개인의 편익을 위한 양방향 맞춤형 서비스를 제공한다는 것이다. 쉽게 예를 들면 정부 홈페이지를 만든 뒤 국정 홍보를 하는 것을 정부 1.0이라고 하고 민원24 사이트 개설을 정부 2.0이라고 할 수 있을 것이다.

이에 비해 정부 3.0은 국민의 능동적인 참여와 정보 개방, 소통과 협력 등을 중시하고 양방향 맞춤형 행정 서비스를 제공한다. 의사소통 수단 역시 유무선 인터넷에서 탈피해 모바일로 확장했다. 생애주기별 맞춤형 서비스로는 자치단체에 사망신고를 하면 사망자 재산 조회를 통합 신청할 수 있도록 한 안심상속 원스톱 서비스, 취약계층 요금감면 원스톱 서비스, 운전면허 간소화, 법령조회 원클릭 서비스 등이 있다. 수입물품 안전관리 협업체계 등 중앙 부처 간 칸막이를 없애고 협업을 강화한 서비스도 포함돼 있다. 공공 데이터를 민간에 과감히 개방해 데이터를 활용한 각종 창업을 우회적으로 지원하는 사업은 정부 3.0의 대표적인 사업으로 인식돼 있다. 2013년 공공데이터법을 제정해 공공기관의 데이터를 개방한 결과 경제협력개발기구(OECD) 데이터 개방 평가 세계 1위를 차지하기도 했다. 예를 들어 한 여대생은 문화관광 데이터베이스를 활용해 만든 모바일 애플리케이션 '데이트팝'을 개발하고 외부로부터 4억 원의 투자를 유치했다. 또 주차장 데이터베이스를 활용한 '파킹박' 애플리케이션은 누적 다운로드 10만 건을 기록했고 해당 회사는 연 2억 원의 매출을 올렸다.

물론 부족한 점이 아예 없는 것은 아니다. 공동 데이터 개방 사업을 예로 들어보자. 중앙부처 등에선 데이터를 공개했지만 민간기업 입장에선 쓸 만한 데이터가 많지 않다는 부정적인 의견도 간간히 나오고 있다. 또 공공기관별로 데이터 입력 형태가 제각각인 경우가 적지 않은데 이 역시 민간기업으로선 골칫거리가 아닐 수 없다. 정부 행정 문서에 켜켜이 쌓였다가 결국에는 소각될 운명인 데이터를 민간에 과감하게 공개해 공공 데이터 기반 사업 육성에 도움을 주는 한편 주민 생활 편익을 증진시키겠다는 정부 의도를 비난하는 것은 다소 과한 것으로 생각된다. 하지만 아직까지도 정부 3.0 패러다임을 생소하게 느끼는 국민들이 많다. 구호에 비해 피부로 절감할 수 있는 개별 서비스가 적은 탓이 아닌가 싶다.

그러나 공공 정보 공개 분야만 보더라도 정부의 공공 정보 공개가 앞으로 꾸준히 이뤄진다면 서서히 가시적인 성과가 나타날 가능성이 적지 않다고 생각된다. 좌우지간 이러한 정부의 노력이 유엔 등 해외에서 인정받아 전자정부 평가에서 좋은 성과를 거두고 있는 것은 부인할 수 없는 사실이다.

03
서울 전자정부의 특징

서울시는 국내 지방자치단체 처음으로 정보담당임원(CIO) 제도를 도입하면서 본격적인 도시 정보화 사업을 시작했다. 지하철 구간을 활용해 서울 36개 주요 기관을 연결한 자가 행정망을 구축하고 2011년에는 시민들이 쉽게 접속해 각종 행정 서비스를 이용할 수 있는 대시민용 통신망을 구축하기도 했다. 이러한 전자정보 인프라를 바탕으로 서울은 서울만의 전자정부 주요 사업을 선보였다.

지난 2012년에는 시의 모든 행정정보를 한군데 모아 시민에게 공개하는 '정보소통광장'을 추진했다. 서울시는 2017년까지 시의 모든 정보를 단계적으로 공개할 계획을 추진 중이다. 또 2012년 5월에는 사회·경제적 가치가 높은 공공 데이터를 개방하고 민간에서 직접 활용 가능토록 하는 열린 데이터 광장을 오픈하고 시정 공공 데이터를 전면 개방했다. 교통, 환경, 시설물 등 서울 보유 약 400종의 시스템 중 비공개 대상 공공 데이터를 포함한 시스템을 제외하고 개방 가능한 150종 시스템을 2014년 말까지 단계적으로 개방했다. 2013년 3월에는 서울 대표 웹사이트를 콘텐츠 관리 시스템 기반

으로 전면 개편해 시 직원 누구나 블로그 형식으로 글을 올릴 수 있
도록 했다. 또 각 웹페이지를 소셜 네트워크 서비스(SNS)를 통해 유
통·전파하고 시민이 직접 댓글을 달 수 있는 개방형·참여형 홈페이
지로 개선했다.

박근혜 정부가 표방하는 정부 3.0 프로젝트가 서울에서 가장 잘
구현된 것이 아니냐는 지적이 나오는 것은 이러한 이유에서다. 이
는 시민운동가 출신인 박원순 시장의 시정 철학이 반영된 바 크다.
그는 소통과 참여 그리고 투명한 시정 절차를 늘 강조했는데 전자
정부 시스템 개선 작업을 통해 박원순 시장의 특성이 스며들었다고
할 수 있기 때문이다.

서울시 전자정부 사업의 또 다른 특징 중 하나는 빅데이터 사용이
다. 시정의 다양한 데이터를 민간 데이터와 상호 융합해 새로운 가
치를 창출하고 시민 중심의 시정을 구현한다는 취지에서 추진되고
있다. 서울시는 지난 2013년 4월 민간 이동통신회사와 데이터 융합
을 위한 업무협력 협약(MOU)를 체결하고 통화량 데이터를 활용해
서울 유동인구 밀집 지역을 분석, 2013년 7월 심야버스 노선 최적화
에 활용한 바 있다. 시민들로부터 폭발적인 호응을 이끌어낸 올빼미
버스 운행 과정에서 빅데이터 분석이 적지 않은 역할을 한 것이다.
또 노인시설 정책지원, 시정 홍보물 맞춤형 서비스 등에도 빅데이터
분석을 적용, 일정한 성과를 거뒀다.

전 세계 정보통신기술(ICT) 흐름이 PC에서 모바일로 바뀌면서 서
울시도 모바일 중심으로 전자정부를 개편하는 작업을 하고 있다. 시
민 생활에 꼭 필요한 버스 지하철 정보, 문화, 취업, 부동산 등 각종
정보를 모바일로 서비스하고 있다.

특히 엠보팅은 서울 전자정부 모바일 사업의 대표 선수다. 엠보팅은 스마트폰 기반의 모바일 여론조사 도구로, 서울시는 정책 입안·실행·평가 등 시정 전 분야에서 이를 활용하고 있다. 뿐만 아니라 시정 홍보 수단에도 활용된다. 서울시는 2015년 6월 연간 500억 원 규모의 '주민참여예산사업' 선정에 엠보팅을 활용할 계획이라고 밝혔다. 주민참여예산사업 최종 선정은 250인 참여예산위원(45%)과 전문 설문기관 선호도 조사(10%)에 엠보팅 조사 결과 45%가 반영된다. 엠보팅 조사 결과만으로 정책 결정을 하는 것은 아니지만 정책 결정 과정에서 적지 않은 배점을 부과한 것이다. 조사 주제는 이를테면 '마을 도서관 운영 마감 시간은 언제가 좋을까요?', '어떤 주민센터 프로그램이 새로 생기면 좋을까요?' 등이다.

엠보팅은 2014년 3월부터 시작돼 2015년 6월 기준으로 다운로드 5만 건, 투표 수 3,600건, 투표자 수 41만 명, 댓글 수 2만 7,000개를 돌파하는 등 시정 참여의 유력한 플랫폼으로 자리잡아가고 있다. 이처럼 탄탄한 전자정부 인프라, 정보통신기술을 바탕으로 한 적극적인 주민 참여 유도, 적극적인 신기술 도입 등에 힘입어 서울은 6회 연속 세계 도시 전자정부평가에서 수위를 달리고 있는 것이다.

04
서울형 전자정부 전 세계를 리드하다

세계도시전자정부협의체(WeGO, World eGo-vernment Organization of Cities and Governments)는 지난 2010년 서울시 주도로 설립됐다. 세계도시 전자정부 평가에서 좋은 성적을 거둔 게 큰 힘이 됐다. 서울시는 2008년부터 세계도시전자정부협의체(WeGO) 출범을 주도했으며 현재 사무국도 서울시 안에 두고 있다.

세계도시전자정부협의체(WeGO) 출범 사전 정지 작업으로 2009년 10월에는 세계도시 정보담당간부(CIO)포럼이 사흘간 일정으로 열리기도 했다. 창립 당시 오세훈 시장이 임시의장을 맡기도 했다. 세계도시전자정부협의체는 세계 도시 간 전자정부 교류협력을 촉진해 도시발전을 도모하고 디지털 역량강화를 통한 행정능률과 투명성 제고 그리고 세계 도시 간 정보격차 해소 등을 목적으로 하고 있다고 서울시는 설명한다.

현재 전 세계 93개 도시가 회원으로 가입돼 있다. 8개 의장단 도시, 20개 운영위원회 도시와 사무국으로 구성돼 있다. 세계도시전자정부협의체(WeGO)의 주요 의사결정기구로는 1년 주기의 운영위원회와 2년 주기의 총회가 있다. 2014년 11월 중국 청두에서 제3회 총회가 개최됐다. 이에 앞서 2012년 제2회 총회는 스페인 바르셀로나에서 열렸다.

세계도시전자정부협의체(WeGO)는 청두 총회에서 도시형 전자정부 자가진단 툴킷을 제시했다. 세계도시전자정부협의체(WeGO)는 세계은행의 지원을 받아 이를 만들었다. 도시형 전자정부 자가진단 툴킷은 도시의 전자정부 성숙도를 비용 부담 없이 짧은 기간 안에 진단할 수 있는 툴이다. 해당 도시가 엑셀 파일로 된 툴에 도시 환경에 대한 공공행정, 행정 정책과 제도, 자원 수용력, 정보통신기술(ICT) 네트워크, 시민, 공공 서비스 등 6개 기본정보와 행정, 산업, 생활, 인프라 등 4개 시스템 정보를 입력하면 현재 전자정부 발전정도를 도출하고 필요한 시스템이 무엇인지 솔루션을 제공한다. 가령 행정의 경우 메일링 시스템, 급여 시스템 등이 구축돼 있는지, 산업은 채용정보 시스템 등이 구축돼 있는지 질문한다.

도시형 전자정부 자가진단 툴킷 개발은 세계도시전자정부협의체(WeGO)가 2011년 6월 개발도상국 지원에 관심이 많은 세계은행과 양해각서(MOU)를 체결하고 협력사업으로 진행한 결과물이다. 도시형 전자정부 자가진단 툴킷은 세계도시전자정부협의체 홈페이지를 통해 회원 도시는 물론 세계 도시가 무료로 활용할 수 있도록 배포되고 있다.

서울시 관계자는 "자가 진단 결과는 해당 도시의 정보기술(IT) 니즈가 무엇인지를 반영하고 있기 때문에 세계도시전자정부협의체(WeGO)를 다리 삼아 서울형 전자정부 해외 진출도 탄력을 받을 것으로 기대된다"고 말했다. 세계도시전자정부협의체는 세계은행과의 정례적인 세미나 개최, 프로젝트 개발 등 실질적으로 구체적인 교류협력 방안을 담은 양해각서(MOU)를 2014년 4월 말 체결했다. 이는 기존 양해각서 기한이 종료됨에 따른 것으로 기존 내용에 구체성을 추가해 개정했다. 한편 김경서 전 세계도시전자정부협의체 사무국장은 2014년 4월 초 세계은행 본부에서 '시민을 위하여 빅데이터를 어떻게 활용할 것인가'라는 주제로 열린 토론회에서 빅데이터를 활용한 서울 심야버스(일명 올빼미 버스) 사례를 소개, 세계은행 정보통신기술(ICT) 분야 관계자들로부터 높은 평가를 받았다. 당시 토론자로 참석한 주디 베이커 세계은행 수석 이코노미스트는 "서울이 불과 3개월 만에 빅데이터를 통해 시민들의 삶의 편의를 증진시킨 사례는 다른 많은 도시에 시사하는 바가 매우 크다"며 격찬을 했다.

유엔 공공행정 네트워크(UNPAN)를 운영하고 있는 유엔 경제사회국(UNDESA)도 당시 세계도시전자정부협의체(WeGO)와 전자정부를 통한 도시 문제 해결에 적극 협조하기로 밝힌 바 있다. 세계도시전자정부협의체는 세계은행과 유엔 산하 기관과의 공조체계를 공고히 함으로써 회원 도시 가입을 확대할 수 있는 계기를 마련했다. 세계은행과 유엔뿐 아니라 세계지방정부연합 아시아태평양지부(UCLG-ASPAC), 아시아재단(The Asia Foundation) 등 다양한 협력기관과의 파트너십도 강했다. 이를 통해 세계도시전자정부협의체 위상과 세는 한층 높아지고 커졌다. 세계도시전자정부협의체의 달라진 위상은 창립 당시 50개에 불과했던 회원 도시는 2015년 8월 말 현재 93개로 증가한 것에서도 알 수 있다.

서울은 2014년 11월 중국 청두에서 열린 세계도시전자정부협의체(WeGO) 제3회 총회에서 의장 도시로 재선출됐다. 서울시가 주도 적으로 설립한 점, 전자정부 분야에서 압도적인 비교 우위를 지니고 있는 점, 세계도시전자정부협의체의 대표적인 사업인 도시형 전자 정부 자가진단 툴킷 개발을 주도한 점 등을 고려할 때 의장도시 재 선출은 어찌 보면 당연한 결과였다. 박원순 시장은 청두 총회에 의 장도시 좌장 자격으로 참석했다. 청두 총회에서는 '세계도시전자 정부협의체 어워즈' 시상식도 진행되어 15개 우수도시에 직접 상패 가 수여됐다. 세계도시전자정부협의체 어워즈는 전 세계 도시와 공

〈사진 6-1〉 2014년 세계도시전자정부협의체(WeGO) 제3회 총회 현장

공기관, 단체의 전자정부 우수사례를 전파하기 위해 제정된 것으로 공공 서비스, 행정 효율성, 열린 도시, 도시 경영, 정보격차 해소 5개 분야에서 각각 3개 상을 시상하고 있다.

2015년 5월 20일부터 사흘 동안에는 평화와 번영을 주제로 한 제주포럼이 개최됐다. 이 행사는 세계도시전자정부협의체(WeGO)와 유엔 거버넌스센터(UNPOG)가 공동으로 마련했다. 이 행사에 참석한 지방정부 고위 관계자들은 ▲거버넌스 과정에서 지방정부 신뢰에 긍정적 혹은 부정적 영향을 주는 요인 규명 ▲지방정부의 신뢰 향상에 기여할 수 있는 전자정부 특징에 대한 논의 ▲대시민 신뢰 구축을 위한 도시 차원의 우수한 전자정부 사례와 미래 비전 공유 등에 대해 논의했다. 모하마드 리왓 카밀 인도네시아 반둥 시장은 이 행사에서 "세계 도시들이 직면하고 있는 문제는 70% 이상이 같은 문제이며 이를 해결해 나가기 위해서 세계도시전자정부협의체가 가교 역할을 함으로써 세계 도시들의 경험들을 서로 공유할 수 있도록 해야 한다"고 주장하기도 했다.

서울 전자정부의 해외 진출

　　　　　　　　　　　　서울의 전자정부 수준은 단연 세
계 최고 수준이지만 해외 진출은 아직 태동기에 있다고 볼 수 있다.
현재까지 원조형태로 모잠비크의 마푸토와 에티오피아 아디스아바
바 전자정부 타당성 조사를 수행했을 뿐이다. 하지만 2014년부터 추
진하고 있는 인도 뭄바이 정보통신기술(ICT)을 활용한 시민참여 정
책 컨설팅과 시스템 개발 사업은 서울 전자정부 해외 진출의 터닝
포인트가 될 것으로 예상된다.

　인도 뭄바이는 '인도의 경제 수도'로 불리는 인도의 대표 도시다.
하지만 워낙 많은 인구가 몰려드는 바람에 도시 삶의 질은 점점 악
화되고 있는 실정이다. 인프라 구축이 도시화 속도를 따라잡지 못하
면서 각종 도시 문제들이 발생하고 있는 것이다. 뭄바이의 현재 인
구는 2,000만 명을 상회하고 있다. 뭄바이는 서울의 전자민원 시스
템에 주목했다. 열악한 상하수도 시설 등 인프라가 파손되면 교통,
통신 연쇄 마비로 이어지며 도시 기능이 타격을 받기 때문에 이에
대한 대응력을 높이기 위해서다.

　서울은 2012년 8월부터 교통, 환경 등 각 분야에서 시민의 불편사

항을 스마트폰 애플리케이션을 통해 실시간으로 신고하고 처리 과정과 결과까지 확인할 수 있는 모바일 민원처리 시스템을 운영 중이다. 특히 위성 활용 위치 측정 시스템(GPS)를 활용함으로써 신고에서 대응까지의 시간을 대폭 단축시키기도 했다.

세계은행에 따르면 전자정부는 스마트 시티와 더불어 도시 인프라 수출 분야의 대표적인 블루오션으로 꼽히고 있다. 스마트폰 시장에서 알 수 있듯이 제품의 교체 주기가 빨라지고 업데이트 수요가 지속적이기 때문에 시장 규모가 급격히 팽창하고 있는 상태다. 한국 정부와 서울은 이 분야에서 전 세계 독보적인 1위를 차지하고 있다. 따라서 기술 표준화, 협의체 역할 강화 등의 방법을 통해 적극적으로 해외 진출을 도모해야 하는 분야로 지적되고 있다.

뭄바이 모바일 민원처리 시스템은 서울, 세계은행, 한국수출입은행, 국내 A 중소기업 등 4자 간 합작품이다. 수출입은행은 기획재정부의 경제발전경험공유사업(KSP, Knowledge Sharing Program) 자금을 집행해 사업을 발주했다. 세계은행은 뭄바이 실정에 적합한 전자정부 사업 아이템을 발굴해 연결시켜 주는 역할을 했다.

실상 시스템 개발은 A 중소기업이 했다. 결과적으로 원조 형태이긴 하지만 이 중소기업은 서울시 주도의 해외 진출을 기회삼아 전자정부 모바일 민원처리 시스템 분야에서 관련 기술을 축적하고 해외 판로도 개척할 수 있게 됐다.

하지만 A 중소기업은 이 2015년 하반기 시작된 뭄바이의 모바일 민원처리 시스템의 서비스가 시작된 뭄바이 정보통신기술(ICT) 활용 시민참여 시스템 개발 과정에서 많은 어려움을 겪었다. 서울과 뭄바이의 정보통신기술(ICT) 환경과 행정 행태에서 워낙 차이가 많앉기 때문이다.

인도는 세계적인 정보통신기술(ICT) 강국이라고 불리고 있지만 유선 초고속 인터넷 보급률, 인터넷 속도 등에서 뭄바이는 서울의 비교 대상이 아니었다. 또 휴대전화 사용자는 8억 명에 달하지만 이 중 스마트폰 보급률은 20% 남짓에 불과해 모바일 민원처리 시스템의 활용도는 떨어질 수밖에 없었다.

인도 특유의 고압적인 구태의연한 행정 관습도 애를 먹였다. 공무원들이 새로운 기술을 받아들이는 데 극히 소극적이었기 때문이다. 공무원들의 협조를 받아 일을 진척시켜야 하는데 공무원들을 살살 달래면서 일을 추진하려다 보니 힘이 더 들 수밖에 없었다. 서울시 관계자는 "해외 수출을 위한 전자정부 시스템을 최근 15가지로 구분했는데 뭄바이에서 구현된 것은 이 중 하나인 모바일 민원처리 시스템 즉 응답소였다"며 "앞으로 전자정부 수출 과정에서도 각 도시의 인프라 수준과 요구 정도에 맞게 각각의 시스템을 모듈 방식으로 제공할 계획"이라고 말했다. 이는 세계도시전자정부협의체(WeGO)의 도시형 전자정부 자가진단 툴킷과도 일맥상통한다. 각 도시마다 행정이나 인프라 수준이 다르기 때문에 완성된 제품을 판매하는 것이 아니라 맞춤형으로 서비스를 제공해야 하는 것이다.

한편 서울은 2015년 6월 한국중소정보기술(IT) 기업 해외진출협동조합(KOSMIC)과 손잡고 '서울형 전자정부 해외 진출을 위한 업무협약'을 체결했다. 서울이 서울형 전자정부 정책 자료를 제공하고 중소정보기술(IT) 기업들은 이를 바탕으로 바로 구현할 수 있는 솔루션을 제작한 뒤 박람회 참여 등을 통해 해외 수출에 나서는 방식이다. 한국중소정보기술기업 해외진출협동조합(KOSMIC)은 해외 진출의 모든 과정을 공동 대응하기 위해 자생적으로 만들어진 협동조합으로 2015년 5월 만들어졌다. 이들은 서울에 많은 기대를 걸고 있다. 서울의 전자정부 분야 해외 진출 혹은 해외 교류가 많아지면 아무래도 덕을 볼 수 있기 때문이다.

특히 세계 도시들의 전자정부 사업은 앞으로 수요가 크게 증가할 것으로 예상되기 때문에 중소정보기술 기업들은 서울이 해외 진출의 교두보 역할을 해주기를 바라고 있는 상태다.

제7장
서울, 어떻게 가꿔 나갈 것인가

01
서울의 현 위치

서울은 약 50년간 눈부신 발전을 거듭해 왔다. 1,000만 명 안팎의 인구를 보유하고 있으면서도 상하수도, 교통, 주택난 등 각종 도시 문제 대응 면에서 비교적 선방해 왔다. 최근 신흥국가 도시들의 전범으로 떠오른 것은 이러한 이유에서다. 그렇다면 도시 경쟁력 평가 기관들은 서울을 어떻게 평가하고 있을까. 결론부터 말하자면 서울은 상위권에 속한다.

미국의 컨설팅 회사 AT커니는 2015년 5월 발표한 '2015 글로벌 도시(Global Cities 2015)' 보고서에서 글로벌 도시 지수(GCI) 부문에 서울을 11위로 올려 놓았다. 미국 뉴욕, 영국 런던, 프랑스 파리, 일본 도쿄, 홍콩 등이 상위 5위권을 형성했고 싱가폴, 중국 베이징 등도 10위권 안에 들었다. AT커니는 지난 2008년부터 전 세계 125개 도시들의 글로벌 지수를 평가해오고 있다. 서울의 글로벌 도시 지수(GCI)는 2014년보다 한 단계 올라선 것이다.

AT커니 코리아 하상우 대표는 "서울의 경우 올해 글로벌 도시 지수(GCI) 지표 중 문화 경험 분야에서 높은 점수를 받아 지수가 상승했다"며 "비즈니스 활동과 문화 경험 두 분야에서의 강점을 잘 지킨다면 향후 글로벌 도시 지수 순위가 지속적으로 상승할 수 있을 것"이라고 말했다. 특히 2015년 5월에는 현시점에서 도시의 세계화 정도를 측정하는 글로벌 도시 지수(GCI), 글로벌 도시들의 미래 잠재력을 평가한 글로벌 도시 전망 지수(GCO) 등 2가지 부문의 순위를 정했다. 서울은 글로벌 도시 전망 지수(GCO)에선 북미, 유럽 등의 도시들에 이어 10위를 차지했다. 아시아 지역 도시로선 유일하다. 글로벌 도시 전망 지수(GCO)는 개인 웰빙(Personal Well-being), 경제(Economics), 혁신(Innovation), 거버넌스(Governance) 등 4가지 부문에서의 과거 5년간 변화율을 측정, 2024년의 글로벌 도시 순위를 예측한 것으로 서울은 올해 처음으로 10위를 차지했다. 경제 분야에서 전체 도시 중 런던의 뒤를 이어 2위를 기록한 것과 혁신 분야에서 높은 점수를 받은 것이 주요 원인으로 분석됐다.

한편 글로벌 도시 전망 지수(GCO) 1위는 미국 샌프란시스코가 차지했으며 영국 런던(2위), 미국 보스턴(3위), 미국 뉴욕(4위), 스위스 취리히 (5위) 등이 그 뒤를 이었다.

한편 AT커니는 글로벌 도시들의 현재 성과와 미래 잠재력 모두를 평가해 선정한 16개의 엘리트 시티(Elite Cities)를 별도 발표했는데 서울은 여기에 포함됐다. 글로벌 엘리트(Global Elite)는 현재 글로벌 도시 성과가 뛰어난 상위 25개 도시와 미래 잠재력이 높은 상위 25개 도시에 모두 포함된 총 16개 도시를 지칭한다. 미국 뉴욕, 영국 런던, 미국 LA, 미국 시카고, 캐나다 토론토, 미국 샌프란시스코, 미국 보스턴, 프랑스 파리, 벨기에 브뤼셀, 독일 베를린, 네덜란드 암스테르담, 일본 도쿄, 싱가폴, 서울, 호주 시드니, 호주 멜버른 등이 글로벌 엘리트(Global Elite)로 분류됐다.

일본 모리기념재단 도시전략연구소 조사에선 서울이 세계 40개 주요 도시 가운데 6번째 국제 경쟁력이 뛰어난 도시로 선정되기도 했다. 2015년 5월 19일 서울연구원에 따르면 일본 모리기념재단 도시전략연구소가 매년 10월 공식 발표하는 '세계도시 종합경쟁력 랭킹(GPCI)' 평가 결과 서울은 지난해(1104점)보다 14점 높은 1118점을 획득, 3년 연속 6위에 올랐다. 아시아에선 일본 도쿄와 싱가포르에 이어 3위를 차지했다.

세계도시 종합경쟁력 랭킹은 ▲경제 ▲연구개발 ▲문화교류 ▲거주 ▲환경 ▲교통 접근성 등 6개 분야에 대해 재단이 자체 개발한 26개 평가 항목과 70개 지표를 활용해 도시 경쟁력을 종합적으로 분석·평가한 지수다. 영국 런던은 1458점으로 전체 1위를 차지했다. ▲2위 미국 뉴욕(1363점) ▲3위 프랑스 파리(1292점) ▲4위 일본 도쿄(1276점) ▲5위 싱가포르(1139점) 등의 순이다. 서울은 싱가포르와의 점수 차가 지난해 9점에서 올해 21점으로 벌어졌다. 서울의 국제경쟁력 순위는 2008년 13위에서 2009년 12위로 한 단계 오른 뒤 2010년 8위, 2011년 7위로 상승했었다.

서울은 교통 접근성(5위)과 연구개발(6위)에서 상대적으로 우수한 평가를 받았다. 반면 거주(23위)는 6개 분야 중 가장 낮은 순위를 기록했다. 경제와 환경 분야는 각각 11위, 문화교류는 12위에 랭크됐다. 지난해와 비교하면 교통접근성과 환경 분야는 각각 한 계단 상승했고 문화교류는 두 계단 오른 것이다. 반면 경제는 지난해 8위에서 세 계단 떨어졌다.

반면 미국의 컨설팅 회사 머서(Mercer)가 2015년 3월 4일 발표한 '2015 세계 주요 도시 주재원 삶의 질·생활환경 조사'에선 서울이

72위를 기록했다. 오스트리아 빈은 1위를 차지했다. 2, 3, 4위를 차지한 도시는 각각 스위스 취리히, 뉴질랜드 오클랜드, 독일 뮌헨 순이었다. 5위는 캐나다 밴쿠버였다. 싱가포르는 26위로 아시아에서 순위가 가장 높았고 도쿄(44위), 고베(47위), 요코하마(48위), 오사카(58위) 등 일본 4개 도시가 아시아 지역의 상위 5개 도시에 포함되었다. 한국에선 서울이 72위를 차지했고 부산과 천안은 각각 90위, 98위에 올랐다.

머서는 매년 전 세계 주요 도시의 주재원 삶의 질·생활환경 조사를 실시하여 다국적기업을 비롯한 여러 기업들이 직원을 해외로 파견할 때 적절한 보상을 할 수 있도록 돕고 있다. 이 조사를 참고해 기업들은 해외 파견 직원에게 '삶의 질·생활환경 수당(본국보다 생활환경 및 삶의 질이 낮은 지역으로 파견될 때 보상되는 수당)'을 제공하는 것이다.

머서의 삶의 질·생활환경 보고서는 전 세계 440개 이상의 도시를 조사해 그중 230개 도시의 순위를 발표하는데, 머서의 한 관계자는 "2014년 조사 결과와 마찬가지로 계속해서 새로운 도시들이 순위에 등장하면서 기존에 있던 비즈니스·금융 센터 지역들의 경쟁자로 떠오르고 있다"며 "신흥국가 도시들은 삶의 질·생활환경을 향상시키고 궁극적으로는 더 많은 외국 기업을 유치하기 위해 특히 인프라 시설에 투자하고 있다"고 말했다. 평가 기준은 정치, 경제, 사회문화, 의료, 여가시설 등 10개 카테고리 39개 항목으로 구성되어 있다. 도시와 도시 간 객관적인 비교를 할 수 있도록 뉴욕을 기준 도시로 하여 조사 대상이 되는 도시의 주재원 생활환경 차이를 상대 평가한다.

머서에선 점수가 다소 낮았지만 AT커니, 모리기념재단 조사에선 전 세계 주요 도시 중 10위 안팎에 들었다. 머서 조사에서 상대적으로 낮은 순위에 오른 것은 주재원 삶의 질·생활환경 조사 특성 때문인 것으로 분석된다. 머서 조사에서 1위부터 5위를 차지한 오스트리아 빈, 스위스 취리히, 뉴질랜드 오클랜드, 독일 뮌헨, 캐나다 밴쿠버 등이 다른 조사에선 낮은 점수를 받았는데 이는 조사기관 간 평가지표가 많이 다르기 때문에 나온 결과로 보인다.

이제 서울은 전 세계적으로 많이 알려졌으며 외부에서도 좋은 평가를 받고 있다. 하지만 서울이 전 세계적으로 가장 살기 좋고 생활환경이 뛰어난 도시인가라는 질문에 대해선 우선 내국인부터 유보적인 답변을 보일 것이다. 그렇다면 서울은 어떤 점을 보완해야 할 것인가. 또 서울이 자신만의 매력을 높이기 위해선 어떻게 체질을 개선해야 하는가. 이 장에선 이런 점에서 대해 간략히 알아보도록 하자.

02
흔들리는 서울 대중교통 신화

앞서 여러 번 언급했듯, 서울의 대중교통 시스템은 해외 도시들이 가장 많은 관심을 보이는 분야이자 서울이 가장 자랑하는 도시 인프라이기도 하다. 해외 진출 실적 면에서도 서울은 한국스마트카드 등과 연계해 세계 각지에서 좋은 성과를 거두고 있다. 서울 대중교통 시스템의 가장 큰 특징은 ▲잘 발달된 도시철도 ▲도시철도-버스 간 환승 시스템 ▲상대적으로 저렴한 요금 등이다. 하지만 이러한 서울 대중교통 시스템은 현재 뿌리부터 흔들리고 있는 상태다. 소비자 편의성을 추구하다 보니 반대급부로 비용 면에서 부담이 점점 커지고 있고 이제는 감당하기 힘든 지경에까지 이르렀다. 우선 도시철도부터 살펴보기로 하자.

현재 수도권 도시철도 운영회사들은 서울메트로, 서울도시철도공사, 서울메트로 9호선, 코레일 등이 있다. 서울메트로와 서울도시철도는 서울 산하 공기업이고 서울메트로 9호선은 서울 지하철 9호선 일부 구간(개화역~신논현역) 30년 운영권을 갖고 있다. 중앙 공기업인 코레일은 주로 서울 지하철 노선의 경기 지역 연장 구간 운영권을 갖고 있다. 한마디로 서울시 산하 공기업들이 코레일과 협조

체제를 유지하면서 서울과 수도권의 도시철도를 운행하고 있다고 정리할 수 있다.

현재 서울메트로와 서울도시철도공사는 극심한 적자난에 허덕이고 있는 상태다. 무임수송으로 인한 도시철도 손실이 점점 눈덩이처럼 불어나고 있기 때문이다. 서울연구원에 따르면 지난 2012년 서울 도시철도(서울메트로+서울도시철도공사)의 무임승차 인원은 2억 3,483만 명이며 이에 따른 무임수송 손실액은 2,672억 원인 것으로 나타났다. 무임승차 인원과 무임수송 손실은 점점 늘고 있다. 지난 2013년에도 무임수송 손실이 2,792억 원으로 늘었다. 도시철도 1·2·3·4호선을 운영하고 있는 서울메트로의 2013년 무임수송 손실액은 총 1,693억 원이다. 서울메트로는 지난해 1,295억 원의 당기 순손실을 기록한 바 있다. 무임수송 손실 증가가 경영 실적 악화의 결정적인 원인으로 작용한 것으로 분석된다.

무임수송 손실이 점점 증가하는 가장 큰 이유는 빠른 인구 고령화 추세다. 무임수송 대상은 만 65세 이상 노인, 장애인, 독립·국가유공자, 민주 유공자 등인데 이 중에서 노인 비중이 가장 크다. 지난해 기준으로 서울메트로의 전체 무임수송 인원 중 노인이 차지하는 비율은 77.2%인 것으로 나타났다.

이러한 서울 도시철도 운영 공기업들의 경영 실적 악화는 설비 투자 소홀과 안전 문제 발생으로 이어질 가능성이 높다. 2014년 4월 발생한 지하철 2호선 상왕십리역 지하철 추돌 사고의 주원인으로 노후 신호체계, 전동차 노후화 등이 꼽히고 있다. 상식적으로 생각할 때 적자를 면치 못하는 상황에서 아무래도 안전 문제에 소홀해질 가능성이 높기 때문이다.

한편 서울메트로, 서울도시철도공사 등과 함께 서울·수도권 지역 도시철도 사업을 하고 있는 코레일의 경우 매년 무임수송 손실 보전용으로 정부 지원을 받고 있다. 코레일은 2013년 1,648억 원의 무임수송 손실을 봤는데 이중 50.5%에 해당하는 850억 원을 정부로부터 지원받은 바 있다. 서울메트로 등도 형평성 문제를 제기하며 정부 지원을 요구하기도 했으나 정부는 이에 응하지 않았다. 지방 공기업이니 소속 자치단체에서 책임져야 할 문제라는 것이다. 정부 이야기도 아주 틀린 것은 아니다. 중앙정부에서 직접 지원해주기보다는 서울시에서 복지 명목으로 지원금을 제공하는 게 원칙적으로 타당하기 때문이다. 하지만 사회복지 예산 증가로 예산이 빠듯한 서울시 역시 서울메트로 등의 적자 보전 여력을 갖고 있다고 보긴 힘들기 때문이다.

결국 서울시는 지난 2015년 6월 27일자로 도시철도를 포함한 대중교통 요금을 인상했다. 지하철과 시내버스의 경우 요금이 각각 200원과 150원 인상됐다. 이에 따라 지하철 요금은 현행 1,050원(10km 기본 구간)에서 1,250원으로, 간선·지선 버스 요금은 1,050원에서 1,200원으로 올랐다. 인상률은 각각 19%와 14.2%다. 금액이 같았던 심야버스(일명 올빼미 버스)와 광역버스 기본요금은 1,850원에서 각각 300원과 450원이 올라 2,150원과 2,300원으로 책정됐다. 마을버스 요금은 750원에서 900원으로 150원 올랐다. 청소년 요금(720원)과 어린이 요금(450원)은 동결됐다.

한편 서울시는 오전 6시 30분 이전에 교통카드를 이용하는 승객에게 기본요금의 20%를 깎아 주는 '조조할인제'를 처음 도입했다. 조조할인이 적용되면 처음 승차한 교통수단에 한해 지하철은 인상된 기본요금보다 250원 싼 1,000원에, 버스는 240원 싼 960원에 이용할 수 있게 됐다. 서울시는 2015년 6월 요금 인상으로 인한 수익을 약 3,800억 원으로 예상하고 있는데 이 증가 부분은 전액 지하철 노후시설, 시내버스 노후시설을 개선하는 데 투자할 계획이라고 밝혔다. 이러한 대중교통 요금 인상에 대해 시민들의 반대가 적지 않았지만 그런대로 무난히 넘어간 편이다. 하지만 대중교통 인상은 상황에 따라 유연하게 이뤄져야 하는 게 맞다. 예산이 많지 않은 상황에서 무한정 퍼줄 순 없기 때문이다. 물론 서울시 산하 공기업이 시민 주머니 사정을 고려하지 않고 요금을 급격히 올리는 것은 문제가 있지만 지속 가능한 서비스를 위해 제한된 범위 안에서의 요금 인상은 세계 최고 수준의 대중교통 시스템을 유지하는데 불가피한 측면이 있는 것 같다.

이러한 대중교통 요금 인상 조치는 시내버스 분야에도 긍정적인 영향을 끼쳤다. 현재 서울은 시내버스 준공영제를 시행하고 있다. 시내버스 준공영제란 민간 시내버스 회사들에 일정한 수익을 보장해주고 버스 회사들의 수익이 이에 미치지 못할 경우 서울시에서 그 부족분을 재정 지원하는 방식으로 운영하는 것을 말한다. 지난 2013년 서울의 시내버스 재정지원 규모는 2,343억 원에 이른다. 서울시는 준공영제 도입 이후 매년 2,000억 원 안팎의 재정 지정을 해왔다. 요금이 인상되면 서울시의 재정 지원 규모는 당연히 줄어들게된다.

<표 7-1> 서울 시내버스 재정 지원 추이[20]

연도	2008년	2010년	2012년	2013년
재정 지원 금액	1,950억 원	1,900억 원	2,654억 원	2,343억 원

　서울시, 인천광역시 그리고 경기도 간 교류가 활발해지면서 서울, 인천, 경기도 등 수도권 대중교통 통합 관리에 대한 필요성이 커지고 있다. 이에 따라 세 자치단체는 수도권 교통관리청(가칭) 신설 추진을 위해 국토교통부를 설득하고 있는 상태다. 참고로 서울연구원의 2013년 통계에 따르면 매일 인천·경기 주민 125만 명이 서울로 출퇴근하고 역으로 서울시민 62만 명이 인천·경기 지역으로 출퇴근하고 있는 것으로 나타났다. 정부는 수도권 교통관리청 신설 필요성에 대해 공감하면서도 이에 따른 비용 증가를 부담스럽게 생각하고 있다. 수도권 교통관리청이 주도가 돼 수도권 통합 대중교통 정책을 짜게 되면 인천, 경기 등의 대중교통 체계를 서울 수준으로 끌어올려야 하는데 이럴 경우 비용 증가는 불가피하기 때문이다. 현재 경기도는 버스 민영제를 시행하고 있는데 이를 서울처럼 준공영제로 바꿀 경우 재원이 적지 않게 투여될 수밖에 없다.

　2014년 9월 불거진 경기지역 광역버스 입석 금지 논란은 수도권 통합 대중교통 정책이 얼마나 지난한지 보여주는 바로미터다. 정부는 세월호 침몰 사고 이후 안전 문제를 고려해 인천, 경기 지역과 서울을 오가는 광역버스 입석 금지 조치를 실시했다. 문제는 충분한 광역버스를 확보하지 못한 상태에서 이러한 조치를 취하는 바람에

・・・・
[20]　편집부 저, 『통계로 본 서울교통』, 서울연구원, 2014.

이용자들의 불만이 터져 나온 점이다. 전형적인 탁상행정이라는 것이다. 다소 불편하더라도 입석으로 출퇴근을 할 테니 대책 없이 이를 막지 말라는 게 경기지역 광역버스 이용자들의 주장이다.

하지만 경기지역 광역버스 운영회사들도 할 말은 있다. 회사의 입장에서는 어찌됐든 사업인데 손해를 보면서 장사할 순 없다는 것이다. 무리해서 증편을 할 수 없다는 의미다. 결국 인천광역시, 경기도 등은 광역버스 요금을 인상하는 쪽으로 해법을 찾았지만 광역버스 입석 출퇴근은 공공연하게 이뤄졌다. 그래서 이용자 쪽에선 서비스 개선 없이 광역버스 회사들만 배불린 것이 아니냐는 말이 나오고 있는 상황이다. 그렇다고 경기 입장에선 재원상 준공영제를 당장 도입할 수도 없다. 이렇듯 수도권 교통관리청 설립으로의 길은 멀고도 험할 수밖에 없다.

이와 더불어 광역버스 도심 진입으로 인한 서울 도심 도로 혼잡을 막고 회차 주기를 줄이기 위해 환승시설을 설치키로 했다. 하지만 이에 대해선 서울시와 경기도의 입장이 다르다. 서울시의 경우 고속도로 주변 외곽 지역 위주로 환승시설을 만들고자 한다. 지하철이 닿는 환승시설까지 온 뒤 지하철로 갈아타고 도심으로 들어오라는 것이다. 경기도는 이에 대해 반발하고 있다. 이럴 경우 경기 거주 서울 출퇴근 이용자는 불편함을 느껴 아예 자가용을 몰고 출퇴근할 가능성이 높다는 것이다. 현재처럼 광화문, 강남역 등 도심 진입을 허용해야 한다는 주장이다. 물론 경기 거주 서울 출퇴근자들은 불편해지겠지만 서울 도시 혼잡 해소 차원에선 서울시의 주장이 맞다. 뉴욕 등 해외 주요국가 도시들도 대규모 환승시설을 활용해 광역버스 관리를 하고 있다.

결론적으로 서울의 '환상적인' 대중교통 시스템은 운영자인 서울시의 입장에서 보면 고객 만족도는 매우 높지만 비용이 많이 드는 서비스인 셈이다. 앞으로 무임 수송, 교통수단이나 관련 설비 노후화 개선 등으로 비용은 점점 늘어날 것으로 예상된다. 시민으로선 현재 서비스와 요금 수준이 계속 유지되는 게 좋지만 이럴 경우에도 서울이 부담하는 몫은 계속 늘어날 수밖에 없다. 시내버스 재정지원이나 서울메트로, 서울도시철도공사 등에 대한 지원 역시 시민이 낸 혈세에서 이뤄지는 것이다. 정부 재정지원을 바라기 쉽지 않은 상황에서 서울시가 적절하게 요금을 인상하면서 지속 가능성을 높여가는 게 가장 현실적인 대안이다.

서울메트로의 무리한 중국산 전동차 도입 추진, 서울메트로와 서울도시철도공사 합병(2016년 말 예정) 등도 적자가 누적되는 상황에서 나온 고육지책 성격이 강하다. 서울메트로와 서울도시철도공사 합병은 행정자치부의 공기업 효율화 정책에 따른 것이다.

03
점점 낮아가는 서울

　　2014년 8월 5일 오전, 서울 송파구 석촌동 왕복 6차선 도로 중간이 갑자기 꺼져버렸다. 송파경찰서 삼전지구대 소속 경찰관이 석촌동 싱크홀 발생 신고를 받고 사고 현장에 도착한 것은 같은 날 정오 무렵이었다. 싱크홀이란 지하 암석이 용해되거나 기존 동굴이 붕괴되어 생긴 움푹 팬 깔때기 모양 혹은 원통 모양의 웅덩이를 말한다. 주로 자연적인 현상을 가리키지만 도심에서 인공적인 사고로 발생하는 지반 침하 현상을 포함하기도 한다. 석촌동에 생긴 싱크홀의 규모는 폭 2.5m, 길이 8m, 깊이 5m였다. 이 싱크홀로 인해 다친 사람은 없었지만 세월호 사고의 상흔이 채 가시지 않은 시점에서 발생한 사고라서 서울시민들에게 큰 충격을 주었다. 특히 제2롯데월드 공사 현장과 멀리 떨어지지 않은 곳이라 제2롯데월드 공사로 인해 싱크홀이 발생한 것이 아니냐는 의혹을 불러일으키기도 했다.

　　서울시는 이후 석촌동 싱크홀의 원인에 대해 지하철 9호선 3단계 터널 공사 때문인 것으로 추정된다고 밝혔다. 사고 구간은 지하수에 취약한 모래, 자갈 등이 두껍게 자리해 수위 저감 시 내려앉거나 꺼지는 현상이 나타날 가능성이 높은 지역이라고 덧붙였다.

여하튼 이 사고로 인해 싱크홀은 급격히 익숙한 용어가 됐다. 순수 자연에선 지하수의 작용에 의해 싱크홀이 주로 발생하지만 도심에선 주로 하수 누수로 인한 지반 유실이 많은 것으로 나타났다. 환경부에 따르면 지난 2012년부터 2015년 3월 말까지 전국적으로 105곳에서 싱크홀이 발생했다. 지역별로는 서울이 43건으로 가장 많았고 경기 19건, 강원 15건, 전북 7건, 부산 5건, 대구 4건 순이었다. 발생 원인은 다양했지만 하수 누수로 인한 지반 유실이 전체 105건 중 51건으로 가장 많았다. 지하에 묻은 상·하수관이 노후해 손상되고 여기서 흘러나온 물이 지반을 함몰시키는 사례가 대표적이다. 이밖에 대형 건물 등 건축물을 신축하는 과정에서 지하공간을 개발하고 지하수 흐름이 바뀌면서 지반이 내려앉는 일도 있었고 잘못된 지반 굴착공사로 지반이 함몰되기도 했다.

한편 2015년 9월 24일 서울 '노후 하수관로 현황' 자료에 따르면 서울에 깔린 하수관로(1만 392.2km) 중 30.5%(3,173.8km)가 50년 이상 노후한 것으로 나타났다. 환경부는 노후 관로 기준을 20년으로 잡고 있는데 환경부 기준 노후 하수관로는 전체의 73.3%를 차지하는 것으로 집계됐다. 서울 25개 자치구 중 종로구가 전체 하수도관 351km 중 65%인 229.8km가 50년이 넘어 가장 비율이 높았다. 또 용산구 52.3%(191.3km), 성북구 51.6%(249.7km), 구로구 50.8%(194.6km), 영등포구 49.3%(239.3km), 동작구 43.4%(149.8km) 등이 뒤를 이었다.

하수관로 노후화로 인한 하수 누수가 싱크홀 발생의 주요 원인 중 하나인 점을 감안할 때 노후 하수관로 교체는 서울의 시급한 과제다. 서울시는 앞으로 4년간 노후 하수관로 정비에 약 1조 200억 원의 예산이 필요할 것으로 전망하고 있지만 막대한 비용 문제로 사업 추진에 어려움을 겪고 있는 상태다.

서울시는 붕괴 사고 20년을 앞둔 2014년 10월 15일, 성수대교 안전점검 현장을 공개했다. 성수대교 붕괴 사고는 1994년 10월 21일 오전 7시 40분경 10번과 11번 교각 사이의 상판 48m 구간이 무너지면서 사망 32명, 중상 17명을 기록한 전형적인 인재로 꼽히는 사고다. 성수대교는 1997년 복구돼 43.2t까지 통과할 수 있는 1등교로 개선됐다. 2004년엔 8차로로 확장돼 하루에 차량 9만 7,000대가 통행하고 있다. 이날 현장점검에 나선 서울시 관계자는 "사고 이후 낙교 방지턱과 온라인 실시간 감지장비를 갖춰 또다시 안전사고가 발생하지 않도록 관리하고 있다"고 설명했다. 낙교 방지턱은 교량 상판이 붕괴하더라도 한강으로 바로 떨어지지 않게 한 번 더 잡아 주는 안전장치다. 온라인 감시 시스템은 교량의 진동을 실시간으로 파악해 다리의 손상 여부를 파악할 수 있게 한다. 2011년 정밀 안전진단에서 성수대교는 합격점을 받았다.

하지만 앞으로가 문제다. 성수대교뿐 아니라 대부분의 교량이 1980년대 집중적으로 지어지면서 시설물의 노후화도 한꺼번에 진행되고 있기 때문이다. 2014년 서울의 교량, 지하도 등의 점검·보수 비용으로 잡힌 시 예산은 1,900억 원이었다. 2015년에는 2,400억 원으로 증가했다. 통상 교량은 건설된 뒤 30년쯤 지나면 관리비용이 급격히 증가한다. 한강교량, 일반교량, 고가차도 등을 합쳐 시내에는 총 257개의 교량 시설물이 있지만 이중 31~40년 된 것이 61개, 41~50년 된 것도 37개에 이른다. A~D등급으로 매겨지는 안전등급 중 217개는 B등급, 14개 C등급, 2개 D등급으로 분류된다.

도로의 노후화 역시 빠르게 진행되고 있다. 서울시에 따르면 도로 포장 상태지수(2014년 기준 SPI지수) 평가에서 전체 도로의 35.5%가 불량 수준(SPI지수 6.0 이하)을 기록했다. 매년 포장도로 정비를 하는데도 불구하고 노후도로 면적은 줄지 않고 있는 것으로 나타났다. 나머지도 우수 상태가 아닌, 보통 수준이다. 도로 파손도 2009년 2만 9,294건에서 2013년 7만 4,122건으로 크게 증가했다. 2014년 11월 기준 서울시가 관리하는 540개 도로 시설물 중 절반 이상인 283개(52%) 시설물이 21년 이상 됐으며 31년 이상 경과한 시설물도 121개(22%)였다. 서울시 관리 도로 시설물에는 교량, 고가차도, 입체교차, 터널, 지하차도, 복개구조, 공동구, 언더패스(주위 지반면보다 높은 도로나 철도 밑에 설치된 반지하도) 등이 포함된다. 서울 관리 도로 시설물 수에 변동이 없을 경우 31년 이상 경과된 노후 시설물은 현재 22%지만 2024년에는 52%, 2034년에는 80%로 늘어나게 된다.

하지만 이러한 주요 시설 노후화 현상은 서울에만 국한된 것이 아니다. 미국 뉴욕이나 일본 도쿄처럼 서울보다 도시화 속도가 빨랐던 도시들도 하나같이 겪어야만 했고 현재도 겪고 있는 일종의 만성질환 같은 것이다. 일본 도쿄도의 경우 최근 노후 시설물에 대한 유지 관리 비용 증가로 속을 썩이고 있다. 지난 1960년대 집중 성장한 일본은 현재 시설물 대보수 시대에 돌입했다는 평가를 받고 있다. 미국 역시 시설물 노후화로 인해 골머리를 앓고 있다. 1930년대 집중 성장 이후 도시 노후화에 대한 사전대비 부족으로 1980년대 이후 도시를 중심으로 대형사고가 속출했기 때문이다. 미국에선 1989년부터 2000년 사이 총 503건의 교량 붕괴사고가 발생한 것으로 집계됐다. 이는 평균 매주 1건꼴로 교량이 붕괴됐다는 의미다. 미국의 대표적인 도시 뉴욕도 사정은 비슷하다. 서울시 관계자는 "서울도 시설물 노후화 징후가 점점 뚜렷해지고 있다"며 "미국과 일본의 사례에서 알 수 있듯이 시의적절하고 예방적인 유지관리가 중요하다"고 말했다.

서울 지하철 역시 서비스 40년을 넘어서면서 노후화가 심각한 편이다. 특히 최근 만성 적자 흐름과 맞물리면서 노후시설 교체에 힘을 쏟지 못하고 있는 상태다. 2015년 3월 기준으로 서울메트로가 보유하고 있는 전체 전동차 1,954량 가운데 41%에 이르는 802량이 21년 이상 된 노후 전동차인 것으로 나타났다. 통상 운행 20년이 넘는 전동차는 교체 대상이 된다. 특히 이용객들이 압도적으로 많은 2호선(평균 사용연수 15.3년)의 경우 차량 834량 가운데 260량이나 운행된 지 20년이 훌쩍 넘어 사고 발생 시 자칫 대형 인명피해로도 이어질 수 있다는 지적도 나오고 있다. 실제 2014년 5월 상왕십리역에서 노후화된 차량에 탑재된 자동정지장치(ATS)가 한 노선에서 병행 운용되고 있는 신형 자동운전장치(ATO)와 오류를 일으키며 충돌사고가 발생, 200여 명이 부상하는 일이 벌어지기도 했다.

1호선과 4호선 역시 각각 평균 17.4년, 19.2년씩 운용되는 등 노후화 문제가 심각한 수준이다. 3호선은 상대적으로 평균 사용연수(9.3년)가 짧지만 전체 490량 가운데 150량이 20년 이상 운행되면서 고장이 잦아지고 있다. 그나마 상황이 나은 5~8호선의 경우 서울도시철도공사 보유 차량 1,617량 가운데 834량(52%)이 1995~1996년에 제작된 것으로 알려졌다.

1~4호선 역내 전기, 통신, 열차신호 등을 제어하며 '신경망' 역할을 하는 케이블의 90% 이상 역시 20년 이상 경과해 시민 안전에 위

협이 되고 있는 상태다. 전동차만 해도 1~8호 지하철 전 구간의 노후차량을 교체하려면 대략적으로 잡아도 10년 안에 3조 원(1대당 15억 원)의 비용이 필요한데, 서울메트로 측은 예산 부족으로 인해 엄두를 내지 못하고 있는 실정이라고 설명했다. 이에 따라 서울메트로는 이용자가 집중된 1~4호선 지하철 노후 전동차 가운데 77.3%인 620량을 교체해 급한 불을 끈다는 입장이지만 이마저도 예산이 없어 3차에 걸쳐 2022년에야 사업이 완료될 것으로 전망하고 있다.

1~4호 지하철 전체 146.8㎞ 구간 중 서울역~종로3가역 등 3개 구간 53.2㎞(36.2%)가 지진에 취약해 보강이 시급하지만 2018년에나 사업이 완료될 예정이어서 지진 피해 우려도 커지고 있다. 이와 함께 레일체결장치와 전차선로 등 관련 시설도 40년 이상 경과된 사례가 적지 않지만 예산 부족으로 교체 작업이 차질을 빚고 있는 상황이다.

그나마 지난 2015년 6월 대중교통 요금 인상 조치로 한시름 덜 수 있게 됐지만 흡족할 정도는 아니다. 비유하자면 급한 불을 끈 정도다. 시설 노후화 대응 문제는 서울에 큰 도전이 되고 있다. 짧은 기간 동안 성공적으로 도시화를 진척시켜 신흥국가 도시들의 부러움을 사고 있는데 시설 노후화 문제를 어떻게 극복하느냐에 따라 또다시 신흥국가 도시들의 전범이 될 수 있을 것으로 보인다. 서울로선 또 다시 기로에 서 있는 셈이다.

04
자동차 위주의 생활에서 벗어나라

프랑스의 항공 사진작가 얀 아르튀스 베르트랑은 "서울은 자동차에 의해 살해된 도시"라고 말한 적이 있는데 이는 서울의 열악한 교통 환경을 정확히 표현한 말이다. 사람이 도시를 만들고 빠르고 편리한 이동을 위해 자동차를 만들었지만 어느 순간 도시의 주인은 사람이 아닌 자동차가 됐다. 사람들도 이러한 환경에 익숙해져 이제는 차 없는 생활을 상상하기 힘들 정도가 됐다. 자동차를 이용하는 사람이 늘면서 생활 전반에 속도가 빨라진 것은 사실이다. 하지만 걷는 것보다 타는 것에 시간이 적게 들면 그만큼 시간의 여유가 생겨야 정상인데 결과는 정반대다. 삶은 더욱 더 분주해졌고 사람들은 여유를 잃어갔다. 자동차에 중독된 상태에서 벗어나지 못하고 있는 것이다.

더욱이 자동차 위주로 도시계획을 수립하면서 보행권, 즉 보행자의 권리는 크게 훼손됐다. 최소한의 보행 공간조차 확보하기 어려운 상황에 처한 것이다. 인도가 없는 좁은 이면도로에선 차에게 길을 내주고 눈치를 보며 걸어야 하고 인도가 비교적 넓은 대로에서도 자동차가 인도에 올라와 주차하는 경우가 빈번해 차를 피해 조심스럽게 걸어야 한다. 짧은 거리도 승용차나 택시, 아니면 마을버스라도 타야할 만큼 서울에서 걷기란 힘들고 불편한 일이다. 자동차 위주의 생활 습성과 자동차 위주의 교통 계획이 상승작용을 하면서 서울을 점점 걷기 힘든 곳으로 만들어버린 것이다. 반드시 그럴 필요는 없겠지만 결과적으로 자동차 위주의 생활과 걷기는 적대관계가 됐다. 적어도 서울을 비롯한 도시에선 말이다.

자동차 위주의 생활은 걷기로 인해 얻을 수 있는 많은 가치를 훼손시킨다. 일단 건강이다. 한 번에 30분 이상 일주일에 다섯 번만 지속적으로 걸으면 암, 당뇨, 심장질환, 불안, 우울증 등의 위험에서 벗어날 수 있다고 한다. 사람의 뼈는 걸을수록 강해진다. 반면 신체활동이 부족한 사람들은 심혈관 질병은 물론 당뇨병과 같은 만성질환, 관절염, 우울증에 걸릴 위험이 크다. 또 보행은 신체적 건강뿐 아니라 정신 건강에도 큰 영향을 미친다. 사람은 걸을 때 생기가 돌고 격해졌던 감정이 차분해지며 쌓였던 스트레스가 풀리기 때문이다. 아메리카웍스의 스콧 브리커는 "사람의 두뇌는 걸을 때 매우 활성화된다"고 지적했다. 자동차 위주의 생활은 걷기 부족으로 연결될 가능성이 높고 걷기 부족은 건강을 해칠 수 있다는 것이다.

특히 현대인의 고질병으로 자리 잡은 비만 역시 걷기 부족과 상관관계가 깊다는 주장이 힘을 얻고 있다. 비만의 주요 원인을 찾고자 했던 연구자들은 비만의 속성과 차량 이동 위주의 생활방식 사이의 관계, 자동차 중심적 도시계획으로 인한 질병에 대해 진지하게 연구했는데 연구가 축적될수록 그 상관관계가 점점 명확해지고 있다. 미국 애틀랜타 지역 주민을 대상으로 한 연구에서 운전하는 시간이 매일 5분씩 늘어날 때마다 비만이 될 가능성은 3% 증가한다는 사실이 밝혀졌다. 또 다른 연구에선 자가용에서 대중교통으로 이동 방식을 바꾼 운전자들은 평균 2.3kg 정도 몸무게가 줄었다. 샌디에이고를 대상으로 한 연구에 따르면 걸어 다니기 매우 편리한 지역의 과체중 비율은 35%였고 이에 반해 걸어 다니기 어려운 지역에선 거주자의 60%가 과체중이었다.

대기오염 문제도 거론하지 않을 수 없다. 1996년 미국 애틀랜타 올림픽 기간에 200만 명 이상의 방문자가 애틀랜타로 몰려들었고 도시 인구는 사실상 50%까지 늘었다. 하지만 이 기간 애틀랜타에서 천식으로 입원한 환자 수는 무려 30% 줄었다. 바로 걷기 때문이었다. 올림픽 기간 동안 도심 주변에선 차량 운행이 금지됐고 자가용으로 출퇴근하던 많은 사람들이 대중교통을 이용하고 걸어 다녔다. 자동차 배기가스로 인한 높은 오존 농도로 악명 높은 애틀랜타였지만 그 시기 오존 농도는 급격히 떨어졌다. 대기오염이 과거에 비해 훨씬 심각해졌는데 미국에서 발생하는 스모그의 주원인은 공장 매연이 아니라 자동차 배기가스다. 이 때문에 천식 환자가 급증하고 있다. 미국인 15명 중 한 명이 천식이 고통 받고 있으며 천식으로 소모되는 비용은 매년 182억 달러인 것으로 추산되고 있다.

천식 환자가 가장 적은 도시와 많은 도시를 나타낸 미국의 2011년 WebMD 리스트는 걷기와 천식 사이의 상관관계를 말해주고 있다. 이에 따르면 천식 환자가 가장 많은 5개 도시(리치몬드, 녹슨빌, 멤피스, 채터누가, 털사)에 사는 주민들은 천식 환자가 가장 적은 5개 도시(포틀랜드, 샌프란시스코, 콜로라도 스핑스, 디모인, 미니애폴리스)에 사는 주민들보다 하루 평균 27% 더 먼 거리를 자동차로 이동하는 것으로 나타났다.

자동차 위주의 생활이 수많은 사람을 죽음으로 내몬다는 사실에는 반론의 여지가 없을 것이다. 특히 한국은 경제협력개발기구(OECD) 국가 중에서 교통사고 사망자수 분야에서 수년 동안 선두권을 유지하고 있다. 2011년 기준 한국의 교통사고 사망자수는 100만 명당 105명으로 경제협력개발기구 회원국 중 폴란드(109명)에 이어 2위를 기록했다. 1위의 불명예를 간신히 피하기는 했지만 OECD 평균(63명)의 1.7배에 달하는 것으로 나타났다. 미국이 104명으로 3위였고 뒤이어 그리스(97명), 포르투갈(84명), 벨기에(78명), 에스토니아(75명), 체코(74명) 순이었다. 반면 영국은 교통사고 사망자가 100만 명당 31명으로 가장 적고 스웨덴(34명), 노르웨이(34명), 아이슬란드(38명), 프랑스(39명), 덴마크(39명) 등이 뒤를 이었다.

　자동차 위주의 생활은 이렇듯 많은 문제점을 안고 있다. 결국 이를 극복할 수 있는 가장 현실적인 방법은 자동차 중독에서 벗어나 걷기 비중을 늘리는 것이다. 또 대기오염이나 지구온난화를 고려해 친환경 이동장치인 자전거를 타거나 버스, 도시철도 등 대중교통을 보다 많이 활용하는 것이다.

05
보행 친화를 위해 혁신적인 정책을 도입해야

미노베 료키치(美濃部亮吉) 도쿄 도지사는 1967년 지방선거에서 사회당과 공산당 연합 후보로 출마해 당선됐다. 대학교수 출신인 그는 3선을 연임하며 도쿄를 바꾸는 데 혁혁한 공을 세웠다. 미노베 도지사는 이전 보수 성향 자치단체장들과 구별되는 진보적 도시 정책으로 많은 성과를 거뒀다. 그는 노인과 장애인 복지를 강화하고 의료보험, 연금제도 등을 혁신했다. 주민이 주도해 마을과 도시의 역사와 환경을 지켜나가는 '마을 만들기(마치즈쿠리)'가 일본 전역에 뿌리내린 것도 바로 이 시기였다.

특히 미노베 도지사는 교통 분야에서 두각을 나타냈다. '미노베 방정식'이라는 말까지 나올 정도로 그의 교통 정책은 혁신 그 자체였다. 기존 도로 공식이 '도로-차도=보도'였다면 미노베 지사는 이를 거꾸로 뒤집어 '도로-보도=차도'의 원칙을 천명하고 자동차 중심의 교통과 도로 정책을 보행자 위주로 바꿨다. 지금이야 교통 정책이든 도로 정책이든 차보다는 사람을 먼저 고려하는 게 당연하지만 자동차 대중화 시대가 막 시작된 1970년대에 이러한 정책을 제시한 것은 미래를 내다보는 눈이 있었다고밖에 설명할 수 없다.

유럽에서는 미노베 시장의 임기와 비슷한 시기에 혁신적인 도로 개념이 등장했다. 바로 '보네르프'다. 보네르프를 우리말로 옮기면 '생활의 마당' 또는 '생활공간' 정도로 해석할 수 있다. 보네르프의 의미는 표지판을 보면 한눈에 알 수 있다. 이 표지판에는 집과 사람과 차가 어우러져 있고 차가 다니는 길과 사람의 길이 구분돼 있지 않다. 심지어 아이는 공을 차고 있다. 사람과 차가 함께 쓰는 도로, 도로이면서 동시에 생활공간이기도 한 곳이 바로 보네르프다. 1970년대를 전후로 네덜란드는 자동차 대중화 시대를 맞는다. 한적하던 주택가 도로에도 자동차들이 빈번히 오가게 됐고 과속 차량으로 인해 사고가 나기도 했다. 이웃과 만나 담소를 나누고 때로는 자리를 펴고 음식을 나눠 먹기도 했던 집 앞 골목과 같은 생활공간을 빼앗긴 주민들은 화가 났다. 그래서 길에 커다란 화분을 내놓기 시작했다. 넓은 길에 화분을 엇갈리게 놓아두니 갑자기 차도가 좁아지고 꺾여 자동차 운행 속도도 자연스럽게 느려지게 됐다. 이것이 보네르프가 탄생하게 된 계기다. 사람과 차가 함께 쓴다고 해서 보차공존도로라고도 하고 차보다 사람을 먼저 대우한다는 뜻에서 보행우선도로라고도 한다.

네덜란드 정부는 1975년부터 정책적으로 보네르프 개념을 명확히 정립했고 다음 해 도로교통법에 보네르프 도로 설계 기준을 명문화했다. 이후 보네르프는 네덜란드 전역으로 확산돼 1980년대 초반에 전국 1,500곳이 넘는 주거지역에 적용됐다. 대상지도 상가지역으로 확대됐다. 보네르프는 세계 여러 나라에도 전파됐다. 독일의 템포 30 존, 영국의 20마일 존과 홈 존, 일본의 커뮤니티 도로와 커뮤니티 존 등이 바로 그것이다. 이름과 형태는 다르지만 자동차가 함부로 날뛰지 못하도록 엄격하게 속도를 제한한다는 본질은 같다. 보행자가 걷는 속도로 자동차가 주행하도록 규제하기도 한다. 만일 사고가 나면 100% 운전자 과실로 중징계를 받는다.

도로를 구부리거나 꺾으며, 횡단 지점 같은 곳은 차도 폭을 바짝 좁히기도 한다. 또, 차도를 오돌토돌하게 포장해, 운전자로 하여금 이곳은 조심스럽게 운전해야 하는 곳임을 온몸으로 느끼게 한다. 자동차 과속을 막는 이러한 조치를 '트래픽 카밍'이라고 한다.

콜롬비아의 수도 보고타는 인구 700만 명의 도시로 산업화와 도시화로 인해 인구가 빠르게 늘면서 여느 신흥국가 도시처럼 주택 부족, 비좁은 길, 자동차 주차, 환경 등 각종 도시 문제로 인해 골머리를 앓았다. 질 페넬로사 시장은 취임 후 시클로비아(Ciclovia)라는 도시 재정비 사업을 단행했다. 시클로비아는 스페인어로 자전거 도로를 의미하는데 이 사업을 통해 보고타를 총 길이 400㎞에 달하는 자전거 도로를 갖춘 자전거 도시권으로 변모시켰다. 일본에선 페넬로사 시장에게 7층으로 된 도시 고가도로 시스템과 도심을 가로지르는 6차선 도시 고속도로 건설안을 제안했다고 한다. 하지만 보고타는 이를 거절하고 대신 도심과 근교 각 지역으로 촘촘히 뻗어 있는 자전거 도로, 버스 환승 시스템, 자전거 도로를 중심으로 한 1,000개가 넘는 공원을 만들었다. 또 1982년부터 보고타 시내에선 매주 일요일이면 7시간 동안 총 길이 120㎞의 도심 도로에 차량 통행을 금지시켰다. 그리고 이를 보행자와 자전거 운전자에게 제공하였다.

또 매년 2월 첫째 주 목요일은 차 없는 날(Car Free Day)로 지정했다. 거의 모든 보고타 시민들이 출퇴근길에 승용차 대신 대중교통이나 자전거를 이용하고 있다. 보고타 시클로비아의 성공은 전 세계 도시에 많은 시사점을 안겨줬다. 보행자 권리에 대한 인식을 높였을 뿐 아니라 자전거 붐을 일으킨 것이다. 미국 뉴욕의 섬머스트리트, 프랑스 파리의 벨리브 등은 시클로비아의 영향을 받아 고안돼 역시 전 세계적인 주목을 끌었다.

한국과 서울은 이런 점에서 늦어도 한참 늦었다. 아니면 자동차 중독증이 심각한 수준이라고 설명해야 할지도 모르겠다. 최근 개정된 도시계획시설 기준에 보행자 우선도로가 반영된 게 전부다. 도로법이나 도로교통법을 보면 보행전용도로는 있어도 보행우선도로 개념은 없다. 어린이보호구역, 노인보호구역, 보행우선구역과 같은 개념들은 있지만 보행우선도로를 도로 종류 가운데 하나로 분명하게 정의하고 있지 않은 것이다.

보행우선도로의 개념이 없다 보니 사람과 차가 함께 사용하는 보차혼용도로에서 주인은 당연히 차다. 지금처럼 극히 일부 지역만을 어린이보호구역이나 노인보호구역으로 지정하는데 그치지 말고 보행우선도로를 법제화해 필요한 모든 곳들을 보행우선도로로 지정해야 한다. 다행히 국민안전처와 경찰청은 2015년 9월 '생활권 이면도로 정비지침'을 마련, 시행한다고 밝혔다. 사고 위험이 높은 이면도로를 생활도로구역으로 정해 차량 속도를 시속 30㎞ 이하로 제한하는 것이 주요 내용이다. 특히 도로 폭이 3m 이상 9m 미만 정도로 좁은 이면도로는 '필수 지정구역'으로 분류, 보행자 수와 보도 형태 등을 고려해 생활도로구역으로 지정할지 우선 검토한다. '선택적 지정구역'에 해당하는 9m 이상 15m 미만 도로는 필요에 따라 생활도로구역으로 관리할 수 있다. 지방자치단체는 생활도로구역으로 지정된 이면도로에는 시속 30㎞ 제한속도 표지판을 설치하고 주정차 금지 및 최고속도를 노면에 표시해야 한다. 안전처는 생활권 이면도로 정비사업을 추진하는 자치단체에 소방안전교부세 지원 인센티브를 부여키로 했다. 그리고 각종 트래픽 카밍 환경을 조성하도록 자치단체에 권유했다. 한국판 보네르프가 이면도로를 중심으로 만들어지는 것이다.

서울의 횡단보도는 보행 친화적이지 않다. 일단 횡단보도가 많지 않다. 1990년대 이후 도로 곳곳에 횡단보도가 생겨났지만 여전히 횡단보도는 적은 편이다. 폭 40m 이상의 넓은 도로를 광로(廣路)라고 한다. 왕복 8차선이 넘는 넓은 길은 자동차가 속력을 내기에는 좋을지 모르나 보행자를 위협하고 길 양쪽을 단절해 결과적으로 도시의 삶을 황량하게 만든다. 지난 1995년 7월 1일 도로교통법 시행령 개정 전 횡단보도 설치 기준은 '200m 이내에 횡단보도, 육교, 지하도를 함께 설치하지 말라'는 것이었다. 시행령 개정 이후에도 횡단보도 설치를 어린이보호구역, 노인보호구역, 또는 장애인보호구역으로 지정된 경우나 보행자 안전이나 통행을 위해 특별히 인정되는 경우에 한하고 있다. 이후 2000년 4월 시청 앞에 서울광장 조성과 함께 횡단보도가 설치되는 등 횡단보도가 많이 생겨났지만 모든 교차로에 횡단보도 설치를 의무 규정하고 있는 선진국과는 여전히 제도상 간격이 있다.

선진국 도로와 비교했을 때 또 아쉬운 것은 안전섬의 설치 여부다. 안전섬은 찻길을 건너는 사람에게 피난처와 휴식처 역할을 한다. 비록 차도 위지만 안전섬에 이르면 사람들은 안도감을 느끼고 잠시 멈추어 쉴 수 있다. 유럽 도시들은 한국과 달리 그리 넓지 않은 길에도 안전섬을 설치한다. 안전섬 하나만 설치해도 횡단보도는 크게 바뀐다. 횡단보도가 놓이는 자리의 차도 폭을 조금 좁혀주면 세 가지 혜택을 누릴 수 있다. 보행자 횡단 거리가 줄고, 자동차 속도가 줄고, 횡단 대기 중인 사람들로 인한 방해도 막을 수 있다. 또 횡단보도의 높이를 보도와 같게 하면 자동차는 과속 방지턱을 만나 속도를 줄여야 하는 반면 보행자는 오르내리지 않고 편안하게 길을 건널 수 있다. 서울시가 보행친화 환경을 구현하기 위해 점검해볼 만한 대목이다.

한편 서울은 박원순 시장 취임 이후 보행친화도시 사업으로 ▲세종로 보행전용거리 사업 ▲신촌 연세로 대중교통 전용지구 조성 사업 등을 밀어붙였다. 시범 사업적 성격이 강하지만, 시민들의 호응은 높은 편이었다. 하지만 주변 상인들의 반발, 교통 통제권을 갖고 있는 경찰과의 크고 작은 불협화음 등으로 보행친화도로를 더 확대하지는 못하고 있는 실정이다. 서울시 역시 빅이벤트를 통해 시민들의 마음을 한 번에 사야 할 필요가 있었다.

그래서 선택한 것이 서울역 고가도로 공원화(서울역 7017 프로젝트) 사업이다. 이는 박원순 시장이 심혈을 기울여 추진하고 있는 사업이다. 하지만 이에 대한 찬반은 다소 갈리는 편이다. 지난 1970년 건설된 서울역 고가는 남대문로와 만리동을 잇는 고가도로로 교통상 주요 역할을 담당해 왔다. 하지만 너무 낡아 철거를 앞두고 있는 시점에서 박원순 시장은 이를 공원화하고 총 17개의 공원 접근로를 만들겠다고 밝힌 것이다. 폐고가철도를 정비해 만든 미국 뉴욕의 하이라인공원을 벤치마킹한 것이다. 하지만 경찰이 이에 대해 반대의견을 냈다. 서울이 만든 종합교통 대책안이 교통체증을 해소하는데 미흡한 점이 있다는 게 경찰의 입장이었다. 경찰은 세 차례에 걸쳐 교통안전시설 심의위원회를 열었지만 이에 대해 결론을 내지 못하고 국토교통부로부터 유권해석을 받은 뒤 심의를 하겠다고 2015년 9월 30일 밝혔다. 따라서 서울시와 경찰은 국토교통부의 유권해석을 기다리고 있는데 서울시는 당초 오는 11월 착공, 2017년 완공을 목표로 하고 있어 다소 초조한 입장이다.

서울시는 서울역 고가공원이 완공되면 서울의 랜드마크가 돼 침체돼있는 남대문시장과 주변 지역의 상권이 함께 관광지로 살아날 수 있으며 우회도로가 적지 않으니 교통체증 문제도 예상보다 심각하지 않을 것이라고 주장하고 있다. 서울역 고가공원화에 찬성하는 오영욱 오기사디자인 대표는 "오늘날 어느 지역의 저평가된 부동산 가치가 급격히 오르게 되는 과정은 사실 무척 단순하다. 대중교통수단을 한 가지 늘리고 감춰진 이야깃거리를 찾아낸 후 걷기 좋은 환경을 조성하면 된다"며, "서울 시내에서 남대문시장과 서울역만큼 이야깃거리가 풍부한 곳은 많지 않다. 걷기 좋은 장소를 만듦과 동시에 놓치지 않아야 하는 것들에 대해 미리 고민하고 대책을 마련해야 한다"고 말했다.

반면 이경훈 국민대 건축학과 교수는 "보행친화적 도시가 되려면 입체적 시설이 아니라 거리와 같은 높이에서 걸을 수 있어야 한다. 또 도시에선 녹지라는 이유만으로 사람이 걷지 않는다. 서울이 벤치마킹하고 있다는 뉴욕의 하이라인공원은 기존의 고가철도와 건물이 근접해 별도의 시설을 만들지 않고도 출입이 가능했다. 공원이라고는 하지만 새로 나무를 심기보다 철길 위에 자라던 잡초를 보존하고 보행 데크를 얹는 정도로 건축·조경의 개입을 최소화한 경우다. 그 결과 주변과 소통하는 도회적 산책로가 될 수 있었다. 고가도로의 철거는 입체도시에 매혹됐던 지난 세기 도시 정책의 폐기이자 사람 중심의 21세기적 도시로의 전환을 의미한다. 예정대로 고가도로를 철거해야한다"고 밝혔다. 이 교수도 박원순 시장이 내놓은 보행친화정책에는 반대하지 않는다. 다만 보행친화 거리를 만들기 위해 굳이 서울역 고가를 공원화할 필요는 없다는 게 그의 주장이다.

이명박 전 대통령 서울시장 재임 당시 추진했던 청계천 고가도로 철거는 서울역 고가공원화 사업과 관련해 시사하는 바가 적지 않다. 당시 하루에 16만 8,000대의 차량이 다니던 청계천 고가도로를 없애면 가뜩이나 심각한 도심지역 교통체증이 심화될 것이라는 주장이 적지 않았다. 하지만 이명박 전 서울시장은 이를 밀어붙였다. 고가도로는 도심 가로수길과 장관을 이루는 10㎞ 길이의 강변공원으로 변모했다. 몇 년이 지나자 청계천 생태계는 상당히 회복됐다. 도심 온도는 낮아졌고 동시에 교통체계에 투자함으로써 교통 혼잡은 급격히 줄었다.

현재 청계천 주변 부동산 가치는 3배 이상 뛰었다. 서울시는 이러한 선례를 들어 일단 서울역 고가공원이 완공되면 초기 교통 혼잡은 불가피하겠지만 이후 안정화될 것이며 주변 남대문시장 등은 다양한 혜택을 볼 것이라고 주장하고 있다. 반면 반대쪽에선 청계천 고가처럼 서울역 고가를 철거하면 오히려 사람들이 몰려들 것이라고 주장하고 있는 것이다.

06
안전 보행을 위한 조건

아메리카웍스는 사람들이 왜 걷는 것을 꺼리는지에 대해 설문조사를 실시한 적이 있다. 사람들이 걷기 싫어하는 가장 큰 이유는 보행의 안전이 보장되지 않기 때문이라고 한다. 그래서 보행자 스스로 자신을 보호하기 위해 일단 보행을 자제한다는 것이다. 설문조사에 따르면 우선 길을 걷다가 사고라도 나면 다치거나 죽을지 모른다는 두려움이 보행 자제의 가장 큰 요인인 것으로 조사됐다. 1980년대 5.6%였던 미국 평균 보행자 비율은 2005년에 이르러 2.5%로 줄어들었다. 반면 보행자 사고를 당한 사람은 1980년 4,881명에서 8,070명으로 오히려 늘어났다. 자동차는 소음을 발생시키는 것은 물론 대기를 오염시키고 보행자 사고를 유발해 보행자에게 직접적인 위협의 대상이 된다. 보행을 가로막는 또 다른 요인은 공기가 맑지 않다는 것이다. 대기환경은 보행환경과 직결된다. 대기환경은 물리적 환경보다 더 직접적으로 보행자 건강에 영향을 끼친다. 따라서 안전한 보행을 위해선 몇 가지 조건이 충족돼야 한다.

우선 차량 속도의 제한이다. 빠른 속도로 운전하는 차량은 보행자의 신체적 안전뿐 아니라 정신적 안전도 위협한다. 정신적으로 불안하면 걷는 것을 두려워하게 된다. 다음으로 횡단보도의 재점검이다. 횡단보도 길이가 길면 차도 중간에 안전섬을 두거나 다양한 형태의 안전장치를 마련해야 한다. 셋째는 보행로의 밝기다. 너무 어두워서도 너무 밝아서도 안 된다. 최적의 조명을 설계한다면 범죄율도 줄일 수 있고 보행자가 안심하고 걸을 수도 있다. 야간 보행자를 위해 횡단보도의 조명시설을 강화할 필요가 있다. 예를 들면 노면 표시의 반사성능 기준을 높여야 한다. 2011년 기준으로 한국 도로의 노면표시 반사성능 기준은 미국의 절반에도 미치지 못한다고 한다. 이로 인해 밤이나 비가 오는 날 사고 빈도가 높아진다.

보행로 개선도 중요하다. 비좁은 보행로는 넓히고, 좁지 않더라도 여러 가지 장애물이 자리를 차지하고 있는 곳은 과감히 단속해야 한다. 자전거, 쓰레기통, 광고물 등이 보도를 점유하고 있으면 보행자 안전을 위협할 수 있다. 자전거, 롤러스케이트, 모터 자전거, 모터 휠체어 등 기타 이동수단의 진입과 속도 제한도 필요하다. 이러한 이동 수단을 이용하는 보행자는 자동차 못지않게 순수 보행자들의 안전에 위협이 된다. 따라서 순수 보행자의 안전을 위해 이들 이동수단의 속도를 제한해야 한다.

사실 대기환경 문제는 서울시의 능력을 벗어난 문제다. 시 경계는 물론 국경 넘어에도 대기 환경 오염원이 존재하기 때문에 동북아 대기질 개선 네트워크 등 도시 간, 더 나아가 국가 간 협력을 통해 해결할 수밖에 없다. 시간을 두고 실질적인 협력을 강화해야 한다. 마음 놓고 걷고 싶은 거리를 만들기 위해선 이렇듯 국가 간의 협력까지 필요한 셈이다.

07
걷고 싶은 거리

　　　　　강남구 신사동 가로수길은 서울
의 대표적인 핫 플레이스다. 이곳은 처음엔 골동품과 고미술을 취급
하는 상가였다가 화랑가로 변했지만 내내 별다른 주목을 받지 못해
한산한 길이었다. 가로수길이라는 이름처럼 가로수가 우거져있는
것도 아니고 지하철역이 가까이 있는 것도 아니다. 공연장이나 영화
관같이 사람을 끌어 모으는 시설이 발달한 것도 아니며 백화점도 가
까이 있지 않다. 압구정 도산공원처럼 외국 명품매장이 몰려 있는 것
도 아니다.

　하지만 가로수길에는 구경거리가 있다. 신상품으로 나온 옷이 있
고 구두가 있고 세상에 하나밖에 없는 상품들이 있다. 커피숍에 앉
아 멋진 여성들을 볼 수도 있다. 가로수길은 거리가 되는 데 성공했
고 이는 간단히 경제적 가치로 환산된다. 평당 가격이 강남 최고 수
준이다. 임대료와 권리금도 마찬가지다. 거리에는 항상 걷는 사람들
이 넘쳐나고 매일매일 개성 넘치는 상점과 공방이 생겨난다. 지방에
서 일부러 다녀가는 사람이 있을 정도로 서울의 명소가 됐다.

　이경훈 국민대 건축공학과 교수는 『서울은 도시가 아니다』에서

"가로수길에는 서울 대부분의 걷고 싶은 거리에 있는 것들 중 두 가지가 없다. 첫째로 공원이 없다. 그 흔한 공터나 작은 정원 대신 작은 건물이 빽빽이 들어차 있다. 둘째는 인도에 올라와있는 자동차가 없다. 우연인지 모르겠지만 길의 폭도 적당하다. 왕복 이차선의 좁은 차도를 사이에 두고 양편에 놓인 인도는 폭이 그리 넓지 않아서 자동차를 올려놓을 수 없다. 대신 보행자들의 가뿐한 걸음걸이가 거리를 메우고 있다. 가로수길에서 약 1㎞ 떨어진 압구정 로데오거리는 가로수길과 여러 조건이 비슷하지만 인도에 올라온 자동차가 있는지 여부가 이런 차이를 만들고 있다"고 말한다.

서울 어디에나 있지만 가로수길에는 없는 두 개의 요소, 즉 공원과 인도 주차는 거꾸로 가로수길을 만드는 물리적 조건이다. 이 두 가지가 없는 가로수길에는 쇼윈도가 병풍처럼 늘어서 있다. 건물 1층에 식당이나 옷가게 또는 세상에 하나밖에 없는 물건을 파는 공방들이 위치해 있기 때문에 쇼윈도에 주목하지 않을 수 없다. 쇼윈도를 들여다보며 세일 정보를 확인하고 커피숍 안 사람들을 바라보느라 걷는 동안 심심할 틈이 없다. 가로수길을 빈틈없이 메우고 있는 상점들은 도시의 거리가 소통하고 숨 쉬는 방법을 보여준다. 도시에서 상점의 역할은 매우 크다. 거리를 장식하며 밤늦게 길을 밝히는 것은 물론 이 모든 것을 통해 걷는 이들에게 끊임없이 볼거리를 제공하기 때문이다.

유현준 홍익대 건축학과 교수는 "걷고 싶은 거리가 되기 위해선 휴먼스케일의 체험을 동반해야 한다"고 주장한다. 휴먼스케일이란 사람의 체격을 기준으로 한 척도라고 할 수 있는데 주로 건축, 인테리어, 가구 등의 분야에서 사용되는 개념이다. 강북을 대표하는 세종로의 경우 압도적인 스케일로 서울을 대표하는 거리지만 우리가 걷고 싶을 때 찾는 거리는 아니다.

유 교수는 『도시는 무엇으로 사는가』에서 보행자가 걸으면서 마주치는 거리 위의 출입구 빈도수와 걷고 싶은 거리의 상관관계를 통해 걷고 싶은 거리의 물적 조건을 조사했다. 그는 단위 거리 당 출입구 숫자가 많아서 선택할 수 있는 경우의 수가 많을 경우 이벤트 밀도가 높다고 표현함을 전제한 뒤 홍대 앞 거리, 신사동 가로수길, 명동, 강남대로, 테헤란로 등을 비교했다.

그 결과 명동 거리와 가로수길이 공동 1위(36), 홍대 앞 거리가 3위(34), 강남대로와 테헤란로가 각각 4위(14)와 5위(8)를 차지했다. 명동 거리와 가로수길은 최젓값을 받은 테헤란로보다 4.5배 정도 높은 경험의 밀도를 갖고 있었다. 수치를 해석한다면 가로수길은 테헤란로보다 4.5배 더 걷고 싶은 거리라고 말할 수 있다고 유 교수는 설명한다.

이벤트 밀도가 높은 거리는 우연성이 넘치는 도시를 만들어낸다. 사람들에게는 걸으면서 더 많은 선택권을 갖는 거리가 더 걷고 싶은 거리가 되는 것이며, 또 더 많은 선택권을 갖는다는 것은 자기 주도적인 삶을 영위한다는 뜻이기도 하다. 결국 이벤트가 일어날 가능성이 많고 자기 주도적 선택권을 주는 거리가 더 걷고 싶은 거리라고 정리할 수 있다. 여기에 공간의 속도도 대입시켰다. 공간은 움직이는 개체가 쏟아 붓는 운동 에너지에 의해 크게 변하기 때문이다. 공간은 어떤 행위자로 채워지느냐에 따라 그 공간의 느낌과 성격이 달라진다. 가령 뉴욕 록펠러센터의 선큰가든(지하나 지하로 통하는 공간에 꾸민 정원)의 경우 여름에는 정적인 레스토랑으로 운영되고 겨울에는 움직임이 많은 스케이트장으로 운영된다. 같은 물리적 공간이지만 그 공간이 의자에 앉아있는 레스토랑 손님으로 채워졌을 때와 스케이트 타는 사람으로 채워졌을 때는 다르다. 이를 바탕으로 거리의 속도는 다음과 같은 공식에 의해 그 수치가 정해진다.

공간의 속도 = (차도 면적 × 차 평균 속도) + (보도 면적 × 보행 속도 평균 속도) + (데크 면적 × 1km/h) + (주차장 면적 × 1km/h) / 전체 면적

이러한 공식을 바탕으로 공간의 속도가 낮은 순서대로 배열해 보니 홍대 앞 거리, 가로수길, 명동, 강남대로, 테헤란로 순이라는 결과가 나왔다.

〈표 7-2〉 각 선정 대상지 이벤트 밀도와 공간의 속도 비교[21]

거리	홍대 앞 거리	신사동 가로수길	명동	강남대로	테헤란로
이벤트 밀도(e/c)	34	36	36	14	8
순위	3	1	1	4	5
거리의 속도(Ss)	4.86	5.41	6.5	47.96	52.03
순위	1	2	3	4	5

※ 이벤트 밀도: 100m 구간에 있는 출입구 수. 횡단보도 없이 건너갈 수 있는 경우에는 건너편 입구도 포함시킴.
※ 사람이 카페 앞 데크에 의자를 놓고 앉아 있을 때에는 보행 속도(4km/h)보다 더 느린 1km/h 정도의 속도로 움직이는 사람으로 정했고 주차장에 주차해 있는 차량 역시 같은 값을 적용함.

••••
21   유현준, 『도시는 무엇으로 사는가』, 을유문화사, 2015.

유현준 교수는 "이벤트 밀도와 거리 공간의 속도는 거리가 보행자에게 얼마나 호감을 주는지 알려주는 지표라는 것을 알 수 있다. 신사동 가로수길이나 홍대 앞 거리가 낮은 속도의 수치를 갖는 것은 일단 자동차 차선이 적고 좁은 길이기 때문에 자동차가 속도를 내지 못하기 때문이기도 하다. 세종로 같은 중앙 집중식 공간은 거리로서는 바람직하지 않다. 사람은 적당히 그 공간에 묻혀서 걸을 수 있는 적절한 공간의 속도를 가진 공간을 원한다"고 지적한다.

걷고 싶은 거리 논의에 관해서는 미국의 사회 운동가 제인 제이콥스(Jane Jacobs)를 빼놓을 수 없다. 제인 제이콥스는 이제는 고전이 된 『미국 대도시에서의 삶과 죽음』에서 20세기 중반 뉴욕의 보행자 세계를 탐구하고 그에 대해 찬사를 보냈다. 그녀는 거리의 삶이 도시 생활과 도시 안전의 핵심이라고 주장함으로써 자신이 내세우는 복합용도 지역제의 필요성을 옹호했다. 그녀는 또한 인구밀도가 높은 거주지는 거주자들을 거리로부터 격리시킨다고 지적하면서 반대의 목소리를 냈다. 단층 건물들이 많은 세상에선 거주자들이 집밖 거리를 감시할 수 있고 거리를 바라보는 눈들이 많을수록 보행자들은 더 안전해질 수 있다는 것이다.

제인 제이콥스는 거리의 삶이 제공하는 세련되고 유쾌한 서비스에 주목한다. 그녀는 또 거리의 보행자를 적극 옹호했다. 미국 대도시의 죽음과 삶은 보행자의 즐거움, 관심, 경험에 대한 기술이라고 해도 과언은 아니다. 제인 제이콥스는 대규모의 도시 개발에 정면으로 반대한다. 낡은 건물을 부수고 번쩍거리는 대형 건물을 짓는 방식의 재개발은 오히려 도시를 죽게 만든다고 주장한다. 오직 수익성과 편의만으로 도시 공간을 재편하게 되면 인간성을 상실한 공간을 만들 뿐이라는 것이다. 그녀의 대안적 도시 살리기 방안은 거리에 많은 사람이 다니도록 하는 것, 오래된 건물들을 그대로 두는 것 그리고 인기 있는 업종만이 아니라 여러 종류의 상점이 어우러져 조화를 이루도록 해야 한다는 것 등이다. 제이콥스는 개성과 창의력이 넘치는 작은 가게들이 활발하게 번창하는 미국 뉴욕의 소호 거리를 좋은 예로 들었다. 그래서 도시의 블록을 작게 유지하는 것, 즉 골목길을 있는 그대로 유지하는 것이 중요하다고 주장했다. 또 공동체가 유지되는 동네에서는 각종 범죄율도 현저히 낮다고 주장한다.

제인 제이콥스는 도시생태계에도 주목했다. 도시생태계는 주어진 시점에서 어느 도시와 인접한 종속 지역 안에서 활동하는 물리·경제·윤리적 과정들로 구성된다는 것이다. 이는 자연생태계와도 유사한데 두 생태계 모두 시간이 흐르면서 다양성이 유기적으로 발달하며 다양한 구성요소들은 복잡한 방식으로 상호 의존한다. 생활의 다양성이 보장될수록 생명체를 수용하는 힘이 커진다는 것이다. 도시생태계에선 여러 종류의 일이 근본을 이루며 더욱이 여러 형태의 일은 새롭게 창조되는 확산형 조직들을 통해 자신을 재생할 뿐 아니라 전례 없는 종류의 일이라는 접종과 변이를 만들어낸다. 그런데 도시생태계는 자연생태계처럼 그 구성요소들의 복잡한 상황 의존 때문에 약하고 깨지기 쉬우며 쉽게 교란되고 파괴된다는 것이 그녀의 주장이다. 제인 제이콥스는 도시의 쇠락과 경제의 쇠퇴, 사회 문제의 급등은 언제나 함께 발생하는 현상이라고 주장한다.

강남 3구는 서울의 대표적인 계획지역이다. 바둑판 모양으로 블록이 나뉘어져 있다. 블록의 크기는 가로·세로 650m여서 한 블록을 걷기는 다소 부담스럽다. 뉴욕은 70m에 250m 정도이고 바르셀로나는 100m 정도 된다. 그래서 서울보다 한 블록, 한 블록 걷기가 좋은 편이다. 오영욱 오기사디자인 대표는 "강남지역 도시계획을 보면 1920년 미국의 도시계획가 C.A. 페리가 근린주구이론을 통해 제안한 블록 크기와 너무 흡사하다"며 "강남도시개발계획 수립 당시 도시 계획가들이 관료를 설득하기 위해 미국의 이론을 가져온 것으로 보인다"고 추정했다. 많은 사람들이 서울 강남거리를 비인간적으로 느끼는 것은 이러한 사정, 다시 말해 휴먼 스케일을 고려하지 않은 도시개발에 기인한 것이 아니냐는 주장이다.

결론적으로 말하자면 걷고 싶은 거리는 상점들로 즐비한 거리를 말한다. 이벤트 밀도가 높은, 제인 제이콥스 식으로 하면 다양한 상점이 늘어서 있는 거리여야 걷고 싶은 마음을 불러일으킨다는 것이다. 느긋하게 걷고 싶은 마음이 들도록 전반적인 거리의 속도는 보행 속도(시속 4km)에 근접해야 한다. 또 보행 공간이 안정적으로 확보돼야 하는 것은 기본이다.

08
빗물 관리 왜 필요한가

한국은 다른 나라에 비해 홍수 문제가 아주 심각한 나라다. 해마다 여름철이면 집중호우가 쏟아져 산사태가 일어나거나 길이 무너지고 많은 집들이 물에 잠기곤 한다. 특히 강원도 산간지방은 집중호우의 대상이 되곤 한다. 이처럼 일부 지역에 집중적으로 내리는 비를 '게릴라성 폭우'라고 한다. 이렇듯 집중호우 피해를 막고 또 복구하기 위해 정부는 해마다 많은 예산을 쏟아 붓고 있다. 그러나 속 시원한 근본적인 해결책은 나오지 않고 있고 따라서 홍수 피해에 대한 우려는 여전하다.

서울과 같은 도시도 홍수 피해의 예외 지역이 될 수 없다. 도시가 발달하고 사람들이 모이면서 도심 거리는 어디나 콘크리트 건물과 포장된 도로뿐이다. 풀 한 포기 자라거나 흙 한 줌 날리는 땅을 보기가 힘든 것이 서울의 현주소다. 서울의 경우 급격한 도시화로 인해 불투수율이 크게 증가했다. 지난 1962년 7.8%에 불과했지만 2010년에는 47.7%로 6배 이상 증가한 것이다. 불투수층이란 물이 투과하기 어려운 지층을 말하며 도시에선 아스팔트, 콘크리트 등 인공적으로 조성된 지표면이 대부분 이에 해당한다. 불투수율이란 빗물이 땅속으로 자연스럽게 스며들지 못하는 비율을 말한다. 반대로 하수도 등을 통해 빗물이 다시 표면으로 유출되는 비율 역시 1962년 10.6%에서 2010년 51.9%로 5배 증가했다. 이 같은 물 순환 악화로 인한 문제 중 가장 심각한 것은 도시 홍수 피해다.

폭우가 쏟아지면 그 빗물이 포장도로 밑으로 스며들지 못하고 하천이 감당할 수 없을 정도로 흘러넘쳐 홍수 피해가 커지게 된다. 폭우로 홍수 피해를 입는 이유는 한꺼번에 많은 비가 내려 그 지역에서 감당할 수 있는 용량을 넘기 때문이다. 따라서 그 용량을 충분히 감당할 수 있도록 빗물처리 시설의 용량을 키우면 된다는 답이 나온다. 실제로 그동안 정부는 홍수에 대비하기 위해 큰 댐이나 빗물 펌프장에 의존해왔다. 하지만 현실적으로 게릴라성 폭우에 대비해 댐이나 빗물 펌프장을 전국 곳곳에 만드는 것은 시간이나 비용적으로 거의 불가능에 가깝다. 더욱이 댐이나 빗물 펌프장의 한계도 분명하다. 비가 와서 꽉 차 있는 댐은 더 이상 댐 구실을 하지 못하기 때문이다. 빗물 펌프장 역시 당초 예상한 설계 이상으로 비가 오면 그 피해는 오히려 커진다. 지금까지와는 다른 방식의 홍수 피해 방지 방안이 필요한 시점인 것이다.

빗물 관리를 잘해야 하는 또 하나의 이유는 가뭄이다. 2015년 10월 한국은 가을 가뭄으로 몸살을 앓았다. 2015년 여름 막바지에 내린 장맛비로 해결되나 싶었던 가뭄이 가을까지 이어져 중부 지역을 중심으로 극심한 물 부족 현상이 발생한 것이다. 2015년 8월 기준, 서울과 경기의 누적 강수량은 517㎜로 평년의 43% 수준에 그쳤다. 충남, 강원, 충북 등에도 평소와 비교해 절반가량의 비만 내렸고 그 여파로 극심한 가뭄을 겪었다. 서산, 홍성, 보령 등 충남 서부 8개

시군은 결국 사상 첫 제한 급수에 들어가기도 했다. 결국 가뭄 피해를 줄이기 위해선 좀 더 정교하게 빗물 관리를 해야 한다. 이와 함께 하천의 건천화를 막기 위해서도 빗물 관리가 필요하다. 농촌 지역은 좀 덜하지만 도시 하천은 어디나 할 것 없이 메말라 가고 있다. 가령 대표적인 도심 하천인 서울 관악구 도림천은 여름 장마철을 빼고는 일 년 내내 거의 물이 흐르지 않는다. 다른 도시 하천들도 사정은 비슷하다. 하천이 메말랐다는 것은 하천으로 흘러가는 물이 말랐다는 것을 의미한다. 지하수가 말랐기 때문이다. 빗물이 땅속 깊이 스며들지 못해 지하수가 충분히 확보되지 못한데다 기왕에 스며든 지하수마저 무분별하게 뽑아 쓰고 있기 때문이다.

한편 물이 풍부한 하천이라고 해도 또 다른 문제를 안고 있다. 수질오염 문제다. 하천 수질이 오염되는 주된 이유 중 하나는 비가 올 때 도로나 논밭에서 빗물에 씻겨 내려가는 오염물질이다. 이를 비점오염원이라고 한다. 또 다른 원인으로는 합류식 하수관 문제가 있다. 이는 하수를 밖으로 내보낼 때 빗물을 오염된 물과 함께 하수관으로 흐르게 하는 것이다. 그렇게 오염된 물이 바로 하천이나 바다로 흘러가는 것이다. 홍수 문제, 가뭄 문제, 건천 문제 그리고 오염 문제를 해결할 수 있는 방안은 결국 현재의 빗물 관리 시스템의 한계를 명확히 인식하고 이를 획기적으로 개선하는 수밖에는 없다.

09
어떻게 빗물 관리를 해야 하나

한국이 유엔이 정한 물 부족 국가라는 말을 들어봤을 것이다. 하지만 이는 과장된 것이다. 도시에 사는 사람 누구 하나 물 때문에 불편을 겪고 있지 않기 때문이다. 그렇다면 한국이 물 부족 국가라는 말은 어디에서 흘러나온 것일까. 이는 미국의 한 사설 인구연구소인 국제인구행동연구소(PAI)에서 인구 폭발을 경고하기 위해 사용한 지표에서 나온 주장으로, 이 지표는 인구 증가에 따라 줄어드는 1인당 이용 가능한 물, 국토, 에너지량 등을 표시한 것이다. 즉 인구가 폭증하는 신흥국가의 문제점을 지적하기 위해 만든 지표를 인구가 안정된, 아니 줄어드는 추세를 보이고 있는 한국에 적용한 것이다. 오히려 2006년 유네스코(UNESCO) 등 유엔 기구들이 발표한 각 나라의 물 빈곤 지수(WPI, Water Poverty Index)에 따르면 한국의 물 사정은 147개 국가 가운데 43위로 비교적 좋은 편이다.

하지만 정부는 미국의 사설연구소 주장을 그대로 가져와 물 부족 국가라는 점을 표나게 강조하고 있다. 국토교통부 자료에 따르면 일년 동안 한국에 떨어지는 빗물의 총량은 1,276억t인데 이 중 545억t

은 대기로 증발해버리고 나머지 731억t이 땅으로 스며들어 지하수가 되거나 강과 바다로 흘러간다. 다시 731억t 중 바다로 흘러가는 양이 약 400t이고 지하수를 비롯해 댐에 저장된 물, 강물 등 우리가 이용할 수 있는 수자원 양은 약 331억t이다.

그런데 앞으로 인구와 물 사용량을 과학적인 근거와 통계학으로 추정한 값을 보면 앞으로 30년 뒤에는 약 30억t가량의 물이 부족할 것이라고 한다. 하지만 빗물의 총량이 1,276억t인 점을 감안할 때 증발해서 날아가는 545억t 중 일부를 날아가지 못하게 덮어두거나 바다로 흘러가는 400억t 일부를 가둔다면 30억t 정도를 추가 확보하는 것은 그렇게 어려운 일이 아니다. 결국 한국은 알려진 대로 물 부족 국가가 아니라 물 관리를 잘못하는 국가라고 하는 게 맞다.

상수, 하수 그리고 방재로 이뤄진 한국의 물 관리 시스템의 특징은 한 마디로 요약한다면 집중식이라고 할 수 있다. 한국에서는 댐을 만들어 여러 도시에 물을 한꺼번에 공급하고 있다. 이는 서울도 마찬가지다. 그런데 이 집중식 물 공급은 인구가 늘어나면서 수돗물이 더 필요하거나 멀리 떨어진 일부 지역을 위해 물을 공급할 때 비용이 많이 드는 등의 약점을 갖고 있다. 이에 대한 보완책은 어찌 보면 간단하다. 분산식을 일부 도입하는 것이다. 물이 모자라는 지역에 물을 공급하기 위해 그 지역에 내린 빗물이나 대체 수자원을 공급하면 된다.

집중식은 특히 수질 처리 분야에서 효율성이 크게 떨어진다. 만일 상수원에 새로 어떤 유해물질이 발견됐을 때 이를 처리하기 위해선 복잡한 정수 처리가 필요하다. 그런데 엄밀히 말해 수돗물 가운데 마시는 물은 기껏해야 10% 정도인데 나머지는 마시는 물 정도의 질이 필요하지 않은 물이다. 수도 공급 방법을 분리해 생활용수와 조경용수, 화장실용수와 같은 곳에는 질이 좀 떨어지는 물을 공급하는 게 효율적이다. 분산식 시스템을 도입할 경우 이러한 물 공급 분리를 쉽게 구현할 수 있다. 하수 처리 역시 마찬가지다. 가정에서 나오는 오염원을 보면 그 농도가 서로 다르다. 어느 집 하수는 오염물질을 많이 포함하고 있지만 다른 집 하수는 한 번 더 활용해도 될 만큼 맑을 수 있다. 그런데 지금의 집중식 시스템은 이 물들을 한꺼번에 모아서 하수처리장까지 보내 처리하는 식이다. 비용이 많이 들 수밖에 없다. 차라리 오염이 생긴 곳에서 그 정도에 따라 분리해서 처리하는 게 더 쉽고 경제적이다. 그렇게 되면 하수처리장까지 운반할 필요가 없고 가까운 곳에서 물을 다시 이용할 수 있기 때문이다.

집중식 하수 시스템의 단점이나 한계 역시 이렇게 분산식으로 보완하면 더 경제적이고 안정적이다. 분산식 시설 도입은 방재 문제에서도 많은 장점을 가지고 있다. 현재 설치돼 있는 빗물 배제 시설은 과거에 내렸던 강수량에 대비해 설계돼 있다. 그런데 만일 기상이변으로 비가 더 많이 오게 되면 기존의 하수도나 하천이 이를 감당하지 못할 수 있다. 이 때 도시가 물에 잠겨 엄청난 인명과 재산 피해를 불러올 수 있다. 게릴라성 폭우가 어디에 내릴지 모르기 때문에 도시 전체의 배수 시스템을 키워야 할 텐데 사실상 이는 불가능하다. 따라서 분산형 빗물 저장 시설을 확충하는 게 바람직하다. 여러 지역에 떨어지는 빗물을 고루 분산된 빗물 저장 시설에서 잡아준다면 배수 걱정은 덜 수 있는 것이다.

시설 노후화도 집중식 시스템의 문제 중 하나다. 아무리 잘 만든 댐이나 하수처리장이라 해도 100년이나 200년 뒤에는 수명이 다할 수 있다. 그때 그 수원에 의존하던 많은 사람에게 물을 어떻게 공급하느냐가 큰 문제가 될 수 있을 것이다. 분산식 시설의 도입은 이러한 시설 노후화 문제를 완화시켜 준다.

10
빗물 관리에 눈뜬 서울

서울은 2013년 10월 '건강한 물 순환 도시 조성 종합계획'을 발표했다. 도시화 진행에 따라 급증한 불투수층으로 인해 자연스러운 물의 순환이 막혀 발생하는 여러 가지 문제들을 예방하는 동시에 환경친화적인 수자원을 확보하기 위한 계획이다. 서울의 물 순환 환경을 도시화 이전 수준으로 회복시키기 위한 물 순환 회복 실천계획도 수립했다. 빗물 관리시설을 공공기관에 설치하고 자치구와 민간시설에는 설치를 지원하고 있다. 재개발·재건축 등 개발사업을 진행할 때 빗물 유출을 최소화하는 저영향 개발을 유도하고 소형 빗물 이용시설 설치를 확대하는 등의 노력을 기울이고 있다. 저영향 개발이란 도시 물 순환을 개발 이전과 최대한 가깝게 만들기 위한 개발 방법을 말한다. 2014년 말 관련 추진 실적을 보면 위례성대로 등 11개 구간에 도로 투수포장을 했고 침투형 빗물받이 약 1,000개, 침투트렌치 약 700m 등 빗물 침투형 하수도를 정비했다. 생태연못 약 2,000㎡, 침투화분 330㎡ 등 그린빗물인프라를 도입했다. 소형 빗물이용시설 지원도 88개소에 달한다. 서울시 관계자는 "아직은 시작 단계지만 조금씩 그 효과가 나타나고 있다"며 "2050년까지 최근 10년 평균 강우량 1,550㎜(약 8.8억t)의 40%에 이르는 620㎜를 지표면 침투와 빗물이나 하수 등이 불가능하도록 일정기간 가둬두었다가 배출하는 저류시설 등을 이용해 관리할 계획"이라고 말했다. 이를 위해 시민들의 적극적인 참여를 유도하고 빗물 관리시설에 관한 홍보와 교육을 지원해 장기적으로 사업 물량 확대를 통한 빗물 관리시설과 관련된 산업을 육성할 방침이다. 서울시는 모든 계획을 단계적으로 수행할 경우 2050년까지 빗물 표면 유출이 21.9% 감소하고 지하 기저유출(지하수를 통해 하천으로 유출되는 물의 흐름)이 2.2배, 증발량은 23.1% 증가하는 등 악화된 물 순환이 크게 회복될 것이라고 전망하고 있다. 서울시가 빗물 관리의 중요성을 인식하고 미흡하나마 관련 정책을 추진하는 것은 시사하는 바가 적지 않다. 다른 도시보다 앞선 이러한 빗물 관리 정책과 인프라 구축은 대중교통 시스템, 상수도 공급 시스템 등과 같이 서울형 모델의 주요 요소가 되고 또 다시 해외 수출 아이템이 되는 경로를 밟을 것으로 예상된다.

11
개발과 보존의 갈림길에서

이명박 전 서울시장은 대규모 철거를 통해 기존 커뮤니티를 밀어버리고 새로운 고층 아파트를 짓는 이른바 '뉴타운 개발'을 추진한 바 있다. 지금과 달리 서울 부동산 경기가 괜찮았기 때문에 이 전 시장의 인기는 하늘을 치솟았다. 뉴타운 개발은 청계천 고가도로 철거와 대중교통 개선 등과 함께, 이명박 전 서울시장에게 경제에 강한, 정치인답지 않은 정치인이라는 이미지를 부여해 결국 그가 2008년 17대 대통령에 당선되는 데 절대적인 역할을 했다. 하지만 이제 분위기가 다소 달라졌다. 부동산 경기 하락으로 뉴타운 개발의 실익이 현저히 줄어든데다 전통을 도외시한 뉴타운 개발의 문제점이 부각되면서 이명박 전 서울시장 당시의 뉴타운 개발을 주장하는 사람은 거의 없다.

박원순 서울시장은 뉴타운 개발과 같은 도시개발보다는 기존 커뮤니티의 장점을 살리는 가운데 소규모 정비가 이뤄지는 이른바 도시재생에 힘을 쏟고 있다. 1970년대까지 미국의 여러 도시개발도 우리의 뉴타운 개발과 별반 다를 바 없었다. 공화당과 민주당의 정치적 기조와 상관없이 정치인 대부분은 대규모 철거 방식의 개발에 찬성했다. 슬럼의 확산을 막기 위해선 물리적으로 새로운 건물을 건설해야 한다는 것이 그 시대의 믿음이었던 것이다.

단적인 예가 미국 세인트루이스의 프루이트 아이고 임대아파트 단지다. 프루이트 아이고는 설계 때부터 주목을 받았다. 1951년 일본계 미국 건축가인 야마자키 미노루는 미국 건축가 협회로부터 '슬럼가의 대수술'이라는 격찬을 받으며 최고의 아파트 상을 받았다. 그의 설계를 바탕으로 11층짜리 33개 동으로 이뤄진 프루이트 아이고 임대아파트 단지가 세워졌다. 세워지자마자 미래도시의 표본이라는 좋은 평가를 듣기도 했다. 하지만 프루이트 아이고의 결말은 처참했다. 임대아파트 단지 거주 학생들의 중고등학교 중퇴율이 증가했고 대학 진학률은 낮아졌다. 자연스럽게 범죄율이 증가했고 주민 가운데 그나마 소득이 높고 일하려는 의지가 있으며 자녀 교육에 관심이 있는 '양질'의 주민들이 아파트를 떠났다.

결국 프루이트 아이고는 빈집이 40%에 이르는 우범지대가 됐고 이를 견디지 못한 미주리주정부는 지난 1972년 다이너마이트로 프루이트 아이고를 폭파하기에 이르렀다. 저소득층 주거 향상의 획기적인 계기가 될 것이라 여겨졌던 임대아파트 단지의 폭파장면은 미국 전역에 생중계됐다.

이를 지켜보던 제인 제이콥스는 폭파가 일어난 시, 분까지 가리키면서 모더니즘의 종말을 고한 날이라고 선언하기도 했다. 제인 제이콥스는 눈을 크게 뜨고 산책하면서 도시의 작동 메커니즘 관련 지식을 얻었다. 그녀는 점차 도시개발을 둘러싼 싸움에 개입하기 시작하며, 그리니치 빌지 거주민으로서 워싱턴 광장 공원을 관통해서 도로를 내려는 계획에 반대했다. 제인 제이콥스는 뉴욕을 끊임없이 무시무시한 결과를 얻게 될 경제적으로 독립된 섬으로 분리시킬 것이라며 복합용도 지역제를 옹호했다. 주거 지구, 상업 지구 등으로 구분해 토지 이용을 규정하는 것을 단일 용도 지역제라고 하고 이와 달리 한 지구 안에 주거 기능, 상업 기능, 여가 기능 등 서로 다른 기능들이 함께 상호보완적으로 작용할 수 있도록 하는 제도를 복합용도 지역제라고 한다. 뉴욕 도시계획위원회는 지난 1961년 도시 재개발 차원에서 그리니치빌리지에 있는 16개 블록을 허무는 문제를 두고 제인 제이콥스와 싸움을 벌였다. 하지만 뉴욕시는 제인 제이콥스를 중심으로 하는 시민들의 완강한 반대로 결국 프로젝트를 추진하는데 실패했다. 제인 제이콥스는 도시 재개발에 대한 반대에서 시작해 고층 건물에 대한 보다 전면적인 반대를 시작했다.

『미국 대도시의 죽음과 삶』에서 그녀는 도시 지역은 4,000㎡당 100~200가구가 있어야 번성할 수 있다며, 도시 거리에 레스토랑과 매장들을 흥미롭게 만들기에 충분할 정도로 차가 다니게 만들려면 4,000㎡당 최소 100채의 집만 있으면 된다고 주장했다. 아울러 4,000㎡당 200채의 집은 위험 수위에 해당하며 일단 어떤 지역에 그 수준 이상의 집이 들어설 경우 지역은 몰개성하고 표준화될 위험성이 크다고 주장했다.

그렇다면 서울은 어떤가. 서울은 여전히 근대 건축의 아버지로 불리는 프랑스의 르코르뷔지에의 영향력에 사로잡혀 있다. 기존 건물을 허물고 그 자리에 초고층 건물을 건설, 도시 경쟁력을 높이고 도시의 브랜드를 높인다는 내용이 최근에 나온 도시개발계획에서도 되풀이되고 있다. 르코르뷔지에는 초고층 도시를 역설했다. 센강 북쪽 파리 중심지역을 완전히 철거하고 60층 건물들로 가득 채우는 것을 주요 내용으로 하는 획기적 계획을 발표했다. 하지만 그의 파리 개조계획은 실현되지 않았고 파리는 여전히 19세기풍의 아름다운 모습을 간직하고 있다. 그러나 세계 곳곳에서 그의 계획이 실제로 구현되고 있다. 브라질의 수도 브라질리아, 인도의 여러 도시들, 중국의 다수 도시들이 그의 계획안에 맞춰 기존 건물들을 부수고 초고층 도시를 건설 중이다. 서울 역시 르코르뷔지에의 생각에서 크게 벗어나 있지 않다.

그러나 초고층 건물 건설 자체가 반드시 도시 경쟁력 향상으로 이어지지는 않는다. 중국 상하이 마천루 같은 성공 사례도 있지만 그렇지 못한 사례도 적지 않기 때문이다. 따라서 초고층 건물을 건설해야만 도시 경쟁력이 반드시 높아진다고 할 순 없다.

그렇다면 도시 이미지 제고에는 도움이 될까. 이미지라는 것은 우리 눈으로 우리 것을 바라볼 때보다 외부인 눈으로 우리 것을 바라봤을 때 좀 더 객관적일 수 있다. 특히 국제적인 도시 이미지나 브랜드 구축의 경우라면 외국인의 관점이 더 정확할 수 있다. 따라서 '외국인들이 한국에서 가장 가보고 싶은 곳은 어디인가'라는 질문에 대한 답변은 이 문제를 푸는 데 주요 단서가 될 수 있다.

서울시는 매년 외국 관광객들을 대상으로 선호 장소를 조사한다. 그 결과 명동의 선호도가 가장 높았고 동대문시장, 남대문시장, 고궁, 남산, 인사동 순이었다. 여기에 타워팰리스, 갤러리아 포레, 63빌딩 등은 들어가지 못한다. 이런 초고층 건물들은 그들이 살고 있는 나라에서도 충분히 볼 수 있는 건물이기 때문이다. 김경민 서울대 환경대학원 교수는 "우리가 외국의 도시를 방문하는 이유는 도시의 대형 건물을 보러 간다기보다는 도시의 역사와 문화를 소비하기 위해, 즉 도시의 역사를 이해하고 문화를 즐기기 위해서다."라며, "따라서 도시의 건물 자체보다는 건물의 역사성이나 건물이 가진 문화적 기능이 중요하다. 그러기에 한국적인 것을 소비할 수 있는 장소가 선호 대상에 오른 것이고 바로 이들이 서울을 대표하는 이미지이자 서울의 브랜드라고 할 수 있다"고 말했다. 그런 면에서 서울의 다양한 근·현대 도시 자원은 서울의 도시 이미지를 높일 수 있는 가능성의 공간이 된다.

한강의 기적을 만들어낸 근·현대적 자원인 구로공단, 가리봉동, 현존하는 가장 오래된 한옥집단지구 익선동, 2013년 9월 주민 스스로 뉴타운 개발 해제 결정을 내린 창신동, 한국 근대 건축의 아버지라고 불리는 김수근 선생의 작품인 세운상가, 근대 건축의 수작이라고 할 수 있는 서울시청 구청사 등이 바로 그 가능성 있는 자원 중 일부다. 아름다움과 실용에 대한 가치 기준은 고정돼 있지 않고 시간과 환경 그리고 커뮤니티의 성격에 의해 변화하고 다양해져 간다. 단적인 예로 북촌의 아름다움에 대한 평가는 100년의 시간 가운데 이렇게 극명하게 달라졌다. 가능성의 공간은 철거 대상으로 보일 수 있으나 이들 역시 가치 있는 지역으로 새롭게 되살아날 수도 있다.

하지만 보전과 규제 일변도의 태도 역시 문제다. 초고층 건물 건설을 무턱대고 반대하는 것도 도시 개발 차원에서 부작용을 낳을 수 있다. 에드워드 글레이저 하버드대 경제학과 교수는 『도시의 승리』에서 도시 재개발과 고층건물 건설에 대해 크게 반발했던 제인 제이콥스의 주장을 반박한다.

에드워드 글레이저 교수는 "적절한 인구밀도의 가치에 대한 믿음 때문에 단일용도 지역제와 새로운 고속도로에 반대해서 싸웠던 것처럼 제인 제이콥스는 뉴욕 대학의 9층짜리 도서관 같은 고층 건물에 대해서도 반대하며 싸웠다. 그녀는 낡은 건물들을 좋아했고 새로운 마천루들은 그녀가 사랑한 복합 용도를 허용하지 않을 것이라고 생각했다. 제인 제이콥스는 더 오래되고 더 낮은 건물들을 지키면 신흥 사업가들이 구매할 수 있는 수준으로 건물 가격이 유지될 수 있다고 생각했다. 하지만 그것은 공급과 수급의 작동 방식이 아니다. 낡은 단층 건물을 40층짜리 건물로 대체하지 않고 그대로 지킨다고 해서 낮은 가격이 유지되는 것이 아니기 때문이다. 주택을 비롯해 어떤 것의 공급이 늘어날 경우 거의 항상 그것의 가격이 낮아지는 반면에 부동산 공급이 제한될 경우 부동산 가격은 상승한다. 땅값이 비싼 곳엔 건물을 많이 짓지 못하고 건물을 많이 짓는 곳은 땅값이 비싸지 않다. 아마도 40층짜리 신축 건물은 불투명하고 수익성이 낮은 기업들을 수용하지는 않겠지만 새로운 공간을 제공함으로써 도시의 부동산 가격 상승 압력을 낮춰줄 것이다. 고도 제한과 고정된 건물 재고량이 아니라 성장이 도시 공간의 구매력을 유지한다. 또한 성장은 더 가난한 사람들과 더 수익을 못내는 기업들이 머물 수 있게 만들어 도시들이 계속 번창하고 다양성을 유지하게 도와준다. 고도 제한은 일조권을 늘려주고 보존은 역사를 보호해 주지만 우리는 이런 혜택들이 마치 대가없이 주어지는 척 해선 안 된다"고 말했다.

닫는 글

책을 집필하는 도중 지인들에게 『서울 혹은 신흥 도시의 길잡이』의 내용에 대해 얘기했을 때 반응이 시원찮았다. 왜 그랬을까. 그들이 생각하기에 서울은 그다지 매력적인 도시가 아니었기 때문이다. 스스로 보기에 특출하지 않은 도시를 왜 다른 도시들이 본받으려 한다는 건지 이해하기 힘들었던 것이다.

경제협력개발기구(OECD) 기준으로 우리나라는 선진국에 해당한다. 또한 서울은 국제 경쟁력 10위권 안팎에 있는 도시다. 그런데 이러한 서울이 다른 도시들과 어떤 차이점을 가졌을까. 미국 뉴욕, 영국 런던, 프랑스 파리 등 글로벌 유수의 도시들은 서울에 비해 도시화된 시기가 훨씬 빨랐고 비교적 오랜 기간에 걸쳐 도시 문제에 대응해 왔다. 서울은 이들을 따라가기에 바빴다. 해외 도시 추종형 모델에서 자신만의 색깔을 갖추게 된 것은 아무래도 2000년 이후라고 볼 수 있을 것이다. 이명박 전 시장, 오세훈 전 시장 그리고 박원순 현 시장이 이 시기에 서울시장직을 맡았거나 현재 맡고 있다.

지구는 전 세계적으로 도시화 열풍에 휩싸여 있다. 선진국의 경우 각 나라마다 시기적으로 다소 차이는 있지만 산업혁명 이후 본격적인 도시화의 거센 물결을 지난 바 있다. 우리나라도 1960년대 이후부터 50년 이상 도시화 과정을 거쳤다. 현재 도시화의 주역은 신흥국가들이다. 중국과 인도 등이 여기에 속한다. 신흥국가는 인구가 이미 많은데다 더욱 늘고 있는 추세라서 현재 진행되고 있는 도시화 흐름은 그 이전과 비교가 되지 않는다. 도시화는 동남아시아를 포함한 동아시아, 남아시아, 중동, 아프리카, 중미와 남미 등 유럽과 북미를 제외한 전 세계 곳곳에서 진행되고 있으며 그 추세 또한 압도적이다.

잠시 서울의 발전 과정을 한 번 보자. 서울은 1960년대 이후 본격적으로 발전하며 인구가 급격히 증가했다. 1,000만 명까지 도달하고 현재는 그보다 조금 감소하여 1,000만 명 이하의 인구를 보유하고 있다. 처음에는 수도를 제대로 공급하지 못했고 하수 처리도 형편없었다. 그러나 이를 점진적으로 개선하여 100%를 달성했다. 대중교통도 불편했다. 이명박 전 서울시장 재직 시절 이뤄진 대중교통 체계 개편은 많은 것을 바꿔놓았다. 버스·도시철도 환승 시스템 구축, 중앙 차로제 도입, 버스 준공영제 실시 등은 대중교통 사용의 질을 한 단계 올려놓았다고 해도 과언은 아니다. 전자정부 시스템은 마치 올림픽에서 양궁 종목이 우리나라의 전유물로 여겨지는 것처럼 우리나라와 서울이 특히 자신 있게 생각하는 분야다. 최근 들어 민간 분야에선 정보통신기술(ICT) 강국이란 칭호가 다소 빛바랜 감은 있지만 정보통신기술 행정 분야에선 타의 추종을 불허하고 있다.

현재 인구 유입으로 급격하게 인구가 증가하고 이로 인해 폭증하는 각종 도시 문제로 골머리를 앓고 있는 신흥국가 도시들 입장에선 서울은 특히 배울 게 많은 도시다. 몇십 년 앞서 자신들이 겪어왔던 고충을 슬기롭게 극복해 왔기 때문이다. 이뿐 아니다. 박원순 서울시장은 최근 기후 변화 대응을 위한 세계 도시 네트워크 중 하나인 이클레이(ICLEI) 회장으로 선출돼 기후변화 대응 관련 도시의 역할을 진두지휘하게 됐다. 또 동북아시아 지역 국가 도시들과 함께 대기질 개선 관련 자율 규제를 주도하고 있다.

유엔 등 국제기구들에서 내세우고 있는 구호는 지속 가능한 개발이다. 지속 가능한 개발은 통상 개발이 이루어지면 환경이 파괴되기 십상이고 환경을 보존하기 위해선 성장세가 둔화된다는 인식과 다소 모순되는 표현이다. 신흥국가들은 개발은 개발대로 추진해야 하지만 환경적으로 지속 가능한 목표도 동시에 추구해야 하는 입장이다. 하지만 다르게 보면 다행인 점도 있다. 급격한 도시화는 친환경적으로 봤을 때 크게 나쁜 일은 아니기 때문이다. 그리고 각 도시들이 자신들이 직면한 문제를 잘 풀어나가면 전 지구적 문제는 덩달아 잘 풀릴 수 있기 때문이다. 서울의 성공을 바탕으로 한 서울형 모델은 이런 차원에서 중요하다. 현실적으로 신흥국가 도시들이 벤치마킹하기에 가장 좋은 모델이기 때문이다. 서울시 역시 명분도 살리고 실익도 챙길 수 있는 기회를 놓치지 않기 위해 해외 진출에 많은 노력을 기울이고 있다. 물론 아직은 초보 단계지만 신흥국가 도시의 도시 인프라 확충이 21세기 전반기의 큰 이슈 중 하나인 점을 고려할 때 서울이 활약할 시간은 적지 않다고 할 수 있다.

서울이 전반적으로 마음에 들지 않는가. 솔직히 나도 마음에 쏙 드는 것은 아니다. 하지만 신흥국가 도시들은 서울에게 하나라도 더 배우고 싶어 하고, 실제로 서울은 가르쳐 줄 게 많은 도시다. 물론 고쳐야 할 부분도 많다. 특히 운행 자동차 감소와 보행권 강화는 시급한 문제로 생각된다. 이와 함께 지속 가능한 대중교통 시스템 구축, 노후 도시 인프라 재점검, 도시 빗물 관리 강화, 개발과 보존의 조화 등은 서울시가 힘주어 추진하고 극복해야 할 문제다. 여기에서 성과를 내면 다시 이를 서울형 모델에 편입하는 식으로 내부 시스템을 갖춰 놓을 필요도 있다.

재미있는 분야라고는 생각하지 않는다. 하지만 단행본 형태로는 처음 거론되는 것이기에 많은 책임감을 갖고 집필에 임했다.

많은 분들이 도와주셨다. 이병규 문화일보 회장과 최영범 편집국장 이하 문화일보 편집국 선후배들의 도움이 없었다면 과연 이 책을 낼 수 있었을까 하는 생각이 든다. 노성열 전국부장과 김도연 선배, 김윤림 선배, 최준영 씨, 그리고 지방주재기자들 등 전국부원들은 물심양면으로 집필에 도움을 줬다. 전직 전국부장 천영식 대통령비서실 홍보기획비서관, 한강우 부산외대 교수 등도 든든한 우군이 됐다.

특히 박학용 논설위원, 오창규 디지털타임즈 편집국장, 김병직 부국장, 오승훈 경제산업부장 등 경제산업부에서 부장으로 모셨던 분들은 내 인생의 좌표 역할을 했다. 집필 지원을 해준 삼성언론재단에도 감사드린다. 서울시 관계자들도 많은 도움을 줬다. 특히 유연식 국장, 최영수 과장, 이원목 과장, 신종우 과장, 김종근 과장 등은 이 책이 나오는데 결정적인 역할을 한 남자 뮤즈들이었다. 김준기 서울시 안전총괄본부장은 1차 탈고 후 꼼꼼하게 감수를 해줬다. 좋은 책을 만들어주신 도서출판 책밭의 관계자분들도 고생을 많이 했다.

가족 모두에게 감사한다. 기독교 집안인 우리 집안에서 어머니는 기도의 모범을 보이셨다. 내가 지금 이렇게 살아가는 것은 전적으로 하나님의 은혜이며 상당 부분 우리 어머니의 공로다. 장모님, 장인어른도 이에 뒤지지 않는 믿음의 용사들이다. 이들의 기도 덕분에 어려운 세파에 맞서 싸울 수 있지 않을까 한다. 같은 업종에 종사하는 내 와이프는 늘 내게 자극을 주는 사람이다. 영국의 시인 T.S 엘리어트가 "나보다 더 뛰어난 예술가"라며 미국의 시인 에즈라 파운드를 높게 평가했던 것처럼 난 내 와이프가 나보다 늘 낫다고 생각하고 있다. 평생 서로 돕고 격려하며 많은 것을 이뤄나가고 싶다. 게임과 공부에 동시에 빠져있는 내 아들은 인생의 보람이다. 그냥 있는 것만으로 그는 내 모든 것이 된다. 동생 내외, 처남과 처제 내외에게도 감사한다.

2015년 2월 아버지가 눈을 감으셨다. 한때 시인을 지망했던 아버지의 꿈이 시집 출간이었는데 그 꿈을 받들지 못했다. 대신 이 책으로 아버지의 꿈을 가름코자 한다. 이 책을 아버지 영전에 바친다.

참고문헌

단행본

강찬수, 『에코 사전』, 꿈결, 2014.

경실련 도시개혁센터, 『알기 쉬운 도시이야기』, 한울, 2006.

고명석, 『도시에 미학을 입히다』, 워치북스, 2015.

국토연구원, 『유럽과 아프리카의 도시들: 세계의 도시를 가다 1』, 한울아카데미, 2015.

김태형, 『유엔에서 바라본 개발협력』, W미디어, 2015.

다케모토 가즈히코·스가 마사시, 『CO_2 저탄소 도시』, 서항석·서동구·김선하 옮김, 한울아카데미, 2013.

리처드 뮬러, 『대통령을 위한 에너지 강의』, 장종훈 옮김, 살림, 2014.

매일경제 원아시아 인프라 프로젝트팀, 『아시아 인프라 전쟁』, 매일경제신문사, 2015.

벤자민 R. 바버, 『뜨는 도시 지는 국가』, 조은경·최은정 옮김, 21세기북스, 2014.

스테판 하딩, 『지구의 노래』, 박혜숙 옮김, 현암사, 2011.

승효상 外 8인, 『서울의 재발견』, 페이퍼스토리, 2015.

앤서니 기든스, 『기후변화의 정치학』, 홍욱희 옮김, 에코리브르, 2009.

에드워드 글레이저, 『도시의 승리』, 이진원 옮김, 해냄출판사, 2011.

유현준, 『도시는 무엇으로 사는가』, 을유문화사, 2015.

윤준병, 『서울을 바꾼 교통 정책 이야기』, 21세기북스, 2014.

이경훈, 『서울은 도시가 아니다』, 푸른숲, 2011.

임금선, 『보행도시』, 한울아카데미, 2013.

정석, 『나는 튀는 도시보다 참한 도시가 좋다』, 효형출판, 2013.

제인 제이콥스, 『미국 대도시의 죽음과 삶』, 유강은 옮김, 그린비, 2010.

제프 스펙, 『걸어 다닐 수 있는 도시』, 박혜인 옮김, 마티, 2015.

찰스 몽고메리, 『우리는 도시에서 행복한가』, 윤태경 옮김, 미디어윌, 2014.

폴 로빈스·존 한츠·세라 무어, 『환경퍼즐』, 권상철·박경환 옮김, 한울아카데미, 2014.

피터 홀·울리히 파이퍼, 『미래의 도시』, 엄창호·구자호 옮김, 한울, 2005.

필립 코틀러·밀턴 코틀러, 『필립 코틀러 시장의 미래』, 안진환·최정임 옮김, 일상이상, 2015.

ICLEI, 『세계 지속가능발전 도시』, 오수길 옮김, 리북, 2014.

간행물

서울시, 『세계 속의 Arisu 우수정책 History』, 서울시, 2014.

서울시, 『아리수 당신에게 말을 걸다』, 서울시, 2014.

서울시, 『서울시정 4개년 계획』, 서울시, 2014.

서울시, 『공감정책 나눔서』, 서울시, 2014.

서울연구원, 『통계로 본 서울교통』, 서울연구원, 2014.

언론보도

세계일보, <서울 도시정책 수출 현장을 가다> 시리즈.

문화일보, <'구멍난 안전' 도시가 불안하다> 시리즈.

임해중, "대중교통, 산업화 이후 '급성장'…100년 역사는 진화 중", 2015.03.03

연구자료

라도삼 外, 「서울 우수정책 해외진출방안 연구 및 세계도시연구」, 2014, 서울연구원 세계도시연구센터.

라도삼 外, 「해외도시 연구 및 전략적 교류방안 수립」, 2013, 서울연구원 세계도시연구센터.